PRACTICE AND EXPLORATION OF THE CONSTRUCTION PATH TO A COUNTRY WITH STRONG TRANSPORTATION NETWORK IN THE NEW ERA

Proceedings of the
10th
Advanced Forum on Transportation of China

新时期交通强国建设路径的实践与探索

第十届
中国交通高层论坛
论文集

毛保华　彭宏勤　杜　鹏　杨淑娟　主编

人民交通出版社股份有限公司
北　京

内 容 提 要

本论文集分为上、下两篇。上篇为论坛发言,收录了本次论坛的4篇发言简介和11篇发言全文,内容主要包括《交通强国发展纲要》解读、交通强国战略实施途径、铁路强国战略实施的路径与对策以及新技术对交通强国战略的影响等;下篇为论坛征文,共收录了14篇优秀论文,从技术层面探讨了未来交通强国建设的具体问题。

本书可供交通行业管理部门、高校、研究机构的相关人员参考使用。

图书在版编目(CIP)数据

新时期交通强国建设路径的实践与探索:第十届中国交通高层论坛论文集/毛保华等主编.—北京:人民交通出版社股份有限公司,2020.12

ISBN 978-7-114-16943-4

Ⅰ.①新… Ⅱ.①毛… Ⅲ.①交通运输—中国—文集 Ⅳ.①F512-53

中国版本图书馆CIP数据核字(2020)第228387号

Xinshiqi Jiaotong Qiangguo Jianshe Lujing de Shijian yu Tansuo
—Di-shi Jie Zhongguo Jiaotong Gaoceng Luntan Lunwenji

书　　名:新时期交通强国建设路径的实践与探索——第十届中国交通高层论坛论文集
著 作 者:毛保华　彭宏勤　杜　鹏　杨淑娟
责任编辑:吴燕伶　李学会
责任校对:赵媛媛
责任印制:张　凯
出版发行:人民交通出版社股份有限公司
地　　址:(100011)北京市朝阳区安定门外外馆斜街3号
网　　址:http://www.ccpcl.com.cn
销售电话:(010)59757973
总 经 销:人民交通出版社股份有限公司发行部
经　　销:各地新华书店
印　　刷:北京虎彩文化传播有限公司
开　　本:787×1092　1/16
印　　张:12.75
字　　数:288千
版　　次:2020年12月　第1版
印　　次:2020年12月　第1次印刷
书　　号:ISBN 978-7-114-16943-4
定　　价:68.00元

“第十届中国交通高层论坛”组织机构

主　办　单　位：

北京交通大学

协　办　单　位：

中国系统工程学会
中国智能交通协会
中国铁道学会
首都高端智库北京综合交通发展研究院
轨道交通安全协同创新中心
中国城市轨道交通协会
管理科学与工程学会
詹天佑科学技术发展基金会

大　会　主　席：

王稼琼　北京交通大学校长

组 委 会 主 席：

余祖俊　北京交通大学副校长

论 坛 秘 书 长：

荆　涛　北京交通大学科技处处长
毕　颖　北京交通大学社科处处长

论坛副秘书长：

白明洲　北京交通大学科技处副处长
毛保华　北京交通大学中国综合交通研究中心执行主任，中国系统工程学会交通运输系统工程专业委员会常务副主任委员

金　安　广州市交通规划研究院所长，教授级高工
钟　鸣　武汉理工大学教授
陈艳艳　北京工业大学教授
孙启鹏　长安大学教授
郭　锴　中铁工程设计咨询集团有限公司副总工，教授级高工
刘剑锋　北京城建设计发展集团股份有限公司副总工、教授级高工
陶志祥　中铁第四勘察设计院综合交通规划研究中心常务副主任、教授级高工
赵　坚　首都高端智库北京综合交通发展研究院教授
贾顺平　北京交通大学中国综合交通研究中心教授
胡志力　广东省佛山市顺德区交通运输局副局长
林晓言　首都高端智库北京综合交通发展研究院教授
靳小平　内蒙古农业大学能源与交通工程学院教授
张　蕊　北京建筑大学教授
贾文峥　交通运输部科学研究院城市交通中心副研究员，中国城市轨道交通协会运营管理专业委员会秘书长
李明高　珠海市规划设计研究院交通所副总工、高级工程师

承办单位：

北京交通大学中国综合交通研究中心

前　言

“中国交通高层论坛”已经走过15个年头，论坛自2005年由北京交通大学与中国系统工程学会交通运输系统工程专业委员会发起以来，始终吸纳着交通行业的官、产、学、研等方面的专家学者们，紧紧围绕中国综合交通领域的热点和难点问题，展开广泛的讨论。论坛现已成为我国综合交通领域具有影响力的“交融思想、开拓创新、引领前沿”的高水平交流平台。

回顾论坛的15年历程，深切地感到：论坛每前进一步都离不开各级组织和热心于综合交通发展的志愿者们的支持。如果没有北京交通大学的慷慨解囊，如果没有中国系统工程学会的长期支持和中国综合交通发展研究中心科研团队的无私奉献，论坛就不可能走到今天。在此，作为论坛的组织者对他们的付出表示深深的谢意。同时，对长期以来关心和帮助论坛的各有关单位和个人也表示真诚的感谢，没有他们的长期关心和帮助，论坛的质量和水平就不可能保持下去。

2019年12月15日举办的第十届中国交通高层论坛，恰逢中共中央、国务院颁布了《交通强国建设纲要》，时机不同一般，它既是对我国交通大国发展路径的检视和反思，也是对我国建设交通强国的全面动员和对路径的实践与探索。《交通强国建设纲要》提出“到2035年，基本实现‘全国123出行交通圈’（都市区1小时通勤、城市群2小时通达、全国主要城市3小时覆盖）和‘全球123快货物流圈’（国内1天送达、周边国家2天送达、全球主要城市3天送达）；到本世纪中叶全面实现人民满意、世界前列”的交通强国目标。为此，论坛紧紧抓住这一时机，将本届论坛的主题明确为“探索新时期交通发展路径，落实交通强国建设纲要”，具体探讨了“《交通强国发展纲要》及其解读”“交通强国战略实施途径”“铁路强国战略实施的路径与对策”以及“新技术对交通强国战略的影响”等问题。

在为期1天的论坛中，共有9位专家做了大会报告，6位专家做了平行论坛报告。交通运输部党组成员兼总规划师、综合规划司司长王志清系统、全面地介绍了《交通强国建设纲要》的内容，对交通强国建设的重点任务以及交通运输部编制《国家综合立体交通网规划纲要（2021—2050年）》《“十四五”综合交通运输体系发展规划》的基本思路进行了诠释。

中国工程院副院长何华武院士从技术角度诠释了交通强国的实施路径，并系统介绍了全球磁浮技术特点以及我国磁浮技术的研发情况，提出了现阶段对磁浮技术的实施路径。

国务院发展研究中心魏际刚研究员分析了新时代和新产业革命背景下，我国物流业的发展战略问题，探讨了新时代建设物流强国的发展方向。

北京交通大学兼职教授王庆云系统、深入地分析了新时代下交通发展受技术变革的影响，以及新一轮技术革命下未来交通运输业发展的不确定性。他认为把握新阶段交通发展的规律和特征是实施交通强国发展战略的基础，交通强国战略要求我们用新理念、新思维去探索新的交通发展路径。

交通运输部总工程师周伟教授从智慧交通角度分析了技术革命与交通运输的紧密联系和发展智慧交通的主要任务与关键问题。他认为智慧交通是现代信息技术与传统交通运输产业不断融合的过程，也是交通强国战略实施和交通运输高质量发展的关键环节。

北京交通发展研究院院长郭继孚教授从城市交通发展的角度解读了交通强国战略，分析了我国和交通强国在城市交通领域的差距，研究了城市交通出行需求的多样化。他认为未来移动互联网等高新技术将改变出行行为，提出了促进交通与城市协调发展，优先发展公共交通，强化交通需求管理，推进道路空间重构，加强交通运输系统智能化、精细化管理和服务五方面建议。

国家发展和改革委员会综合运输研究所副所长李连成研究员解释了交通强国建设的内涵，并就“怎样才能算是交通强国”进行了深入探讨。

清华大学陆化普教授从交通强国的中国道路、轨道上的京津冀、交通一体化、绿色化、智能化和共享化等角度，分析了《交通强国建设纲要》的要点，并提出了交通人才培养和理论研究的需求。

同济大学中国交通研究院副院长王洧副研究员分析了未来我国交通运输发展的七大趋势，就如何实现我国交通运输体系从大规模到高品质的提升，提出了创新引领下交通强国建设的三大路径。

在两个精彩纷呈的平行论坛中，中国铁路设计集团公司规划处聂英杰总工程师分析了新时代、新形势对我国铁路客货运发展提出的新要求，指出交通强国战略下我国铁路事业需要结合新任务、新需求进一步解放思想、开拓进取，实现突破性的发展。广州市交通规划研究院马小毅副院长就“广州实践看交通强国”做了精彩发言，对如何从工程实践角度思考交通强国建设路径发表了重要观点。北京城建设计发展集团股份有限公司刘剑锋副总工程师围绕城市群交通的发展问题，分析了当前我国区域轨道交通发展面临的困惑，指出应重视通道资源的合理配置和利用、构建多层级的换乘枢纽体系和多元化的运营模式是未来城市群交通发展的方向。

华南理工大学靳文舟教授结合交通强国建设目标中的“让人民满意”目标探讨了如何将交通强国建设落实到交通运输系统具体的规划、设计与管理工作，并分析了每一个人在交通强国建设中的使命。西南交通大学帅斌教授分析了“一带一路”倡议下，国际货物运输迎来新的发展机遇，提出了增强未来我国货物联运产品的国际竞争力的途径与组织措施。武汉理工大学钟鸣教授从构建安全、便捷、高效、绿色、经济的现代化综合交通体系探讨了交通强国建设路径与措施，提出了“一个交通安全愿景目标、一个交通安全发展体系、一个交通安全支撑保障体系、一套交通安全提升任务”的交通安全发展战略。

本论文集共分为上、下两篇。上篇包括论坛发言中的4篇简介以及11篇全文，直接反映了第十届中国交通高层论坛的研讨内容与成果。下篇收录了论坛投稿中经审查录用的14篇优秀论文，这些论文着重从技术层面探讨了未来交通强国建设的具体问题，涵盖了城市交通组织优化理论与方法、基于大数据的智能交通技术及其应用、高速铁路新技术发展及其应用策略等几个重要领域。

在论文集的整理过程中，北京交通大学中国综合交通研究中心的研究生李佳杰、杨彦强、庄黄蕊、李纵然、陈越、明先俊、唐清、吴嘉琪、攀葱、龚超奇、齐嫣然、朱巧珍、钱星雨、欧俊杰等同学参加了书稿的整理与编辑工作。人民交通出版社股份有限公司吴燕伶编辑对本论文集的编辑与出版提供了大力帮助与指导，在此一并表示衷心感谢。

编　者

2020年5月

目　　录

上篇　论坛发言

下篇　论坛征文

上篇

论坛发言

深入学习贯彻习近平总书记关于交通运输工作的重要论述精神，加快建设交通强国

On Efficient Construction of Transportation Power in China

王志清

交通运输部党组成员兼总规划师、综合规划司司长

发言简介

加快建设交通强国是习近平总书记亲自提出、亲自推动的重大战略，是以习近平同志为核心的党中央立足国情、着眼全局、面向未来作出的重大战略决策。主题发言围绕加快建设交通强国，重点讲述三个方面内容。

一是习近平总书记关于交通运输工作的重要论述。党的十八大以来，习近平总书记审时度势，准确把握交通运输发展规律，作出了一系列重要指示和重要批示。明确了交通运输发展的定位、目的、主线、要求、目标、重点、动力和保证等一系列重大问题，形成了科学的交通强国建设体系。必须坚持把习近平总书记关于交通运输工作的重要论述作为根本遵循，加快建设交通强国。

二是关于《交通强国建设纲要》的核心要义。2019 年 9 月，中共中央、国务院印发了《交通强国建设纲要》，这是新时代建设交通强国的纲领性文件。《交通强国建设纲要》共有十一个方面的内容，可以分为三大部分。其包括一个总目标、两个发展阶段、三个转变、四个一流、五个价值取向、九大重点任务、三大保障措施。要按照《交通强国建设纲要》确定的目标任务，敢为善为、久久为功，落实好交通强国建设各项部署。

三是关于加快交通强国建设当前的重点任务。学习领会、宣传贯彻、重在落实《交通强国建设纲要》，这是当前加快建设交通强国的一项重要工作。要编制好《国家综合立体交通网规划纲要(2021—2050 年)》和《“十四五”综合交通运输体系发展规划》，加快推进交通强国试点建设、加快推进重大工程建设。

作者简介

王志清，1966 年 3 月出生，天津人。1987 年 5 月入党，同济大学道路与交通工程系公路与城市道路专业，工学学士学位；南京航空航天大学管理科学与工程专业，管理学博士学位。现任交通运输部党组成员兼总规划师、综合规划司司长。

高速磁浮发展路径思考

Thinking about the Development of High-speed Maglev Systems

何华武

中国工程院院士、副院长

发言简介

《交通强国建设纲要》提出科技创新富有活力、智慧引领,需强化前沿关键科技研发;对于高速铁路的发展,提出合理统筹安排时速600km级高速磁悬浮系统、时速400km级高速轮轨(含可变轨距)客运列车系统、低真空管(隧)道高速列车等技术设备研发的要求。目前,国内外已对高速磁浮展开了较为深入的研究。全球第一条高速磁浮商业运营线——上海磁浮列车示范线已建成通车。此外,德国、日本、美国等也相继展开了对磁浮交通的研究,并取得了较大的发展。中国在常导高速磁浮交通、高温超导高速磁浮交通、低温超导/永磁电动磁浮交通三种磁悬浮交通系统的研究取得了阶段性成果,包括车辆技术、悬浮架、导向制动装置、牵引系统、线路结构等技术的研制。基于当前高速磁浮交通的发展状态,从科技发展要求、路网整体结构、财政事权等角度探讨了高速磁浮发展路径。

作者简介

何华武,1955年8月出生,四川资阳人。1982年铁道部科学研究院研究生毕业。曾任中国铁路总公司总工程师。现任中国工程院党组成员、副院长,中国科学技术协会副主席。长期从事铁路工程、运输技术工作和铁路科技研究与应用工作,是中国高铁技术主创人和主要实施推广人之一。主持并参加了中国高铁、铁路干线及复杂枢纽的勘察设计、系统集成、综合试验和运营验证的全过程,在研究与应用高铁高平顺、高稳定、智能化关键技术和重大装备,构建现代铁路综合交通枢纽,建立中国高铁技术标准体系等方面取得重大成果,达到国际先进水平;主持并参加研究多项重点国际项目系统解决方案,为推动中国高铁技术及装备“走出去”做出了突出贡献。曾获国家科学技术进步奖特等奖2项、一等奖3项、二等奖1项,并获何梁何利基金科学与技术进步奖、全国优秀工程勘察设计奖金奖、詹天佑铁道科学技术奖以及2017年全国创新争先奖牌团队奖等奖项。2009年当选中国工程院院士。

交通强国建设的内涵和评价

Connotation and Evaluation of Building China's Strength in Transportation

李连成
国家发展和改革委员会综合运输研究所副所长

发言简介

2019 年 9 月,中共中央、国务院印发了《交通强国建设纲要》,这是指引我国未来交通运输发展的纲领性文件。该文件的指导思想强调了三个转变、五个价值取向、四个一流,以及要建成人民满意、保障有力、世界前列的交通强国。理解“交通强国”的内涵和目的,不能脱离现代化经济体系的建设,交通强国建设在发展交通运输服务业的基础上,将带动与之紧密关联的产业链和产业集群,实现装备、运输组织和基础设施建设的自主化,最终实现交通运输发展对于全面建成社会主义现代化国家的支撑。科学地评价“交通强国”是推进交通强国建设的前提,评价指标体系应当围绕交通运输的本质展开,其核心是“提高运输服务质量”,“高效”是该核心的内核,“快速(便捷)和经济”是核心特征,“安全和绿色”是基础特征。交通强国建设应当在保障基础特征的前提下,最大化追求核心特征。当前我国的两个核心特征和两个基础特征与世界交通强国均存在一定差距。我国交通强国建设将以高质量的运输服务为核心,以五大特征为取向,实现涉及基础设施、交通装备、运输服务、科技创新、安全保障、绿色发展、开放合作、人才队伍、治理体系的九大重点任务。

作者简介

李连成,国家发展和改革委员会综合运输研究所副所长。参与全国“十一五”“十二五”“十三五”国家综合交通运输体系发展规划,以及《中长期铁路网规划》《促进市域(郊)铁路发展指导意见》《进一步加强城市轨道交通规划建设管理的意见》等政策的编制与宣贯。出版著作《中国需要多少铁路和公路——我国交通运输网络规模研究》《交通用地配置的经济分析》《交通运输 2030》。主持《建设交通强国的重大问题研究》(中宣部国家高端智库理事会选题),围绕交通强国发表 7 篇内部资料文章,8 次获得国家领导和部委领导肯定性批示。

关于城市群轨道交通发展的一些思考

Ponder on the Development of Urban Mass Transit

刘剑锋

北京城建设计发展集团股份有限公司副总工程师

发言简介

区域轨道交通是支撑城市群发展的重要基础,对区域轨道交通发展重要问题进行思考、探讨,能够为区域城市群建设发挥更积极的促进作用。在新型城镇化支撑的框架体系中,重点关注服务于区域层面的城市群城际铁路与服务于都市圈通勤的区域快轨的发展现状。结合区域轨道交通实际案例,分析了轨道交通发展应淡化行政边界、转变需求分析理念、重视通道资源合理配置、构建多层级换乘枢纽体系以及多元化运营等发展趋势,并提出重视多层级轨道交通一体化运营、协调区域轨道交通与上位规划关系、改变规划编制体制、推进枢纽站点与土地利用的一体化开发以及推进轨道交通 PPP 建设模式等建议。

作者简介

刘剑锋,男,1978 年 3 月生,博士,教授级高级工程师。北京城建设计发展集团股份有限公司副总工程师、交通研究中心主任、城市轨道交通综合应急交通运输部行业研发中心主任。先后主持了多项 863 国家科技计划、科技部科技支撑计划、国家重点研发计划、国家自然科学基金委和北京市科技计划重点科研课题(子课题),发表学术论文 100 余篇。近年来主持完成了 100 余项城市交通规划、轨道交通规划、智能交通类项目。获北京市科技进步奖等省部级科技奖励 7 项,获国家发明专利 5 项,主编国家标准 1 项、交通运输行业标准 1 项,参与编写国家、省部级、社会团体类标准 10 余项。获 2011 年中国博士后科学基金一等资助,获 2016 年中国公路学会百名优秀工程师、2013 年北京市轨道交通建设先进个人、2018 年北京市西城区突出贡献人才等多项荣誉。

对交通发展中一些问题的认识

Understanding Some Problems in Transportation Development

王庆云

北京交通大学,北京 100044

摘　要　本文着重探讨对当前交通发展中两个重要问题的认识。一是对阶段新特征的认识,分析当前阶段交通发展转折期的特点。阶段新特征主要包括三个方面,即阶段性任务的完成、主要矛盾的转变以及需求端和供给侧发生的变化,交通问题的重点将转移至城市交通和城市群内部交通,根据这些特征可判断我国交通发展已经进入了转折期。二是对新阶段交通发展的认识。在新的国内外经济环境、产业布局和技术发展条件下,落实《交通强国建设纲要》需要更新发展理念和思维方式,完善理论方法,用非线性思维系统地思考交通发展问题,要高度重视新技术革命对交通运输产生的影响。

关键词　交通强国;交通发展;综合交通;供需分析;新技术革命

1　对阶段新特征的认识

1.1　阶段性任务已提前完成,部分行业出现产能过剩

在21世纪初期,中国交通长期滞后,导致经济发展各个方面都受到了制约,因此,国家发布了综合交通发展战略,制定了到2020年需完成的三个战略任务。第一,以最短的时间完善交通基础设施网络;第二,以较低的成本提供安全、高效、便捷的运输服务;第三,以最佳的途径缩短与发达国家管理和技术上的差距。从目前来看,交通基础设施网络已经较为完善;交通运输企业的成本已经降到很低的水平,但企业的效率仍然有待提高;技术差距大大缩短,但并未消除,管理水平总体上落后于硬件发展。当时提出的三个战略任务现在已经基本完成。供给总量不足、运输结构不合理、运输市场不完善、运输效率低下等交通基础设施扩张中的突出问题已基本解决;长期"滞后型"交通状况已得到彻底改变。诸多行业产能过剩态势明显(影响货运量较大的钢铁、煤炭等)。大宗散货运量增长空间越来越小,国际集装箱运输的繁荣时代在逐渐消退。

1.2　主要矛盾发生了变化

党的十八大、十九大之后,国家的主要矛盾发生了变化,从人民日益增长的物质文化需要同落后的社会生产之间的矛盾,转变为人民日益增长的美好生活需要和不平衡、不充分的

发展之间的矛盾。所谓“不平衡、不充分”，从交通的角度来说指的是区域发展、供求关系的不平衡，城市交通与大交通发展的不平衡，以及交通系统的整体性、各种运输方式协同性的不充分。在这种转变下，基础设施完好率的问题还有待解决，城市交通问题变得更加突出。

为举办 1964 年东京奥运会，日本修建了一大批基础设施，尤其是交通基础设施。但到了 1992 年时，这些交通基础设施普遍开始出现问题。桥梁坍塌、隧道脱落造成了许多交通事故。我国较低的基础设施完好率使得维修成本甚至高于建设成本，如何使大规模改革开放后建设的基础设施保持较高的完好率可能会上升为主要矛盾之一。

大交通基础设施网络完善之后，交通运输中的所有问题都将聚焦到城市交通或城市群交通上来。货运的问题归结于经济问题，对其必须有经济价值和效率判断，减少无效运输。客运的问题则归结于社会问题，因其涉及人的行为。人的出行行为可分为有效行为和无效行为，应优先满足人的有效出行需求，减少运力浪费。例如，将养老助残卡的发放变现，改为发放现金或其他替代物品，则可减少大量的无效出行行为，节省公交运力和开支。当交通发展的矛盾聚焦到城市之后，如何处理好出行行为和社会形态之间的关系是解决矛盾的关键。

1.3 需求端和供给侧发生了根本变化

当前阶段的需求特征发生了变化。需求产品实现了升级换代，货运增速呈现持续递减的趋势。矿石、煤炭等大宗散货减少。以煤炭为例，煤炭运输占铁路运输的比例一度高达 75%，但其需求从 2013 年 42.4 亿 t 的峰值后逐年下滑，2018 年为 39 亿 t 左右。到 2050 年，光伏将成为我国的主要能源提供者。加工工业类产品需求减少，过去几年来东莞不断有组装工厂搬离中国。国际集装箱中转量在减少。根据马斯基集团公布的数据，国际集装箱中转量每年减少 1% 左右，船舶大型化的趋势至此也不再继续。

新形势下，新技术革命对客运的影响不会太大。客运增长趋势稳定。国内中长途客运稳步增长、竞争激烈，国际客运受国际政治、经济和贸易的大环境影响，需求日趋多元化。城市交通的需求仍趋旺盛。

1.4 对当前阶段的判断

根据前述新阶段所展现的新特征，可认为我国交通发展目前已经进入转折期，理由可归结为以下四个方面。

一是战略任务、战略目标和重点发生了变化。经过 20 年的强攻，三大战略任务：交通基础设施网络建设问题、客货运服务的成本问题、技术和管理水平的差距问题都已基本得到解决。

二是国家的主要矛盾发生了根本变化。交通发展的矛盾会随着国家矛盾的变化而转变。

三是国内外交通环境发生了变化。国内的变化主要是：①城镇化的进程、工业布局的调整和产业产品结构的升级变化；②交通问题聚焦到城市之中；③可持续发展要求的具体化，减少排放成为国内环境治理的首要任务。国际大环境的变化主要体现为全球化经济发展的放缓，世界格局发生调整。新技术的普及也将对交通运输产生深远影响。

四是高质量发展对交通运输的发展产生了新的要求。对于交通运输的质量问题，过去主要是以扩张性思维去认识，着力解决规模、结构和衔接的问题。新时期的矛盾更多的是关注供给侧和需求侧，特别是客运需求的问题，要抑制需求，强调有效需求。

2 对新阶段交通发展的认识

《交通强国建设纲要》给我们指明了前进的方向。交通强国落到实处，要求我们对交通发展的阶段性作出判断，明确用什么样的观念、理论方法和路径保证《交通强国建设纲要》落地。一是要更新发展理念和完善理论方法，二是要高度重视新技术革命对交通发展的影响。

2.1 更新发展理念和思维方式，完善理论方法

一是发展理念问题。新阶段的发展理念是至关重要的。习总书记向世界宣布，要建立全球的人类命运共同体，中国要朝着人类命运共同体的目标发展，维护地球环境和人类生存。我们在分析交通问题时，除了分析交通对经济的贡献外，还要考虑交通的负面影响。如供应链中化石燃料的缓慢燃烧不比工厂的污染少，在全球范围内运输材料和零部件会产生大量的污染。据沃尔玛公司估计，其公司80%的碳足迹是由庞大的全球供应链产生的。通常通过全球供应链，原材料被运到工厂，然后运到装配线，最后到达消费者手中。所有人都依赖于这种全球供应链的流通。由于工业运输队伍（货车、轮船、飞机）燃烧燃料会产生大量污染物，供应链碳排放量惊人。生产制造的一般经验法则就是：一个产品的零部件越多，所消费的资源就越多；一个产品需要组装的零部件越多，产品的供应链就越长，产品的库存就越大。从可持续理念出发，减少交通运输的使用过程是发展的方向，从源头上减少供应链中的实物流动和仓储更能减少浪费和降低成本。

二是思维方式问题。以往的思维方式大部分还是线性思维，然而问题之间的相关性是很强的，很多问题用线性思维的方式解决不了，必须用非线性的思维。线性思维注重的是孤立的个体和静态的研究，注重事件发生的起因和结果；而非线性思维则强调的是有机整体和互动的变化，强调事物发生和发展的具体过程。线性思维要建立静态的理性世界，在这一世界中，各种不同的事物都处于相互对立状态。非线性思维则是要建立一个动态的理论世界，在这一世界中，系统的整体超越了各种不同事物的对立，是一个有机和演化的世界。非线性思维与线性思维相比，并不是简单地多考虑一些影响事件发生的因素，而是一种具有多方面考虑的动态思维模式。非线性思维是将认识对象和认识主体作为一个统一的有机系统加以研究和认识的，而不是固定不变的认识模式。非线性思维的一个重要思想，即个体的集合不等于整体，个体的集合会涌现出新的整体效应。只有当我们将理性的知识与环境非线性的本质直觉地融合到一起后，才能得出正确的结论，理性的知识和非线性的现实结合到一块之后，才能解决我们的现实问题。

三是理论方法问题。对传统综合交通概念的理解需要进一步深化和具体化，它不是各种运输方式的简单叠加，而应该从综合运输通道的方式优化和运输枢纽系统衔接的意义上去定义。所谓系统，即基于各种运输方式技术经济比较优势，寻求各种运输方式有机配合和相互支持的系统效应，从局部最优到整体最优，从技术互补性到经济互补性，注重交通运输的整体效益，实现各种运输方式功能“放大”效应的综合交通发展思想。用系统理论的术语讲，就是“部分大于部分”，即单一运输方式在综合交通运输系统具有功能“放大”效应。关于交通规划，要在系统分析的基础上，统筹各种运输方式的发展、总量指标及在总量平衡和

结构优化基础上的综合运输大通道、枢纽布局等重点问题,聚焦各种运输方式一体化。要处理好交通运输发展的普遍性与特殊性,要遵循技术进步与创新不断推进交通运输发展进程的规律,借鉴发达国家的经验,以最短的时间和最佳路径完善我国的综合交通体系。此外,也要结合中国国情的特殊性,综合交通发展要将世界上先进的技术和发展经验与中国的总体约束结合起来考虑。在发展过程中必须引入市场机制,要充分发挥市场配置资源的决定性作用,以推动各种运输方式的一体化发展。

2.2 高度重视新技术革命对交通发展的影响

新阶段要高度重视新技术革命对交通运输的影响。新技术引入现有的生产体系,并非是一件新事物,从工业革命开始就在进行,只不过历次技术革命的作用强度不等,对交通运输领域的影响都尤为突出。自第一次工业革命开始至第三次工业革命,交通运输的运载工具的功能、性能和效率不断提高,交通基础设施不断与之适应,运输成本不断降低。对工业行业的生产消费而言,交通运输为其提供便利的经济条件(通常经济学将其称为规模经济效应),使得生产地与消费地的空间分离距离不断拉大。工业革命的进程使工业化发达国家的企业、组织和人们能够通过实体供应链获取世界各地的商品,工业发达国家利用这一技术机遇,借助于经济全球化和世界贸易组织的制度环境,迅速提升了自己的需求质量,又规避了英国第一次工业革命的负面影响。

第四次工业革命对交通运输领域的影响与前三次有所不同。新一轮工业革命的新技术、新产品都将对前三次工业革命的理念和模式进行挑战。从技术本身看,理念上更加人性化、个性化和去中心化;从技术应用上看,以人工智能、机器人、物联网和增材制造等为支撑的制造业,其生产模式更加趋于规模化定制生产;新技术对经济全球化及其规则提出了挑战,全球供应链模式需要被重新审视和评估。

制造业向着新技术革命发起国回归,生产地和消费地之间的距离被缩短,供应链也将缩短,部分“中国组装”式的工厂或产业逐渐消失。当机器人能够取代人工时,自动化运行的流水线可以移到任何一个消费地生产。低廉的机器人生产成本使得制造业的组装线、生产线已经开始回归。制造业“回流”、供应链变革和调整将直接影响生产力布局,交通运输业首当其冲。与国际贸易有关的港口码头和内陆枢纽受影响的程度将远大于内贸运输的港口和枢纽,既有和未来的交通规划都会受到影响。

为应对新一轮技术革命对交通运输的影响,在战略布局上,要从发展理念、思维方式和实现路径上研究新时期交通更高层次的可持续发展问题上,以适应国内和国际已变化的大环境;在规划制定上,要更多地关注基础设施网络的完好率和使用效率、货运服务的国际竞争力和客运服务的需求侧管理;在发展路径和发展时机上,要在解决不平衡、不充分发展问题的同时,更加注重突出城市交通问题的解决;在技术应用上,应以服务业务为本,以技术经济效益最佳为标准;在政策建议上,现阶段应更多地发挥市场配置资源的决定作用。

3 结语

过去几十年来,我国交通发展取得了瞩目的成就。当前阶段,我国交通发展已经进入转折时期,主要有以下三个特征。

一是21世纪初制定的、到2020年需完成的三个战略任务已基本完成,交通滞后拖累经济发展的局面已不复存在。

二是交通发展的主要矛盾随着国家主要矛盾的变化而转变为了不平衡、不充分发展的问题,大交通网络已基本完善,交通问题将聚焦于城市交通和城市群内部交通,基础设施完好率问题受到更多关注。

三是新阶段下,需求侧和供给端发生变化,国际货运需求增速持续递减,客运需求趋于多元化,城市交通需求旺盛。

《交通强国建设纲要》的颁布为我国未来交通发展指明了新的方向。新阶段的交通发展需要我们更新思维方式和理念方法。发展理念上,交通建设的同时要关注其对地球环境的影响,寻求可持续发展;思维方式上,要用非线性思维取代线性思维,系统地思考问题;理论方法上,要深化对综合交通概念的理解,遵循技术进步与创新不断推进交通运输发展进程的规律,借鉴发达国家的经验,以最短的时间和最佳路径完善我国的综合交通体系。此外,还要重视新技术革命对交通运输业的影响,关注国际产业布局的变化和运输技术的进步,在战略布局和规划制定上及时调整,保证交通运输的高质量发展。

作者简介

王庆云,北京交通大学兼职教授、博士生导师,1982年1月毕业于大连理工大学港口工程专业,同年2月进入国家计划委员会(现国家发展和改革委员会),从事交通运输发展规划与相关政策的研究、编制和审定等相关工作以及关键问题的研究,历时30余年。曾任国家发展和改革委员会交通运输司司长、基础产业司司长、国家发展和改革委员会党组成员兼国家物资储备局局长等职务。曾负责起草我国“八五”“九五”“十五”综合交通发展规划。1997年至今兼任北京交通大学教授、博士生导师。长期参与并积极推动我国交通系统工程学科发展的各项工作,曾兼任中国系统工程学会交通运输系统工程专业委员会主任委员和《交通运输系统工程与信息》学报编委会常务副主席、主席。

新时代物流强国战略

Logistics Power Strategy in the New Era

魏际刚

国务院发展研究中心,北京 100010

摘　要　新时代对物流业的发展提出了更高的要求,在此背景下推动物流业由大变强,对于提高国家竞争力与经济运行效率等具有深远的意义。中国物流业与世界共同成长,为了构建全球物流命运共同体,成为物流强国,本文在对新时代中国物流业发展新形势与新趋势进行探讨的基础上,提出建设人民满意、强大国家、世界一流的物流强国的要求。为实现物流强国,应紧紧把握五大世界特点、六大浪潮以及新科技革命和产业变革的时代机遇,重点构建国家物流体系、全球物流体系以及物流现代化三大工程,以更好的体制和政策为保障,构筑起中国面向未来的物流和供应链服务体系。

关键词　新时代;物流强国战略;物流业

1　引言

物流是物加流,物是厚德载物,流是道法自然,物流业的发展应遵循物流之道、物流之德。物流之道要动静结合、时空结合、点线结合、虚实结合,物流之德表现为适时、适地、适物、适人、适性。此外,中国的物流业发展还与世界形势联系紧密。因此,应结合中国国情,从全球角度、世界格局角度思考新时代的物流强国战略。

当今世界所呈现的"平、新、快、绿、简单"五大特点,以及"工业化、信息化、全球化、绿色化、城市化与市场化"六大浪潮是新时代物流业发展需要把握的重要问题。世界是平的,推动全球连接和流动,这种全球连接包括交通、通信、互联网、电子商务以及制度研究,全球连接和流动会推动全球化的增长。世界是新的,这就要求我们不断推陈出新,不断解决当前的问题,才能把握未来的虚实。世界是快的,只有对世界做出敏锐的反应、快速的响应,才能赢得成功。此外,世界还是绿的,是简单的,将世界简化是实现目标的有效途径。除了面临平、新、快、绿、简单的五大世界特点外,物流的发展还面临着工业化浪潮、信息化浪潮、全球化浪潮等六大浪潮,这六大浪潮会对需求结构、技术结构、供给结构、成本结构,包括制度结构主要矛盾带来深刻的影响,进而为物流业发展带来重要机遇与挑战。

在新时代,物流业发展存在新的机遇与挑战,面临着与往不同的风险与不确定性。新时代的物流业发展需要结合中国国情,把握五大世界特点和六大浪潮,制定面向未来的战略,探索有效的战略路径,进而实现物流强国的战略目标。

2 新时代物流业的发展

2.1 物流业发展的新形势

在新时代,中国的使命已经改变,物流行业的使命也随之改变,应从全球角度出发,结合新世界格局与中国国情对物流业的发展新形势进行判断。

2050 年中国将建设成为现代化强国。一方面,中国要用 30 年的时间成为世界强国,在 2050 年成为初步现代化国家的目标是十分艰巨的:如今中国人均国内生产总值仅为 1 万美元,在 2020 年到 2050 年间实现人均国内生产总值翻 4 倍也才仅为 4 万美元,难以超越美国人均国内生产总值在 2050 年的 15 万美元。

另一方面,中国在 2030 年到 2050 年将成为世界头号经济体、世界最大的物流市场,物流业的快速发展将是实现上述目标的重要基础。根据经济合作与发展组织(Organization for Economic Co-operation and Development,OECD)发布的世界经济格局(图 1),到 2030 年与 2060 年,按照购买力平价,中国生产总值在全球生产总值比值将达到 28%,成为全球经济最具潜力与最具增长能力的国家,成为世界最大的物流市场。

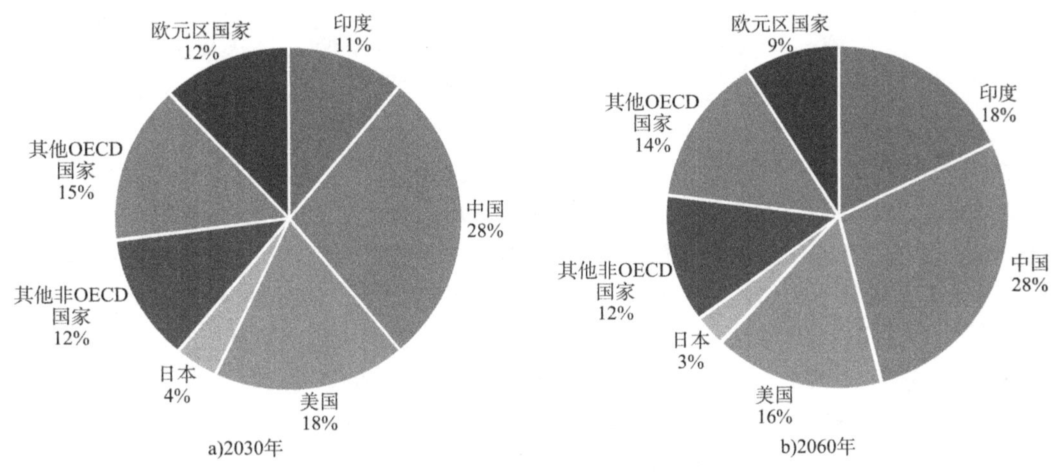

图 1 世界经济格局(按购买力平价)

资料来源:经济合作与发展组织(OECD)

同时,中国中产阶级人数增长,新时代消费主体对产品、服务、品质、体验、法律、民主化要求高,对产品结构、消费结构、服务结构具有更加苛刻的要求。中产阶级的人均可支配收入达到 10 ~ 100 美元/天。2009 年时全球中产阶级为 19 亿人,在 2030 年将达到 49 亿人,新增加 30 亿人,届时中国也将会增加数亿中产阶段人数。

2030 年,中国将成为全球贸易中心,这也对物流提出新的高要求。中国、美国、日本、韩国、德国和印度等国家的双边贸易占全球前列,到 2030 年,中国将成为全球的贸易中心、全球交通枢纽、物流枢纽、全球供应链中心。在中国连接世界、世界向中国连接的大环境下,中国的物流需求会发生深刻的变化。

2.2 物流业发展的新趋势

在大规模经济体和大规模的生产、人口流动以及大规模全球连接的格局下，物流发展面临着新的形势。在全球格局改变的新形势下，物流业在数字化革命中发生物流链条的裂变与重构，新时代物流业的发展也更加趋向智能化、数字化、无人化。

物流链条正在裂变与重构是新时代物流业发展的重要特点。数字化革命的特点是以用户为中心，进行全方位的连接，不仅是基础设施的连接，还包括数据的连接以及人与人、物与物等相关领域的万物互联，进而形成全方位的集成。在这个横向的、纵向的、端到端的集成中，网络经济、范围经济以及规模经济成为显著的特点。在这样的格局下，传统的物流链条，如运输、仓储、装卸搬运与流通加工，正在发生裂变与重构。譬如，匹配成为单独的产业，快递也成为重要的新兴主导力量，平台型物流企业、柔性物流企业、精益型物流企业、智能物流企业，包括智能终端物流服务企业不断催生。同时，在数字化革命的大背景下，物流行业的竞争规则与相关投资方向均会发生改变。以往为主导的大企业将被平台型企业或更具资源整合能力与创新能力的企业替代；投资方向也将由基础物理设施投资转向知识性资产投资，如数据库、组织结构、业务流程以及软件等将成为新的投资方向。

构建物流资源平台，推动物流链条向智能化、数字化的转型是新时代物流业的重要发展趋势。中国是全球最大的物流资源国家，具有最大的运输规模、最多的仓储资源以及物流运送人员，但资源间分散、分裂、分割，未得到很好的整合。未来通过互联网、物联网、云计算、5G、人工智能、地理信息系统和区块链等系列技术构建物流平台，整合各种运力、仓库、现场、人力，可以使得资源高效化。

此外，人工智能颠覆传统物流组织格局，无人化物流在某些特定区域将成为常态，不同物流业态间的融合、跨界也正在广泛发生。中国具有全球最大的海量数据库，最广泛、最丰富的物流运用场景和最大的应用规模，充分利用人工智能技术，可以在整个物流的点、线、面环节实现无人化发展，干线、支线、末端的无人化技术将改变目前的物流组织运营方式。以往不同的运输方式间边界清晰，但在未来，不同物流方式间的边界正在融合。快运快递化、配送快递化、快递快运化、快运物流化、快递配送化、配送快递化等都将成为可能。

总的来说，中国物流业正在发生全球最大规模的物流革命，物流革命主要体现在体系革命、数字化革命、质量革命以及商业模式革命四大方面。体系革命是指构建国际、国内的全覆盖的物流网络；数字化革命则是物流业中各方面的数字化、智能化；质量革命是更加追求物流业的品质化与精细化；商业模式的革命是资本的革命，资本将会对物流业进行大量的结合，科技、资本、物流、人力资源进行结合，创造新的增长点，实现供应链化、平台化、生态圈化以及多元化。

3 新时代物流强国战略

新时代中国所构建的物流强国，需要在人民、国家、世界范围实现目标，成为人民满意、强大国家、世界一流的物流强国。其中，人民满意是物流强国的第一要务，高质量发展就是要满足人民的需要；强大国家是指在发展物流强国的同时推动中国的产业升级，建设更加强大的国家,并成为世界一流的世界强国。为了实现在人民、国家、世界范围的目标,物流业应体现出体系完善、布局合理、结构优化、衔接顺畅、安全可靠、绿色低碳、智慧高效等核心特征,如图2所示。

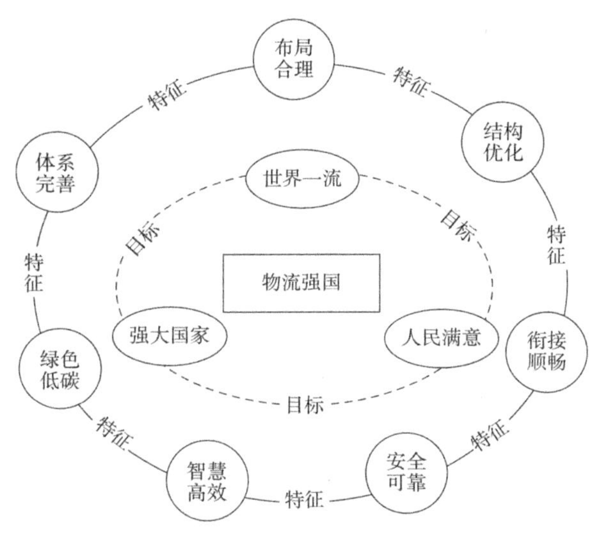

图2　物流强国战略目标及特征

在新时代物流强国战略下,物流业的发展也呈现了新的定位,物流的发展方式会发生较大变化。新的发展方向具有多种路径,譬如,从以往关注初级要素投入向关注知识性要素和数据、信息、软件、租住结构以及人力资本投入平缓;从关注数量向关注质量和效益进行转变。此外,物流业的有效连接要转向更强的连接,局部的供应链向全球供应链转变,其联动方式也向融合方式转变。在这样的转变下,未来的物流业发展应重视通过产业升级来保证高质量发展,同时要把握住新科技革命与产业浪潮的机遇。

物流业的发展与升级会受到新时代环境的影响,未来需要通过产业的升级推动高质量发展。其中,高质量发展的核心是供给与需求有效匹配,供给与需求匹配程度越高,则高质量占比越高。一方面,我们不仅仅要实现农业的高质量、制造业的高质量,还要实现服务业的高质量和对外贸易的高质量以及资源配置方面的高质量,包括实现经济、社会、文化、政治生态的多元一体。另一方面,通过产业升级推动各行业高质量发展,应主要把握好供给与需求的关系、不同产业间的关系等。研究交通运输和物流要从经济体系出发,从上游产业之间研究发展。除此之外,企业与企业的关系、人与人的关系、人与物的关系、人与服务的关系、服务与服务的关系以及物与物的关系也应处理好。

新时代物流业的发展需把握新科技革命与产业浪潮中的机遇。新科技革命的核心特点是网络化、数字化、智能化和生产、流通、消费,包括交通物流的深度融合以及广泛渗透。此外,不仅仅是网络化、数字化、智能化和生产生活的融合,在高端装备、新能源、能源储备、新材料以及生物健康等领域各方面都可以催生万亿美元的产业。中国在第一次、第二次、第三次工业革命中没有成为引领者,若在如今的新科技革命与产业变革中无法把握住机遇、成为引领者,将难以在2050年实现成为现代化强国的目标。

为了发展新时代的物流业、实现物流强国的战略目标,中国物流业需实施"网络化""精细化""联动化""全球化""智能化""动态创新"以及"可持续"七大战略,着力构建强大、智慧、绿色的国家物流系统,打造连接世界的全球物流体系,进而推动物流现代化。

国家物流系统通过物流信息系统的枢纽进行枢纽化连接,在物理基础设施层面与组织运营层面完成互联互通,使物流从干线到支线,再到末端实现全方位的覆盖,在国内 960 万 km^2 内实现互联互通与高效服务。打造连接全球的物流服务体系(图 3),可以通过国际铁路、公路、航空、水运、管道、邮政、快递、仓储、中转、多式联运、配送,通过全球物流运营体系、政策体系、标准体系、信息系统来服务全球化的生产和贸易,服务各国人民。物流现代化不仅仅是基础设施和技术装备的现代化,理念、模式、人力资源组织结构管理、供应链、标准、绿色、市场、应急以及经济效益和国际竞争力方面也都需要达到现代化的指标。目前,中国的物流现代化程度并不是很高,未来的发展任重道远。

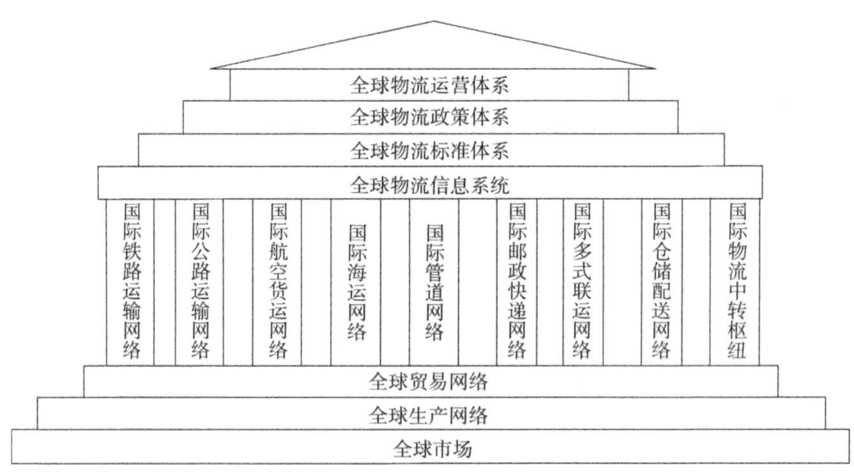

图 3　全球物流服务体系

4　结语

到 2035 年,中国将成为全球物流领跑者,构建出国内与国际两大物流网络,该网络应统筹国际国内、覆盖全球。中国物流业将拥有 10 家世界级物流集团与大批专业化物流企业群体,成为世界最大规模的物流枢纽与平台。到 2050 年后,中国的物流业可以为消费者提供无所不在、无所不备、无所不含、无所不包、无所不能、无所不至的物流服务。

在物流强国战略要求下,新时代物流业的发展重点是如何将物流发展得更广、更深,深入生产领域的每个环节,融入工业体系当中,实现更加可行、可控和可视的效果,进而提供系统的解决方案,提供端到端和个性化的服务,甚至提供具有一些全球服务能力的服务。对于物流企业而言,在新时代物流强国战略下的发展需把握五大世界特点,创造更强的连接能力,实现更快的响应速度和更多的增值,成为更加灵活、更加绿色、更加安全、更具人文关怀的企业。政府则需要确定清晰的战略目标和战略路径,鼓励促进人民和企业创造、创新、创业,同时提供更好的政策来推动物流强国的建设。

作者简介

魏际刚,1974 年生,浙江嵊州,现为国务院发展研究中心产业经济研究部研究室主任,研究员,兼任中国物流学会副会长。武汉理工大学学士、北京交通大学经济学博士,2002 年 4 月—2004 年 5 月在清华大学公共管理学院从事博士后研究。2004 年 5 月进入国务院发展研究中心,先后工作于社会发展研究部、产业经济研究部,从事产业经济、区域经济和社会政策研究。出版了《迈向物流强国——中国物流业中长期发展战略》《物流经济分析》等著作,代表性论文有《物流强国的总体战略设计》《中国产业中长期发展战略问题》等。2007 年和 2009 年两次获中国发展研究奖一等奖,获 2014 年度中国电子商务物流突出贡献人物,2018 年荣获“改革开放 40 年物流行业专家代表性人物”荣誉称号。

智慧引领,加快建设交通强国

On Rapid Construction of Powerful Transportation with Intelligence in China

周　伟

交通运输部,北京 100736

摘　要　交通强国战略实施离不开科技和智慧的引领。本文从智慧交通角度分析了技术革命与交通运输的紧密联系、发展智慧交通的主要任务和关键问题。明确了智能交通与智慧交通的联系与区别,提出智慧交通是在智能能力的基础上加上智慧化价值观的要求,并指出发展智慧交通的主要任务与方向。最后提出智慧交通是现代信息技术与传统交通运输产业不断融合的过程,也是交通强国战略实施和交通运输高质量发展的关键环节,要充分发挥智慧交通对建设交通强国的引领作用,促进交通运输的高质量发展。

关键词　交通强国战略;技术革命;数字交通;区域链技术;智慧交通

1　引言

从蒸汽机到内燃机再到电力机车,历次的工业革命都给交通运输发展带来了巨大的变化。新一代科技革命的发展,带来了大数据、人工智能、物联网等新信息技术的产生与发展。这些都将推动社会生产力产生新的质的飞跃,促进交通运输发展模式的变革。

本文首先阐述了新一代技术革命给交通运输行业带来的巨大变化,提出了与新型信息技术结合发展智慧交通是目前的发展方向,并提出了发展智慧交通的重点任务与几点需要把握的问题。

2　交通运输发展进入新阶段

交通运输最大的特点是移动的随机性和地域分布的广泛性。其目的是实现人、物和信息的移动。新一代信息技术的发展可推动交通运输与信息化深度融合,从而产生了智慧交通的概念。智慧交通可以使运输服务更加个性化、人性化,同时也在促进交通运输运行模式、管理模式以及社会治理模式产生巨大变革。

未来交通运输有三个大的变革:一是动力清洁化,二是控制自动化,三是使用共享化。物联网、车联网等新技术的发展,使信息成为独立于物理空间、社会空间之外的信息空间,促使交通进入三元空间的时代,如图 1 所示。

中共中央高度重视信息革命带来的变化,对发展数字交通提出了新的要求。人工智能的发展促进了自动驾驶和智能车路协同系统的发展，同时也促进了交通运输效率、服务品质的提高，对政府管理效能、管理方式的变化都产生了巨大的影响。以互联网为代表的信息技术与交通运输领域的深度融合，使得交通运输发展进入新的变革时期，促使交通运输业的工程建造、装备制造、运输服务以及政府管理发生巨大变化。因此，技术革命使得新的信息技术与交通运输融合，同时促进交通运输智能体系与治理能力的现代化，促进交通运输发展进入新的阶段。

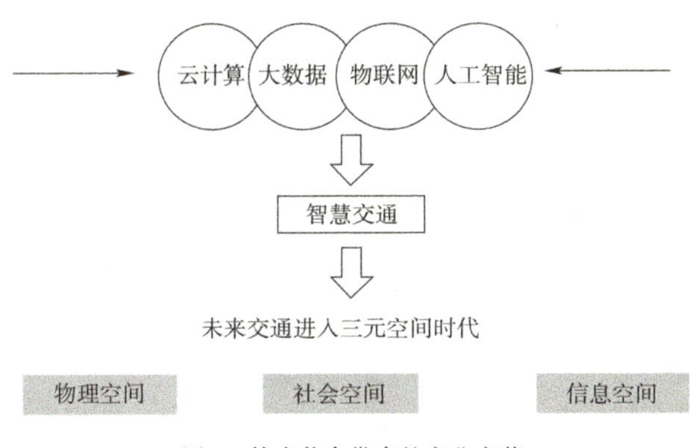

图1　技术革命带来的产业变革

3　发展智慧交通的方向与重点任务

3.1　智慧交通与智能交通的联系与区别

智慧交通与智能交通之间既有联系又有区别。从文字角度来说，智能是指能力，智慧是指价值观和思想性。因此，智慧交通和智能交通之间的区别是：智慧交通是在智能交通的基础上加上智慧化价值观的要求。智慧交通与智能交通共同构成未来发展智慧交通的直接要求。其中，数字化是实现智能化和智慧化的基础条件，实现数字化才能实现智能化，实现智能化才能实现智慧交通。

习总书记提出区块链技术是下一代改变人类社会机制传递的方式，将对交通领域的应用和管理方式产生巨大的变化。因此，在智慧交通中还要发展与应用区域链技术。

3.2　数字交通与区域链技术是发展方向

数字交通以数据为关键要素和核心驱动，推进先进信息技术与交通运输行业的融合，促进交通运输活动在物理空间和数字虚拟空间形成交互作用的体系。它的内涵主要体现在三个方面：一是做好数据采集体系，让基础设施和装备变成能流动、能感知的信息；二是网络化的传输体系，促进数据传递体系的建立；三是智能化的应用体系，把数据核心价值应用到交通运输行业，成为发展的新动能。

3.3　数字交通与智慧交通发展的重点任务

《数字交通发展规划纲要》规定了数字交通与智慧交通发展的七个方面的任务：一是构

建数字化的采集体系；二是构建网络化的传输体系；三是构建智能化的应用体系；四是培育产业生态体系，推进跨界融合、军民融合等；五是健全网络安全体系；六是完善标准体系；七是完善支撑保障体系。

这七方面的任务在现实应用中的具体表现包括：加强对可能引发交通产业变革的前瞻性、颠覆性技术研究；推动大数据、互联网、人工智能、区块链、超级计算等新技术与交通行业深度融合；推进数据资源与交通的融合发展，加速交通基础设施网、运输服务网、能源网与信息网络的融合发展，构建先进的交通信息基础设施；构建综合交通大数据中心体系，深化交通公共服务和电子政务发展。

发展智慧交通是推动交通运输转型的新动能，要充分发挥智慧交通对建设交通强国引领作用，坚持按照目标导向、模块推进、示范引领、市场驱动的原则，加强建设基础设施、生产组织、运输服务和决策监管等领域，推动实现交通运输数字化、网络化和智能化，促进交通运输的高质量发展，为交通强国建设提供强有力的支撑。

4 发展智慧交通需要把握好几个问题

智慧交通的发展是一个过程。

首先，它是一个现代信息技术与传统的交通运输领域不断融合的过程。它促进了传统交通运输产业包括建筑业、服务业转型升级，并在融合的过程当中，衍生出了一系列的新业态、新模式的组织方式，如网约车、共享单车、自动驾驶等。

其次，它是一个目标与手段共生互动的过程。它围绕交通运输来发展安全、便捷、高效、绿色、经济的目标，提出任务与手段。目标与手段是共生互动的过程，上一层次的目标是下一层次的任务，而下一层次的手段是为了服务上一层次的目标，这两者之间是相互联系和互动的过程。

最后，它是一个随着技术进步不断提升的过程。信息技术从有线的互联网到无线的互联网，再到人工智能，再到区块链，是不断演进的，也是没有穷尽的过程。随着信息技术不断演进，应用的范围以及使用的场景都会发生新的变化，包括5G技术的应用，使得智慧交通也在不断进步。

发展智慧交通必须要把握好以下几个问题：

(1)强化顶层设计，谋划中长期发展

立足国情，遵循规律，加强统筹，以支撑交通强国建设为核心，全方位联合企业高校和科研机构等资源开展协同创新，积极探索最前沿的信息技术。移动互联网、大数据、人工智能等新技术改造，都是提升传统交通运输行业的有效途径。分析新的出行方式、物流组织方式和治理模式，明确智慧交通中长期发展的目标、任务和实现路径。

(2)坚持重点突破，务实推动发展

目前我国围绕着安全、效率、绿色的目标已经在13个地区开展交通强国建设的一系列试点。在智慧交通方面，重点是智慧公路，建设以高精度应用为核心，以载运工具为特点，互联网加监管的新型监管体系。加强信用体系的应用以及交通旅游、融合大数据的应用。同时加强智能监管，通过试点使这些信息技术的应用能解决实际问题，促进现代信息技术与传统交通运输领域的融合。

(3)努力构建以数据为关键要素的智慧交通

大数据的兴起使信息化建设形成的数据负担正在转化为数据的红利。交通行业信息化的应用是从点到线再到面的发展过程。点是最早的应用，线是分行业、分系统独立的信息系统的应用，面是实现交叉融合、全系统的综合应用。因此，在这个过程中，要以数据集中和共享为途径，优化完善大数据资源的整合和交叉应用。以数据融合推进综合交通发展，使行业内外的技术融合、业务融合，实现跨层级、跨地域、跨系统、跨部门、跨业务的数据开放和共享。

(4)加强跨界协同

明确政企定位，鼓励企业为主体的技术服务商业模式创新。政府要侧重战略规划、政策标准和治理模式的创新，尤其要加强相关政府管理部门的联动，深化部门之间的协同发展机制，统筹各行业的资源，共同推进形成国家层面的引导力量。

(5)防范“一窝蜂现象”“孤岛现象”和“两张皮”现象

2014 年到 2017 年短短三年的时间，我们国家的共享出行市场投资额从 20 亿美元飞速涨到 210 亿美元，在飞速发展的同时也出现了不少问题。例如，共享单车由资本的踊跃投入到逐渐没落，目前很多公司倒闭破产，而且退押金引发了一系列危害社会稳定的问题，这提出了很大的警示。新业态、新技术的出现会刺激金融资本积极介入和跟进，但是这种无序的现象，往往也会带来资源的浪费和相关的社会问题，需要引起高度重视。

由于长期分部门管理而形成的信息壁垒和信息孤岛问题，也是需要克服的。信息技术的发展，尤其是信息产品的更新换代非常快，在推广信息技术、应用信息技术的时候，一定要避免“两张皮”的现象。要把信息技术的充分利用与业务模式创新、业务流程再造优化以及管理行为规范相结合，将政府推行的改革与一次审批等有机结合起来，使信息技术真正融合，促进发展。

5 结语

智慧交通发展既是建设交通强国应有之义，也是推动交通强国建设最强大的新动能。既是机遇，也面临着巨大挑战。

在这个过程当中，首先需要积极探索发展信息技术，并促进现代信息技术与交通运输行业的深度融合。

其次，要完善大数据资源的整合和交叉应用，构建综合交通大数据中心体系，积极克服信息壁垒问题，以数据融合推进综合交通发展。

最后，建设交通强国需要各行各业、产学研用等多方面的协同创新和共同努力，需要社会各界贡献智慧和力量，凝心聚力，攻坚克难，共同开创智慧交通创新发展新局面，为交通运输高质量发展和加快建设交通强国做出更大的贡献。

作者简介

周伟，教授，博士生导师，原交通运输部总工程师，兼任交通运输部专家委员会主任委员，“中国环境与发展国际合作委员会”中方专家委员。曾任教育部高等学校教学指导委员会交通运输类专业指导委员会主任委员，环保部战略环评专家咨询委员会委员，中国公路学会第六届、第七届理事会副理事长。先后当选过中共十六大、十七大代表。

先后参加和主持完成国家级、省部级及其他科研项目 50 余项，曾获省部级科技进步奖 8 项，完成的中国未来可持续交通发展战略与政策研究项目获 2006 年 11 月曾培炎副总理颁发的中国环境与发展领域杰出贡献奖。在国内外发表论文 100 多篇，出版著作 6 部。

我国城市交通发展问题的战略思考

Strategic Thinking on Urban Traffic Development in China

郭继孚

北京交通发展研究院,北京 100044

摘　要　“建设交通强国”战略的实施,对我国城市交通发展提出了更高的标准和要求。在对比与总结我国城市交通与世界交通强国的差距和主要问题的基础上,分析了国际大城市在交通与城市协调发展、小客车保有及使用调控、绿色交通方面的发展经验,并结合当前我国城市交通发展现状进行思考。展望了我国城市交通在都市圈通勤、出行需求、出行特征、新技术影响方面的发展趋势。最后提出当下和未来在交通与城市协调发展、优先发展公共交通、强化交通需求管理、重构城市道路空间和智能化、精细化管理服务方面的发展建议。

关键词　交通强国;城市交通;发展战略;公共交通;小客车调控;绿色交通

1　我国城市交通问题现状

大城市和以大城市为核心的城市群(都市圈)已经成为经济快速发展的引擎,承担着代表国家参与全球竞争的重任。城市交通是决定城市竞争力的重要组成部分,是影响城市活力的重要方面,是提升城市宜居水平的重要保障。和世界交通强国对比来看,当前我国城市交通还存在较大差距,主要体现在“安全、便捷、高效、绿色、经济”五个方面。具体来看,主要问题有:道路堵、污染大、地铁挤、公交慢、换乘不便、停车乱、步行和自行车出行环境差等。

根据高德2017年度中国主要城市交通分析报告,2017年全国26%的城市通勤高峰处于拥堵状态,55%的城市通勤高峰处于缓行状态。在工业化进程中,工业污染源所占比重大,而随着国家发展转型,交通将成为大城市空气环境的主要污染源,世界发展历程亦是如此。轨道交通方面,北京市轨道交通常规限流车站占比26%;北京市地面公交全程速度仅为小客车的54%,而轨道交通全程速度为小客车的83%。换乘方面,北京市轨道交通等车、换乘和步行时间占全过程出行时间的38.9%,地面公交这一时间比例为34.5%,城际交通与城市交通衔接不畅问题明显。关于停车管理,停车难、停车秩序混乱已成顽疾,特别是路内违章停车已成为加剧拥堵的重要因素。绿色交通方面,行人和自行车空间受到小客车挤压,出行环境及体验差。

以上诸多问题给我国城市交通可持续发展带来了很大挑战。城市交通问题到底有没有解?为什么我们做不好?跟国外到底有什么差距?中国的大交通,尤其高铁在长足进步,城市交通怎么不能够得到革命性发展呢?众多学者为此积极献言献策,最后发现好像都有道路，但也都不行。实际上，从国际大城市的发展历史来看，我国城市交通未来仍然有很大的想象空间。

2 国际大城市发展经验分析与思考

本文通过介绍东京、纽约等国际大城市的发展经验，对比当前我国交通发展现状展开分析与思考。

2.1 交通与城市协调发展

从世界大都市圈发展历程来看，城市扩散是一种必然趋势和长期发展过程，这种扩散不仅是人口扩散，也是城市多功能扩散。

以东京为例。东京都市圈形成过程开始于1950年，彼时的东京都市圈半径约30km，人口约2000万人，机动车不到300万辆，道路拥堵严重，地铁拥挤不堪。同时，东京也进行了城市疏解和城市副中心建设。50年后，东京都市圈基本形成半径50km的大都市区，人口增加到近4000万人，机动车增长到1500万辆。城市人口增加了一倍、人多车多，城市交通状况反而得到极大改善，其中一个重要原因是轨道交通的长足进步。

(1)发展轨道交通都市圈通勤

从东京都市圈客运系统运量变化角度看，东京轨道交通日客运量50年间从1000万人次增长到将近4000万人次，如图1所示。实际上，东京的地铁里程及运量仍维持原来的水平，不断发展的高密度市郊铁路提供了大部分轨道交通运力增量。除国铁外，东京都市圈市郊铁路有一多半是私铁。经过多年发展，市郊铁路做到运营方式、车厢、信号等与城市地铁几乎一致，能够过轨运营。最重要的是通过建设复线、车站配线，组织市郊铁路大运量、长编组、快速运输，实现了距市中心70km范围1h可达，加快了市中心到都市圈外围间的通勤联系。

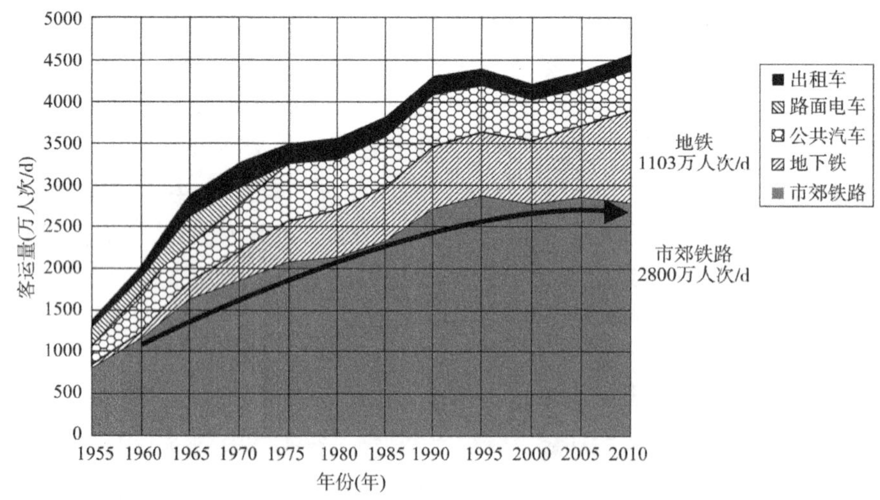

图1 东京都市圈客运系统客运量历史变化(堆积图)

目前北京已形成30km半径圈层的通勤系统，而东京都市圈平均半径是50km，最远超70km；北京轨道交通当前的日客运量水平与东京都市圈50年前大体相当。这表明，当前我国的轨道交通服务，无论是运输能力、效率、服务水平都存在巨大差距。与国际大都市区相比，我国城市轨道交通系统层次单一，以地铁模式为主，缺乏服务都市圈快速通勤出行的市郊铁路（区域快线）系统。我国未来的城市交通仍有很大的想象空间。

（2）枢纽与城市功能协调发展

从枢纽的角度来看，东京市主要交通枢纽周边都是城市高强度开发区；我国对外交通枢纽周边通常会避免建设高楼大厦，和主要的开发区不直接相连，比如北京南站周边是居民区。当然枢纽选址受很多因素影响。对比发现，北京南站日客运量约为30万人次，东京站约为120万人次，然而东京站没有架设高架桥，也没有严重拥堵。分析其原因在于，东京火车站出站人群使用小客车和出租车比例仅为2%，通过步行和自行车方式直接到达目的地的比例达90.6%；而北京南站高铁客流主要为商务性质，到达南站后并没有到达目的地，轨道交通只接运部分客流，出站人群中小客车和出租车使用比例高达75%，自行车和步行比例不足10%。这是导致枢纽地区交通拥堵的关键。

另外，东京发展经验指出，枢纽一定是可达性最高的地区，进而枢纽周边房价高和开发强度高，通过轨道交通地下接驳输送客流，枢纽地面拥堵问题自然得到解决。所以，我们需要一个全新的思考方式来解决问题。

2.2 综合手段调控小客车保有及使用

（1）小客车保有分布调控

分析结果表明，世界各大城市家庭小客车车保有量分布呈现“外高内低”的特征，如图2所示；出行结构分布呈现出小客车出行比例中心低、外围高的特点，我国城市的小客车分布则恰恰相反。与东京对比，2010年北京核心区人口密度与东京核心区接近，北京核心区人均机动车保有量为0.31辆/人，约为东京核心区的2倍（0.17辆/人），北京核心区小客车出行比例约为东京核心区的2倍。可见，虽然北京市的小客车总量低于东京，但是城市核心区却更高，这是问题所在。历史时期，东京小客车保有分布和北京是类似的，东京通过城市功能疏解等措施将小客车疏解出了中心区。可见，功能疏解要疏的实际是车而不是人。

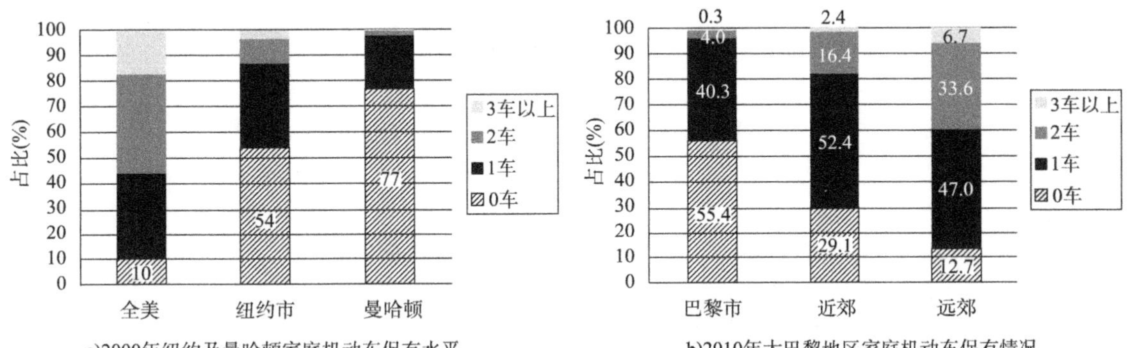

a)2000年纽约及曼哈顿家庭机动车保有水平

b)2010年大巴黎地区家庭机动车保有情况

图2 世界大城市机动车保有分布情况

目前北京等城市实施的小客车摇号、限行政策存在效果有限、不持续等问题。“摇号”调控政策只针对增量，不涉及存量，因而无法调节机动车保有分布，而“限行”的效果在持续弱化。同时，“摇号”和“限行”政策也刺激了小客车不合理的购买需求。

(2)停车治理

世界银行的相关研究成果指出,全世界范围内,国家间、城市间、城市的不同区域间的交通有着一个共同的规律,即高强度的运输需求一定要用大运量的方式去解决,低密度的地方一定是汽车出行。然而,我们常常在制定政策、实践过程中忽略了这一规律。为什么? 因为没地方停车,停车消耗的空间非常大。

目前,免费停车现象在我国普遍存在。北京市工作出行需求停车中免费停车比例为95.6%,夜间免费停车比例为51.5%。从停车消耗的空间指标看,2016年中国城镇居民人均住房建筑面积为36.6 m^2,车均停车面积25~40m^2(地面、地下车库及地上停车楼),在人口密度高、土地资源稀缺的情况下,为小客车解决免费停车位不仅导致土地资源的浪费,也不公平。

从世界经验来看,停车治理是调控机动化进程,缓解交通拥堵最有效、使用最广泛的措施。停车管理差的城市,交通一定比较差,这由一个国家的治理水平所决定。历史上东京、伦敦都是如此。日本从1957年开始不断完善停车法律,并严格执行停车法律法规,实施停车价格调控等政策,收到了良好的效果。

2.3 回归绿色出行

伦敦、纽约、新加坡、中国香港等国际大城市新一轮制定的交通发展战略,普遍从过去以车为中心转变为以人为中心的发展思路,重视步行与自行车交通,通过改善步行与自行车出行环境,释放城市发展活力。纽约百老汇街区取消汽车出行后,在金融危机大背景下成为全美商业不降反升的地区。

再看北京的情况,2014年北京六环内出行构成中,5km以下的出行占52.9%,短距离出行占据相当大的比重。但是近年来,北京市非机动车出行环境并未得到本质的改善,步行和自行车出行空间受到小客车出行挤压,自行车出行比例总体上呈现下降趋势,如图3所示。

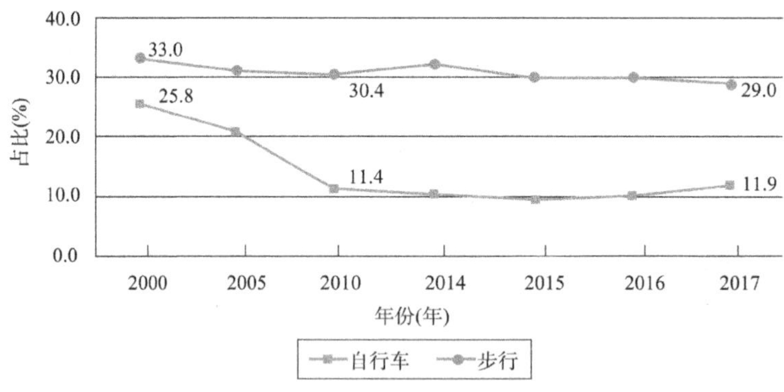

图3 北京市自行车、步行出行比例变化

3 我国城市交通发展趋势分析

3.1 都市圈范围通勤联系进一步加强

改革开放以来,城镇化和机动化"双轮驱动"带来了城市交通需求的快速增长。从1986年到2014年,北京市居民出行总量(六环内)从939万人次增长到4445万人次,居民出行率从1.61次/(人·d)增加到2.75次/(人·d),北京市建成区面积从653km²增加到2831km²,居民出行距离从5.2km增加到8.1km。

如今,城镇化仍是社会发展的一个主题,城市居民出行总量仍将继续增加,随着城市的扩张,居民出行距离也将加长。与世界相比,我国机动车人均拥有率还处于偏低水平。未来,我国的城市仍将继续接纳更多的人口,这是我们城市的使命,也是大城市要承担的一个重要职责,交通面临的任务仍然是巨大的。从国际大城市发展规律看,虽然人口向外疏解,但都市圈范围内人口增加的趋势一直没有改变,都市圈范围内的通勤联系将进一步加强,包括通勤范围的扩大、通勤客流的增加。

3.2 出行需求构成更加多样化

一方面,随着经济活动的增加,居民出行目的更加丰富多样;另一方面,随着人们收入水平的提高,交通需求也逐步升级,由简单完成出行向高品质出行转变,追求更高水平的时效性、可靠性、舒适性和需求实时响应度。

3.3 人口老龄化影响出行特征

人口老龄化加剧将深刻影响居民出行特征变化。2017年,我国60周岁及以上人口占总人口的17.3%,65周岁及以上人口占总人口的11.4%。基于北京市居民出行数据,60岁以上老年人出行行为特征表现为:通勤需求降低,以购物、休闲健身为代表的生活性出行增加;出行频率减少和出行距离降低;步行比例大幅度提升,如图4所示。

a)2014年和2010年六环内平均出行距离

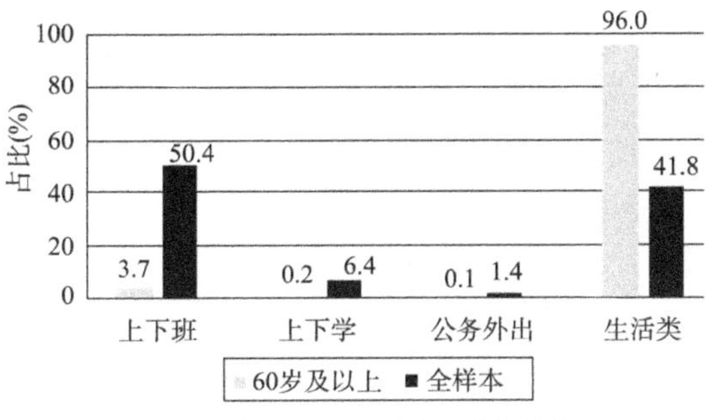

b)北京市60岁及以上老年人出行目的

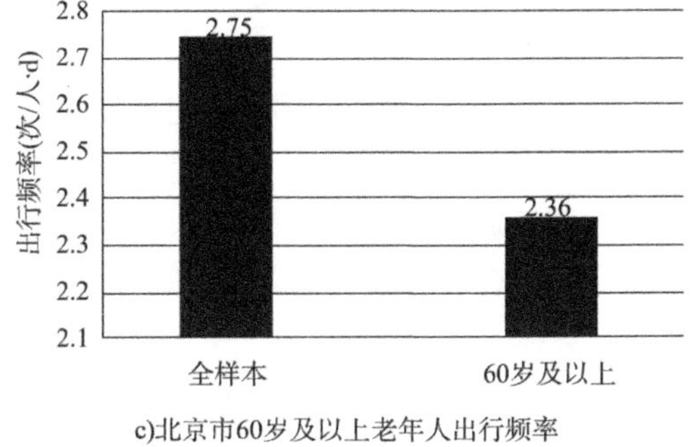

c)北京市60岁及以上老年人出行频率

d)北京市60岁及以上老年人出行结构

图4 北京市老年人出行特征

3.4 新技术改变出行行为

新技术给城市交通发展带来的机遇是空前的。近年来,随着移动互联技术的快速进步,网约车、共享单车、汽车共享等新业态不断涌现,未来无人驾驶将深刻改变城市交通运行和资源使用。在未来全方位信息化的推动下,城市交通的智能化水平、无人驾驶技术水平,甚至于整个出行过程都会发生根本性的变化。

4 关于我国城市交通发展战略的对策与建议

在当下和未来,中国的城市交通战略至少应该包括以下几个方面。

4.1 交通与城市协调发展

(1)建设轨道上的城市群

未来的中国一定会出现一个或者几个超级城市群,这是我们国家在世界上竞争的一个所在,是发展使命使然,也是发展趋势。高度发达的城市群必然需要强大的交通系统来支撑,这个系统应是以轨道为主的。在人口密集地区以轨道交通走廊为重点,建设分层次、相融合的轨道交通系统,支撑城镇空间和产业布局优化调整。在都市圈和大城市推行以公共交通为导向的空间发展战略,引导城市(都市圈/城市群)沿大容量公共交通走廊紧凑、有序发展。依托市郊铁路或区域快线系统支撑引导新城及周边区域开发建设。

(2)建设枢纽站上的城市

建设轨道上的城市群,同时还要建设枢纽站上的城市。把城市建立在大运量的交通车站上,而不是依靠小汽车,这个城市就会有活力,就会有承载力。以公共交通枢纽和站点为中心,按照容积率递减的原则合理确定走廊沿线土地开发强度。提高枢纽周边土地使用集约化程度,实现枢纽与城市综合开发的一体化。实现各交通方式无缝衔接、零距离换乘,实现轨道交通站点与周边建筑紧密结合。

(3)健全公共交通引导城市发展保障机制

当前,我国仍普遍存在高密度开发区域没有轨道交通支撑,也不开通公共汽车的现象,这说明城市和交通还处于脱节发展状态,还面临着一系列公共交通和城市可持续发展的政策制定、包括一体化开发等问题,须建立健全公共交通引导城市发展的保障机制。

一是体制机制保障。建立政府、轨道交通企业、开发商之间的工作协同和利益分享机制,为多主体联合开发提供有效法律保障。

二是创新土地政策。修订关于土地出让方式、招拍挂制度等相关条款,城市交通枢纽及其周边的用地性质由“交通用地”调整为“综合用地”,使其能够用于商业、办公等综合开发。

三是完善规划标准。修编《城市规划编制办法》,编制城市轨道交通建设规划必须同步编制城市轨道交通沿线和站点的控制性详细规划。适当提高城市轨道交通站点周边土地的容积率。

4.2 优先发展公共交通

坚持公共交通发展设施用地优先、投资安排优先、路权分配优先、财税扶持优先,着眼于提升城市公共交通“门到门”效率和品质,围绕“快速、便捷、多样”提高公共交通的竞争力和吸引力。

一要着力提升公共交通出行效率。构建多层次的轨道交通网络,优化既有轨道交通运力配置和运输组织模式,保障地面公交通行路权,不断推进轨道交通、地面公交、步行自行车系统融合。

二要打造多层次、多样化服务体系。借助现代信息通信技术,全面提升公共交通实时响应服务能力及可靠性,支持发展个性化、定制化的多元服务模式。引入市场竞争机制,理清政府与市场在提供公交服务中的关系。

4.3 强化交通需求管理

按照“用者自付”原则进行需求管理政策设计,建立和完善以科技和经济调控手段为主、行政管理手段为辅的常态化交通需求管理体系。

一是实行差别化交通需求管理,针对不同群体、不同区域、不同时段实施差别化管理。

二是充分利用经济杠杆,提高小客车的使用成本,对特大城市、超大城市,适时实施交通拥堵收费。

三是发挥停车供给、价格对汽车保有和使用的调节作用,逐步消除违法停车。

四是鼓励与规范共享交通科学合理发展,探索利用汽车共享实现制约私人小客车保有的发展模式。

4.4 重构城市道路空间

实施街道精细化设计,调整城市道路资源使用分配策略,打造安全、便捷、舒适、宜人的步行和自行车出行环境,提供包容、无障碍的公共空间。

一是优化城市路网结构。树立“窄马路、密路网”的城市道路布局理念。加强街区的规划和建设,推动发展开放便捷、尺度适宜、配套完善、邻里和谐的生活街区。

二是提升街道功能品质。推广“完整街道”设计理念及方法,为所有出行者提供一个公平的出行空间。改善步行自行车出行环境,促进其在中短距离出行中发挥应有的作用并与公共交通良好衔接。

4.5 智能化、精细化管理和服务

依托大数据应用提升交通决策管理智能化水平和交通服务的精细化水平。提前部署新型交通基础设施,主动进行政策技术准备。

一是交通决策管理智能化。以大数据作为创新供给手段,提升城市交通战略、发展政策、规划、建设、管理水平。

二是交通服务精细化。实现基于需求实时响应的城市出行与物流配送一站式智能服务。发展出行预约服务系统,鼓励出行者按照预约时间窗与预约路线出行。

三是主动进行政策与技术准备。提前谋划与车联网相关的城市交通规划建设与运营管理框架体系。充分评估各类共享交通模式的负外部性,推进各种共享交通模式规范、有序发展。

作者简介

郭继孚，男，满族，工学博士，无党派人士。北京交通发展研究院院长，教授级高级工程师。全国政协委员，北京市人大常委。享受国务院政府特殊津贴专家、中共中央京津冀协同发展专家咨询委员会成员、全国城市道路文明畅通行动计划专家组副组长、交通运输部部长咨询委员会委员，北京交通大学、北京工业大学兼职教授、博士生导师。

长期从事城市交通规划和交通管理的研究与实践，创建了城市交通拥堵评价方法，建立了城市路网功能诊断和路网结构优化方法，构建起大规模网联车辆协同服务模型，研发了超大城市交通仿真优化模型，为北京交通治理和奥运会等大型活动交通组织保障做出突出贡献。荣获国家级科技进步奖二等奖 2 项、省部级科技进步奖 10 余项、发明专利 15 项，形成了软件著作权 5 项、国家标准 2 项、规范、地方标准 4 项，发表论文 80 余篇，出版学术著作 4 部。曾获“北京市优秀青年知识分子”“北京市先进工作者”“全国交通运输系统先进工作者”等称号。

交通强国建设目标与战略

Goals and Strategies of Building China's Strength in Transportation

陆化普

清华大学交通研究所,北京 100044

摘　要　党的十九大报告提出交通强国战略,是建设现代化经济体系的先行领域,是全面建成社会主义现代化强国的重要支撑,开启了交通建设事业现代化的新征程。在对交通强国建设纲要解读的基础上,探讨了交通强国的中国道路、轨道上的京津冀、交通一体化、绿色交通的中国内涵、交通智慧化等若干问题,最后从理论和实践角度提出交通强国背景下高校人才培养要求和科研单位理论研究需求。

关键词　交通强国建设;目标与战略;人才培养;理论研究需求

1　交通强国建设纲要解读

新中国成立 70 年来,我国交通建设事业的快速发展受到世界瞩目,诸多成果位于世界前列,中国已然成为交通大国。为全面建成社会主义现代化强国、统筹推进交通强国建设,中共中央国务院于 2019 年 9 月 19 日印发《交通强国建设纲要》。纲要要点见图 1。

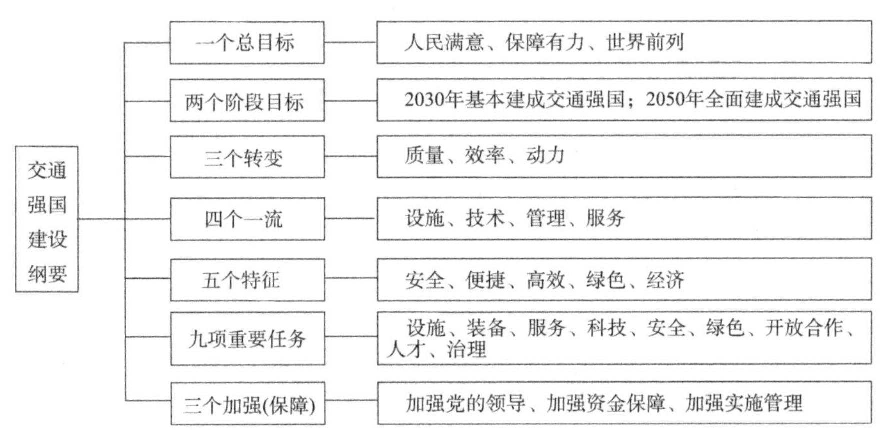

图 1　《交通强国建设纲要》要点

交通强国战略以建成人民满意、保障有力、世界前列的交通强国为总体目标,分为两个阶段进行推进,分别在 2035 年基本建成交通强国、到 21 世纪中叶全面建成交通强国。

三个转变是新时代下解决交通问题的新思路和思想源泉。交通建设要从追求速度规模向追求质量效率转变,从多种交通方式相对独立发展向更加注重综合交通一体化融合发展转变,从依靠传统要素驱动向更加依靠创新驱动转变。在三个转变的思想下,我国要打造一流的设施、一流的技术、一流的管理和一流的服务,构建安全、便捷、高效、绿色、经济的现代化综合交通体系。

针对交通强国战略的九项重点任务,可以从交通服务的基本要素、约束条件和外围保障体系三个层次进行理解。首先,设施、装备和服务是基本要素,要求设施布局完善、立体互联,装备先进适用、完备可控,服务便捷舒适、经济高效;其次,科技、安全和绿色是约束条件,要求科技创新富有活力、智慧引领,安全保障完善可靠、反应快速,绿色发展节约集约、低碳环保;最后,开放合作、人才和治理属于外围保障体系,要求开放合作面向全球、互利共赢,人才队伍精良专业、创新奉献,完善治理体系,提升治理能力。

最后,以加强党的领导、加强资金保障、加强实施管理来保障交通强国建设的顺利推进。

2 交通强国建设的若干问题说明

2.1 交通强国的中国道路

建设交通强国,既要有全球视角、战略思维,又要立足国情、结合实际。发达国家和地区建立了强大的交通运输体系,其成功的经验值得学习和借鉴。然而,一个国家采用何种交通模式,取决于自身的资源禀赋、环境条件、交通需求特征和发展阶段。我国具有人口基数大、东西部人口分布不平衡、能源资源和土地资源有限、各地区自然生态环境的脆弱性不同等国情特点,这与大多数交通发达国家和地区有很大的差异。因此,我国交通发展不能简单照搬他国发展模式,必须充分考虑我国人口、资源、环境、产业、城镇化和实现第二个百年目标的战略需要,走中国特色的交通强国之路,形成中国特色的交通运输体系、交通结构、交通路线与发展模式。

中国特色交通强国之路主要包含以下九个方面的特征:一是以人民为中心;二是采取区域差别化政策;三是坚持绿色交通主导;四是通过智能交通引领,实现对发达国家的赶超;五是利用转型升级“窗口期”,实现交通基础设施的一体化和高质量发展;六是大力推动共享交通发展以解决交通资源紧缺问题;七是有所为有所不为,部分交通领域实现世界一流;八是坚持公平发展,实现基本公共服务均等化;九是抓住发展新机遇,大力推动“现代化交通 +”。

2.2 轨道上的京津冀

建设“轨道上的京津冀” 是交通强国建设的重要任务之一。构建多层次、一体化的综合交通枢纽体系是京津冀协同发展、建成世界级城市群的基本前提和重要保障,也是实现非首都功能疏解、破解“现代城市病”的关键,其核心在于打造“轨道上的京津冀”。

为什么要建设“轨道上的京津冀”?其取决于交通需求特性,是破解城市交通拥堵难题的需要,是集约化利用土地资源的重要途径和有力措施。需要特别注意的是,“轨道上的京津冀”绝不是建立一个轨道的交通系统,而是以轨道交通为骨干的综合交通运输体系;其次,“轨道”指的是主要交通通道上的交通方式,包括高速铁路、城际铁路、市域铁路和城市轨道交通等。

建设“轨道上的京津冀”的主要内涵是沿交通走廊布局城市、在综合交通枢纽节点上建设城市。其指出要使轨道交通成为京津冀的主导交通方式，通过轨道交通建设引领城市群空间布局和优化土地使用，通过完善的绿色交通系统为居民出行提供高质量、高效率、一体化的综合交通服务。

2.3 交通一体化

交通一体化的内涵是指实现全方式、全环节的交通一体化，强化出行体验高质量一体化，其包括交通与土地的一体化、交通设施的一体化、运营管理的一体化、交通服务的一体化和体制机制的一体化。交通领域往往容易将“一体化”理解为设施的一体化，但交通与土地的一体化、交通服务的一体化是更关键的内容。

交通与土地一体化方面，东京上野、池袋、品川、新宿和涉谷等地区的地铁站通过大量的地铁出口将轨道交通系统与功能用地无缝衔接，轨道交通系统与周围办公大楼、医院、学校和百货店等设施构成了一体化的整体，居民仅通过公共交通和步行即可高效、便捷地去往目的地。交通服务的一体化方面，以去往北京首都国际机场和东京机场的交通方式选择差异为例。在北京，去往首都国际机场的主要方式为小客车，其比例在世界上处于较高的水平；而在东京，选择机场巴士出行的比例较高。不同出行方式选择的原因在于服务一体化水平的差异，东京机场巴士可停靠在宾馆等建筑物内，行李可直接由驾驶员和服务员负责。巴士的服务质量已然达到了小客车的水平，因此，巴士高水平的服务质量使东京机场小客车的出行量减少。

2.4 绿色交通的中国内涵

中国特色的绿色交通发展包括实现资源节约、环境保护和解决交通拥堵问题。构建一个怎样的交通系统取决于面临的形势和任务，对于中国城市而言，绿色交通不等于节能减排和减少雾霾，破解交通拥堵具有同等重要的意义。对于城市内部而言，绿色交通主要包括公共交通、自行车和步行；对于城市间而言，绿色交通主要包括铁路运输、水路运输和公路长途客运交通。

绿色交通发展的工作要点在于绿色规划引领、绿色方式主导、绿色设施支撑、绿色工具主体和绿色管理保障的全环节绿色化。例如，很多城市建设了非常好的道路交通系统，但步行和自行车的路权却没有保障，这是不符合生态优先、绿色发展原则的。因此，空间资源应该合理地向绿色交通方式倾斜，以打造完善的、高品质的、绿色发展的步行自行车交通系统。

2.5 交通智慧化

智能交通是交通强国建设的切入点和主要抓手，应该成为交通强国建设中率先实现世界领先的领域。《交通强国建设纲要》提出“世界前列”的交通建设总目标，包含世界先进和世界领先两个层次，其中智能交通系统正是可能做到世界领先的重要系统。通过新技术的运用，智能交通系统有希望破解交通拥堵问题，更好地提高安全水平以及提升服务品质。

3 从交通强国建设看交通人才培养和理论研究需求

精良专业、创新奉献的人才队伍是交通强国建设的重要保障,从实践和理论的角度出发,阐述交通强国建设对交通人才培养的要求:一是重视理论基础的同时,强化与工程实践的结合;二是全方位鼓励创新型人才的成长;三是大力培养多层次多学科融贯型人才;四是,为不同类型人才创造差异性的成长条件;五是,要养成探索规律、追求真理、服务人民的优秀人才。

交通强国建设需要坚实的理论研究作为支撑。首先,研究机理、探索规律、重视应用;其次,做好数据采集据处理,包括采集点采集方式、优化布局、融合技术、通信技术与数据传输,这是研究的重要前提;再次,构建平台结构和数据结构;然后,依托车地协同、区块链、北斗系统、5G、人工智能等新技术研究交通业务协同;最后,实现交通系统自我进化的新境界。

4 结语

交通强国战略是新时代下交通运输系统发展的新起点,是实现中华民族伟大复兴的重要支撑。《交通强国建设纲要》为建设什么样的交通、如何建设交通指明了方向,对交通强国的中国道路、轨道上的城市、一体化交通、中国特色的绿色交通、交通智慧化等问题的深入分析,对新时代下交通人才的培养要求以及理论研究需求的正确把握,是建设交通强国的重要保障。本文对交通强国建设主要有以下几点认识:

(1)中国的交通建设既要有全球视角、战略思维,又要立足国情、结合实际。

(2)交通与城市发展中,沿交通走廊布局城市、在综合交通枢纽节点上建设城市。

(3)交通一体化过程中,除了研究交通设施一体化,需要更加关注交通与土地的一体化和交通服务的一体化。

(4)中国特色的绿色交通发展包括实现资源节约、环境保护和解决交通拥堵问题。

(5)智能交通是交通强国建设的切入点和主要抓手,应该成为交通强国建设中率先实现世界领先的领域。

我们要不忘初心、牢记使命,保持奋斗者的姿态,为早日建成人民满意、保障有力、世界前列的交通强国努力。

作者简介

陆化普,清华大学教授、博士生导师,清华大学交通研究所所长。长期从事交通规划、交通管理与控制、智能交通系统、交通拥堵机理与对策等相关理论研究与工程技术实践,先后主持完成了国家攻关课题,国家科技支撑课题,国家发展和改革委员会、交通运输部、科学技术部、公安部、中国工程院等有关部委的各类研究课题数十项,主持完成北京、上海、沈阳、长春等数十个城市的各类交通项目200余项,发表论文400余篇,其中SCI/EI检索205篇;出版学术著作26部;先后获得19项重要奖项。

从规模到品质
——创新引领下的交通强国建设路径
From Scale to Quality-On Path of Building a Transportation Power Under the Leadership of Innovation

王　洧

同济大学中国交通研究院,上海 200092

摘　要　在《交通强国建设纲要》指导下,我国交通发展重点逐渐由线网规模扩张转为建设品质的提升。为贯彻《交通强国建设纲要》,本文分析了人口结构、居民生活水平、产业结构、全球贸易格局和科技创新革命等因素对我国交通发展趋势的影响,在此基础上提出了综合交通一体化、智慧化交通技术和精细化管理模式三条有效建设路径,以促进交通基础设施建设、交通装备创新设计和运输系统服务质量优化,最终将我国建设为交通强国。

关键词　交通强国;建设品质;发展趋势;建设路径;建设目标

1　引言

自改革开放以来,过去40年中我国交通建设主要以实现线网"规模扩张"为目标,遵循"要想富、先修路"的发展理念,以"资本、土地和劳动力"等传统要素为驱动力,大力开展基础设施建设,以将我国发展为"交通大国"。

2019年9月,国务院提出了《交通强国建设纲要》,期望将我国进一步建设为世界交通强国,以往的发展策略也不再完全适用于我国未来的交通建设。由"交通大国"转为"交通强国",说明我国新时代交通建设的目标不仅仅在于扩大规模,同时也致力于提高建设品质。从具体发展策略来看,应在保有原有理念基础上引入"创新驱动交通运输现代化"的理念,重视新一轮科技革命和产业变革在交通领域中的应用,将智慧交通建设和基础设施建设相结合,最终实现"交通强国"的建设目标。

在推动交通强国建设中,城市人口结构、居民生活水平、产业结构、全球贸易格局等多方面因素变化也会影响我国交通的发展趋势。为顺应总体发展需求,可从理念、技术和管理三个方面探寻合理的建设路径,完成交通强国建设目标中的多个任务。

2　交通强国建设的七大发展趋势

随着社会经济水平的发展,我国人口结构的变化、居民生活水平的提高、产业机构的升级、全球贸易格局的变化、新一轮科技革命的推动、移动互联和交通的融合发展以及生态文明的建设,均会对我国交通发展产生不同要求。洞悉上述各因素变化情况,合理分析未来交通的发展趋势,是我国交通强国建设策略快速实施的保证。

2.1 人口结构性变化

从人口规模来看,2030 年我国人口总数将达到峰值 14.5 亿人。相较于总人口数量,人口结构组成特征更为重要。二胎政策开放后,2019 年我国出生人口 1465 万人,人口出生率为1.05%,而正常替代率为 2.1%,出生率达 1962 年以来最低值,这意味着国内人口结构将发生大的变化。按目前出生率预测到 2035 年,我国 65 岁以上人口占比将近 20%,而国际标准规定比值为 7% 即为老龄化国家,由此可以看出我国人口老龄化将日趋严重。

从人口区域分布来看,我国人口向东部和城市地区大量聚集,未来胡焕庸线以东的人口比例将超过 94%,京津冀的人口密度将达到 600 人/km^2,为日本的 2 倍。人口年龄结构和空间分布的变化会带来劳动力短缺、交通设施空间分布不均衡等问题,毫无疑问会对社会交通带来更大冲击。因此,在交通发展中,应适应人口总量与结构的变化,建立更加精准、因地制宜的区域交通系统,以满足不同地区差异化发展需要。

2.2 生活水平提高

2018 年,我国人均国内生产总值接近 1 万美元,拥有全球规模最大的消费市场以及最具成长性的 4 亿中等收入群体,消费需求旺盛,“体验经济”时代即将到来。随着生活水平不断提高,居民交通出行需求发生变化,例如休闲旅游将超过公务出行成为最大交通需求,“快进慢游”、自驾游市场快速增长,成为中短途旅游出行的主要方式。如何让游客到达枢纽站、收费站后快速到达景区,进入景区后如何安心“慢游”。对于这种体验经济时代的高品质交通需求,“短缺供应”时代形成的以效率和通达为主导的发展思路难以适应,未来交通发展在提升居民出行体验方面有很大能动空间。

2.3 产业结构的升级

目前我国已处于工业化发展中后期,随着产业结构的优化,未来第二产业比重下降及 3D 打印、智能制造等技术的提升,工业生产对库存、对大宗物资长距离运输的需求可能下降,物流成本也会随着产业结构和布局的调整大幅降低,货物运输对于基础设施的使用强度也会有所下降。运输需求强度下降阶段,交通基础设施建设和交通运输的发展思路需要重新认识和应对。此种情况下,也有可能带来解决很多运输顽疾的窗口期,例如随着货运强度下降,反而迎来了解决“公路超载”这一问题的窗口期。

2.4 全球贸易格局变化

我国国际运输体系“两头在外”的出口加工型经济模式下形成和发展,虽然我国拥有全世界的最大的物流市场、最大的集装箱港口和规模最庞大的基础设施网络,但在全球供应链体系中仍然处于被支配地位,海洋权益与全球第一大贸易国的地位不相匹配。2035 年,我国将成为全世界最大的商品生产地、最大的终端市场,为使我国交通与货运市场的国际地位相匹配,未来应完善互联互通、面向全球的交通网络,提高全球连接度,建设能够吸引高端要素和资源聚集的全球性枢纽,使得枢纽带动整个后方陆域的开发和发展。

2.5 新一轮科技革命

新一代科技革命催生了"信息空间",并且和"物理空间""社会空间"发挥同等重要作用。未来社会将变成物理、社会、信息的三维空间,既有一个实体的交通运输模式,同时又有一个数字卵生的虚拟交通模式。一些传统运输需求不一定完全要在实体运输工具上发生,通过虚拟操作有可能在一定程度上代替实体运输,从而减轻高强度运输带来的压力。因此,在新一代科技革命中,应推动交通系统向"物理—信息—社会"三维空间扩展。

2.6 移动互联和交通的融合

在以往的运输中,人与货物移动时,状态信息是静止的;而现在,人和货物、信息的移动是同时发生的。目前移动互联网技术、自动驾驶技术、共享汽车等技术的提出,使得传统产业的划分界限越来越模糊。交通运输与旅游、能源、物流、制造等相关产业相互渗透,居民在出行的时候同时也在旅游,提供或者使用能源。一体化服务的整合,增加了市场监管难度,多方协同治理将成为交通运输发展新常态。

2.7 生态文明建设

随着社会经济水平的发展,大众对于生态文明的关注程度大大提升,进而对交通运输的文化建设和生态文明要求也会更高。全社会更加尊重生命安全保障、生态环境保护,更为关注交通发展对社会公平与正义的影响。

3 交通强国建设的三条路径

针对上述七个方面的交通发展趋势,为实现交通强国建设目标,我们应从发展理念、交通技术和建设运营管理三方面入手制定根本路径,推动交通运输发展。核心是树立综合交通一体化的发展理念,采用智慧化的交通技术和精细化的管理策略,实现在技术进步驱动下的多模式交通方式协同一体化发展。

3.1 综合交通一体化理念

在交通强国建设过程中,应始终遵循综合交通一体化发展理念,遵循以下原则。首先,应根据不同运输方式的技术经济特征实现各种运输方式科学分工、合理竞争,宜水则水、宜路则路,充分发挥各方式的比较优势和组合效率;其次,各种运输方式在"硬件"和"软件"上应相互协调衔接,推进客运"零换乘"和货运"无缝衔接",实现运输过程的一体化和连续性,提高效率和水平;此外,还应统筹各方式的通道线位、跨江跨河建筑物、建设用地等资源的综合利用,实现交通资源从分散、独立利用向综合、集约利用转变。

3.2 智慧化技术

随着科技不断进步,大数据、人工智能、物联网、移动互联和云计算等新兴技术与交通领域联系日益密切。在未来交通建设中,应充分利用上述先进技术,推动交通系统智慧化发展。例如目前研发的无人驾驶技术、车联网、电动汽车、智慧基础设施、众包、大数据平台、车辆共享等新型模式在交通系统的深度运用,将颠覆常规的交通管理与服务模式,在未来5~10年甚至更长时间内深刻地改变交通运输行业。

3.3 精细化管理

除了采用智慧化技术,为提高交通运输系统建设效率和建设品质,宜采用精细化管理模式。精细化管理是指将复杂事物简单化,简单事情流程化,流程化事情定量化,定量化事情信息化,甚至在此基础上将其个性化。它是社会分工精细化、服务质量精细化对现代管理的必然要求。我国以往发布的政策中,最终的完成效果与预期都存在较大偏差,除去执行等原因,还因政策本身未能因地制宜,常处于一刀切的状态。若能采用精细化管理方式,将其贯彻到交通运输发展的政策制定、行业管理、工程施工、交通组织、旅客疏散、安全监管等各个环节,定能达到更好的效果。

在发展综合交通和智慧交通基础上,2018年,我国交通运输部曾提出的建设绿色交通和平安交通计划也可通过一体化理念、智慧化技术以及精细化管理实现。其中绿色交通核心在于节能减排,目前公认的三种方式——结构性节能减排、技术性节能减排和管理性节能减排均能在一定程度上能够解决绿色交通问题;平安交通问题主要在于道路交通事故多,若运用智慧化技术车路协同系统、改善交通运输结构等,可减少道路交通运输负荷,提高交通运行安全性。由此可见,在建设交通强国过程中,只有实现一体化理念、智慧化技术和精细化手段三管齐下,并配以合适的体制机制,才能确保建设路径的清晰性和有效性。

4 交通强国建设主要任务

在新时代交通强国建设纲要指导下,我国交通发展目标由交通系统规模快速增长重点转为建设品质的提升,通过综合交通一体化、智慧化技术和精细化管理途径,期望实现各区域运输体系的基础设施建设、交通装备配置升级、运输服务水平提升、人才队伍培养和交通网络开放合作等主要任务。

4.1 加大基础设施建设

从我国总体区域来看,应以国土空间规划为指导,建设多中心、网络化的综合立体交通网,同时考虑到不同区域特征差异化,因地制宜进行精细化建设,例如对西部地区交通补短板、东北地区提质改造、中部地区大通道大枢纽建设和东部地区继续优化升级。同时,在各阶段应优化设施存量和扩大增量的关系,加强基础设施资产化管理,合理规划人口结构和产业结构变化下的建设规模和系统结构。

从局部区域来看,应加大城市与城市群交通网建设,通过铁路"四网融合",构建轨道上的城市群,早日实现城市群的一日商务圈以及都市圈的一日通勤圈。同时,还应加强轨道交通网络与城市内部公路系统的衔接,加强市内停车/充电设施、无障碍设施和步行与非机动车系统的建设。

从城市内部来看,应建立综合交通枢纽体系,建设具有全球竞争力的国际海湾枢纽、航空枢纽和邮政快递枢纽,大力发展枢纽经济,实现依托于综合交通枢纽的城市综合体建设。

4.2 优化交通装备

在既有基础设施条件下,先进的交通装备配置对提高交通系统运行效率有重要作用。近年来,有关运输系统和载运工具的科技研发已卓有成效。对于运输系统优化,目前超级高速交通系统已具备三种模式:一是较为成熟的高速铁路,二是基本成熟的磁悬浮列车,三是超级列车 Hyperloop。超级列车目前处在婴儿期,实验室速度可达 400km/h 左右,理论设计最大速度为 1200km/h。若采用超级列车运输系统,我国的交通模式、交通业态必定产生翻天覆地的变化。

汽车等载运工具逐步向自动化、电动化、网联化、共享化发展。同时,不同类型工具的融合化趋势也日益明显,装备之间是否适用轨道、速度等级和是否人工驾驶等界限也愈发模糊。为顺应发展潮流,《交通强国建设纲要》提出,我们应抓住时机,形成完全自主可控的产业链。

4.3 提升运输服务水平

随着居民生活水平的提高,对于出行服务也要求更加快速化、便捷化。首先以城市群为着眼点,提高以高铁、航空为主体的区际快速客运服务,提高城市群内部轨道交通的通勤化水平,同时优先发展城市公共交通,推进城乡客运一体化,提高居民交通出行便利性。

其次,对于新业态、新模式下"出行即服务"的概念,应促进交通与旅游业的融合发展,大力发展共享交通,减少私家车出行,提倡按需出行、智慧出行等理念。此外,在货物运输方面,也应优化运输结构,发展多式联运,降低物流成本。

4.4 提高科技创新

2019 年,新加坡智能交通世界大会中提到了"智慧交通""赋能城市"等主题,其中智能道路和车路协同概念成为关注热点。从列车和线路发展历史轨迹可看出,其总体发展趋势为越来越快速化、舒适化、清洁化、智能化,动力由最初的化石能源转为新能源,可见智能道路建设已成为不可阻挡的趋势。对于车路协同,目前欧洲、日本、美国均将其作为交通发展中的重要战略,我国一些重大专项也逐渐向车路协同的概念倾斜,期待建立智能车路协同系统。

由此可见,交通领域的科技创新是推动交通系统变革的主要动力。这种动力既体现在设施设备领域,也体现在运输业务模式领域,同时还体现在政策管理领域,科技的创新对交通的各行业、各领域都将产生重要影响。

5 结语

交通强国建设的核心是在线网规模扩张基础上实现建设品质的提升。本文基于人口结构、居民生活水平、产业结构等特征分析了我国交通发展的七大可能趋势,在此基础上提出了树立综合交通一体化理念、依靠智慧化技术和精细化管理的方法，促进我国交通基础设施建设，交通装备升级改造、运输服务水平提升以及车路协同的科技创新，进而实现交通强国这一远期目标。

作者简介

王洧，1980 年 11 月生，浙江嘉善人，副研究员，咨询工程师。2005 年获河海大学交通运输规划与管理专业硕士学位。历任交通运输部规划研究院助理工程师、工程师、高级工程师和综合运输研究所副所长，期间挂职交通运输部综合规划司工作一年，现任同济大学中国交通研究院副院长。主要研究方向为多模式交通一体化发展规划与政策、交通科技与产业发展政策、交通可持续发展政策、交通运输经济、现代物流规划与政策。主持或参与完成全国综合交通运输“十三五”发展规划研究、长江经济带综合运输体系规划等课题 80 余项。获中国工程咨询协会全国优秀工程咨询成果一等奖 1 项、中国公路学会科学技术进步奖一等奖 1 项、中国水运工程优秀咨询工程一等奖 1 项，获 2013 年交通运输部直属机关青年五四奖章标兵称号。

现代综合交通体系中铁路运输定位的思考

Discussions on Railway Orientation in Modern Transportation System

聂英杰　吴桂庆

中国铁路设计集团有限公司,天津 300251

摘　要　铁路是一种运能大、效率高、绿色环保、安全可靠的交通方式。随着我国经济社会的发展,各种交通方式融合发展且分工更加明确,铁路在现代综合交通体系中的定位也将发生转变。本文通过分析铁路发展现状、客货运市场发展趋势,提出对铁路的历史定位实现情况和交通强国背景下铁路新定位的一些思考,并对如何在"安全、便捷、高效、绿色、经济"的现代综合交通体系价值导向下实现铁路定位提出发展建议。

关键词　铁路运输;综合交通;功能定位

现代综合交通体系以"安全、便捷、高效、绿色、经济" 为价值导向,推动交通发展由追求速度规模转向更加注重质量效益,由各种交通方式相对独立发展向更加注重一体化融合转变。在这一政策导向下,铁路作为综合交通体系的重要组成部分,如何转变定位并采取相关措施实现交通导向的要求,从而更好地服务和引导经济、社会发展,值得我们思考。

1　铁路发展现状分析

1.1　基础设施建设

近年来,铁路基础设施建设稳定推进,总体上实现了由制约型向基本适应型的转变。首先,铁路建设投资保持较高水平,2015—2018 年,铁路年建设投资均为 8000 亿元左右。其次,路网规模快速扩张,铁路里程和高铁里程持续增长,2018 年铁路总里程达 13 万 km,高铁总里程接近 3 万 km。最后,路网质量不断提升,电气化率和复线率都较高。

与此同时,基础设施建设依然存在一些不足。在客运基础设施建设方面,区域路网布局不平衡,路网覆盖不充分且在枢纽的连通性不足。此外,依然有部分主要干线能力不足,这不仅与区域经济发展、诱发需求增长较快有关,也与线路预期能力没有完全实现有关。最后,城际铁路、市郊铁路的发展和建设相对滞后,与城市规划的融合不够,在城市交通中作用发挥不充分。在货运基础设施建设方面,铁路货运"最后一千米"有待改善、多种交通方式的融合发展(基础设施、运输流程、信息化平台整合等)滞后。另外,铁路物流在供应链中的定位不够清晰,多式联运基地、物流基地建设滞后。

1.2 客运和货运服务现状

我国铁路在中长途旅客运输中处于骨干地位,铁路客运量保持平稳增长,市场份额不断提升。表1中列举了1990—2017年各种交通方式平均运距变化情况,总的来说全社会旅客平均运距呈增长的趋势。此外,不同交通方式平均运距的大小在一定程度上反映了各种交通方式的适宜运输距离:公路适宜短距离运输,民航适合长距离运输,铁路适宜中短、中长途运输。其中,铁路2010—2017年的平均运距呈现逐年降低的趋势,这是由于高速铁路发展迅速,中短途运输占比提高,也表明铁路在中短、中长途运输中具有一定优势。

1990—2017年各种交通方式的平均运距(单位:km) 表1

年　份	综　合	铁　路	公　路	水　路	民航(国内)
1990	73	273	40	61	1388(1152)
2000	83	431	49	52	1444(1200)
2005	95	524	55	34	1479(1228)
2010	85	523	49	32	1509(1252)
2013	130	503	61	29	1598(1326)
2014	141	488	63	28	1616(1341)
2015	155	472	66	27	1670(1411)
2016	165	447	66	27	1717(1419)
2017	177	436	67	27	1725(1440)

近年来,我国铁路货运量总体呈增长趋势,但铁路货运市场份额逐年递减。对铁路货运量的进行分析,2003—2018年,铁路货运量由近25亿t增长至超40亿t,而铁路货运市场份额由15%下降至8%。从铁路货运周转量的角度,2003—2018年,铁路货运周转量由近20000亿t·km增长至近30000亿t·km,但其市场份额由27%下降至14%。这一现象的产生与铁路货运服务的市场意识不强,缺乏“门到门”的服务意识,以及货运产品种类、运输组织方式与社会需求不匹配等有一定关系。

2 对铁路定位的思考

2.1 历史定位及实现情况

铁路在我国综合交通运输体系中发挥着重要作用。从客、货运角度,铁路在综合运输体系中的历史定位为中长途旅客运输的主力,运输能源、原材料等的主要方式。从社会贡献角度,铁路是一种能有效缩小地区差距、促进社会可持续发展,并同时节约土地、能源和保护环境的重要运输方式。

结合铁路发展现状进行分析,可以认为铁路的历史定位还未完全实现。虽然铁路的客运功能和货运方面的煤炭运输作用基本实现,但铁路在矿石、钢铁运输中占比较低,货运服务有待加强。另外,东部、中部和西部交通基础设施的数量和布局地域性差别依然较大,地区发展公平性未能满足。最后，由于铁路货运在全社会的市场份额逐年下滑，导致大量货物通过公路运输，对资源和环境造成较为恶劣的影响，铁路运输未在环境保护方面充分发挥作用。

2.2 对铁路新定位的思考

在新时代"交通强国"的背景下，随着客运市场、货运市场的发展，将对铁路在综合运输体系中的定位提出新的要求。结合图1，对我国客运市场的发展趋势及对应的铁路客运服务定位进行如下分析。

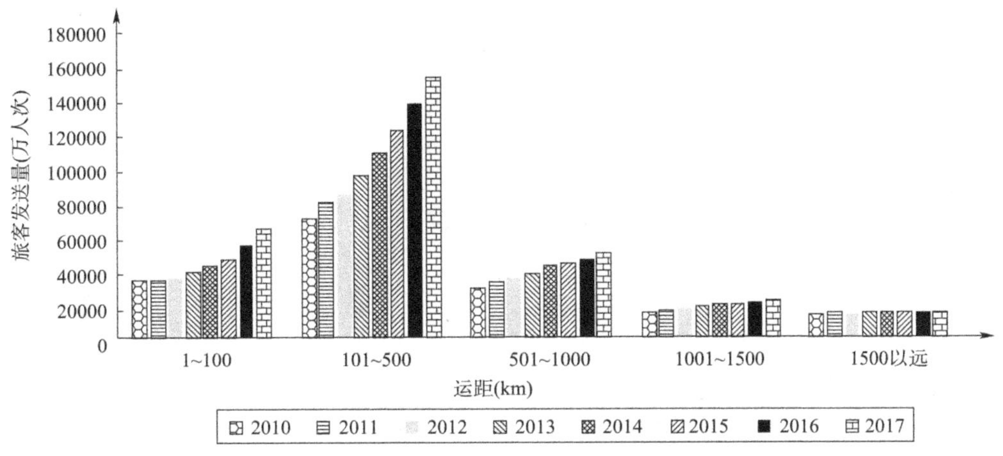

图1 2010—2017年铁路不同运距旅客发送量

(1)铁路客运总量保持稳定增长，铁路将依然是我国居民中长途出行的主导方式。随着经济增长、城镇化发展和旅游发展，铁路客运量仍具有一定的增长空间。首先，我国2025年和2035年的预测国内生产总值将较现状分别增加1.5倍和2.6倍，由于居民出行需求与经济增长具有相关性，经济增长将带来出行总量的增加，从而促进铁路客流增长。其次，我国城镇化发展已进入中期向后期过渡阶段，城市群内部出行需求旺盛，将成为客运市场的主要组成部分。最后，未来十年我国旅游需求将保持10%左右的年均增速，铁路旅游客流具有较大的上升空间。由于铁路在中长途运输方面的优势，大部分增长的中途出行客流将依然选择铁路出行，铁路将继续在中途运输中发挥重要作用。

(2)城际客流迅速增长，铁路在中短途客流运输中起重要作用。我国城镇化率将在2035年达73.2%，未来城镇人口持续增加。由于城市群出行具有明显的区域性、高度流动性和高效性，人们对大容量、快速度、低间隔的轨道交通出行需求增加。从长远看来，公路难以满足《交通强国建设纲要》中"城市群2小时通达"的出行要求，因此城际客流将成为未来铁路运量的主要增长点，铁路成为中短途运输方式的主力军。

(3)市域短途客流成为新的增长点，铁路运输成为短途运输方式的重要组成部分。随着城镇化率进一步提高，城镇空间形态将呈现以城市群为主体的城镇体系结构，职住分离促使通勤的市域客流增加。为了满足"都市区1小时通勤"的要求，全国23个省市拟规划新建市域(郊)铁路线路共250条，总里程约1.53万km，因此市域客流将成为未来铁路运量的重要增长点，市域铁路是将来铁路发展的主要方向之一。

根据运输货物类型进行划分,我国货运市场的主要发展趋势及对应的铁路货运服务定位为:

(1)全国煤炭产量仍维持在较高的水平,铁路长期发挥煤炭运输骨干作用。预计到2025年,全国铁路煤炭运量维持在26~28亿t,产运比为0.7左右;到2035年,全国铁路煤炭运量维持在27~29亿t,产运比达0.75左右。由于“铁路+海运”运输模式在中长距离煤炭运输中的优势,铁路煤炭的产运系数将进一步提升,运输主导作用更加凸显。

(2)港口矿石疏运量增长后保持基本稳定,铁路在矿石运输中的市场占有率提高。随着绿色发展理念的推行以及考虑外部成本后公路运价增加,铁路将由运输矿石的重要方式转变为主导地位。预计到2020年、2025年,主要沿海港口金属矿石铁路疏运量分别达到5.6亿t、6.2亿t,约占港口矿石疏运总量的65%、71%。

(3)为提高一体化运输服务水平,集装箱运输向多式联运方式发展,铁路在集装箱运输中的比重增加。由于内陆集装箱以集装箱中心站间中长距离干线运输为主,铁路是多式联运的基础组成部分和铁水联运中的重要组成部分。预计2025年、2030年、2035年铁路集装箱运量分别达到8.3亿t、13.4亿t和18.00亿t,2035年铁路集装箱运量占铁路货运量的比重接近30.0%,达到发达国家平均水平。

总的来说,在客运方面,未来铁路在综合运输体系中既是中长途旅客运输的主力,也将成为绝大多数城市群间出行的首要选择,是城际联系的主导方式、市域间联系的重要组成部分。在货运方面,铁路不仅在传统的大宗货物运输中居主导地位,而且将在集装箱多式联运中发挥基础骨干网络作用,是高附加值货物运输的重要组成。

3 发展建议

为实现交通强国背景下的铁路发展定位,提出以下发展建议。

(1)进一步明确我国综合交通发展政策,并通过配套政策加以落实。第一,根据各种交通方式广义费用、能源安全等原则,确定各种交通方式的合理分工,作为制定各项交通发展政策的依据。第二,综合运用投资、税收等多种经济性手段,促进各种交通方式的合理分工,如提高对“最后一千米”等专用线建设的补贴力度等。第三,配套劳动健康等政策,从防止司机超劳带来的安全问题、健康问题角度,合理调节各种交通方式的合理分工。

(2)制定城市与轨道交通一体化规划、建设相关政策,促进站城一体化发展。按照“站城一体”原则,轨道交通为城市建设提供了良好的交通条件、城市建设为轨道交通发展带来了稳定的客流,两者是相互促进关系,需要打破当前城市规划、城市建设与轨道交通建设相互独立的局面。在规划体制方面,应按照城市规划布局轨道交通,根据轨道交通站点对客流吸引的能力调整城市规划布局和容积率。在土地出让方面,需要制定轨道交通建设与城市建设一体化的相关政策,确保轨道交通建设带来的土地增值可用于帮助轨道交通建设、运营,从而实现可持续发展。

(3)打破综合交通各部门界线,真正实现建设、运营的“一体化”。在基础设施建设方面,从方便旅客和用户出发,本着流线一体化原则进行规划建设。在运营管理方面,充分发挥信息化技术的作用,加强各种交通方式的全方位协调。

(4)以市场化手段,促进铁路服务意识的增强、改进内部生产组织管理。进一步明确中国国家铁路集团"政府职能与企业职能"的关系,进一步明确政府事权和企业事权。此外,按照国有资产保值增值的要求,需要对铁路生产经营提出经营性目标和考核指标,以促进铁路经营向市场化转变,切实提升铁路的服务意识。

①明确铁路在物流供应链中的定位,切实发挥铁路在干线运输和供应链中的牵头企业的作用;

②优化客、货运产品,切实符合社会需求。如开通可"定舱"的集装箱班列、高铁快运,提供一票到底的货物联运服务、简化旅客联程的中转服务等;

③切实改进内部运输生产组织,按照"前店后厂"的要求对运输组织模式加以调整,进一步适应市场化快速反应的需求;

④切实提升客货运的服务质量,提升客户体验满意度。

作者简介

聂英杰,中国铁路设计集团有限公司,交通运输规划研究院,总工程师,教授级高级工程师。

吴桂庆,中国铁路设计集团有限公司,交通运输规划研究院,经济规划研究所,高级工程师。

城市交通如何让人民更满意

Research on Strategies for Constructing Urban Transport for People's Satisfaction

靳文舟

华南理工大学 土木与交通学院,广州 510000

摘　要　城市交通影响着我们日常出行,是交通强国中重要一环。近年来我国城市化进程加快,城市交通问题层出不穷,如何构建让人民满意的城市交通系统至关重要。本文通过对人出行本性需求的分析,阐述了交通系统可优化的方向。探讨城市规划与交通规划间协调关系,剖析了城市规划与交通规划协调发展存在的问题,结合情景案例分析,提出了几条利于构建人民满意的城市交通系统的建议,为城市交通发展提供理论基础。

关键词　出行需求;交通规划;城市规划;集约化

1　引言

《交通强国建设纲要》提出:坚持以人民为中心,让人民满意。尽管纲要及相关研究对未来的交通描绘了美好的蓝图,但相关研究中对什么是人民满意的交通系统,什么是人民群众对交通不断增长的需求的解释还不够详细。交通设施建设、技术创新固然是人民满意的必要条件,但单纯地完成建设目标并不能完全使人民满意。交通系统建设应从乘客出行的本性需求考虑,有针对性地进行改善,从而提升人民的满意度。本文针对城市客运体系,从人们出行的本性需求出发,分析了城市交通可优化的方向。同时,研究了城市规划与交通规划协调关系,分析了城市规划与交通规划发展不协调的问题及原因,提出了构建人民满意的城市交通系统的发展建议,为城市交通客运体系完善提供了新的方向。

2　人对交通的本性需求

从个人角度出发分析交通运输对于人们出行的意义,可以得出人对出行的本性需求和特征。主要表现有以下几点:

(1)追求省力。人们具有懒的特性,人类每次社会进步都是从解放劳动力开始的。人是不愿意劳动的,例如:多数人都是乘车去健身房,却没有一个人愿意跑步去。运输工具解决了人懒的问题,这是交通运输的一个追求目标。如果动员大家天天劳动,这不是交通运输追求的目标。

(2)追求简单。人们追求简单,干简单的事情比干复杂的事情幸福,说明人们具有懒和笨的特性。交通系统要使大家更满意,需要考虑这一特性。

(3)追求方便。日常生活中,我们常会说住得太远不方便,没有地铁不方便,没有车不方便,这也体现了人们懒和贪的特性。

(4)追求享受。随着社会发展,人们生活质量提高,这体现出人们自私和贪的特性。

(5)追求自由。在解决温饱问题以后,人们追求自由,“若为自由故,二者皆可抛”。同样,出行也是要自由的,原来按点坐车,现在人们都不愿意等车,因为不自由。这同样也体现了人们自私的特性。

(6)追求效益。乘坐出租车出行舒适度高,但是出租车出行成本太贵,人们在追求某些东西的时候是有代价的,需要权衡相对的效益。这体现出人们贪与自私的特性。

(7)追求效率。随着社会现代化、信息化高速发展,一切都讲究效率,我们需要完善交通系统来有效提升人们的出行效率。这体现了人们急与笨的特性。

(8)追求安全。无论做什么事情,安全都是第一位的,于人们出行而言,交通安全同样是最重要的。这同样体现出人们自私的特性。

以上对于出行的本性需求和特征的分析并不是贬义的,只是单纯地从个人角度出发,分析人的需求,从而更好地解决现在交通系统中存在的问题。

3　城市交通系统优化方向

从个人角度分析了人的特性及需求,下面针对这些需求分析城市交通系统可供优化的方向。以小汽车为例,分析其吸引人乘坐的特性,针对这些特性分析减少小汽车使用的策略。

3.1　针对人本性需求优化方向

前文分析了人对出行的本性需求和特征,对应城市交通系统可从以下几个方向进行优化:

(1)提供便捷、省力的交通工具。机械化、减少劳动,让懒人也满意,如小客车、公交、电动自行车、摩托车的适度发展。

(2)大力发展智能交通技术。不用学习、操作简单、省心,让笨人也能享受聪明人的待遇,如导航,自动驾驶,主动服务,不担心安全和事故,不操心停车,不犯愁拥堵,用户使用方便。

(3)完善交通设施、提升公共交通系统服务水平。提高公共客运的密度和频率,实现零距离乘坐、零时间换乘。并且,这样完善的客运体系要相对广泛地存在于各个地区。

(4)提升运输过程服务质量。运输的实质是让人和物产生位移,中间过程本质都是浪费,尤其是时间的浪费,如果赋予运输过程内涵,中间就不再是浪费。出行过程不只是单一的运输功能,用户可以听音乐、上网、工作、玩游戏、打电话、交流等,还包括使用各类舒适的、高标准的服务设施,让“期望和现实的统一程度”来描述舒适程度,包括零排放、环境美观、秩序良好等。为了实现上述功能,列车不再单一追求速度,也要丰富其功能,例如:列车上有信号良好的网络、有座位、有免费茶水、有空调等。

(5)提供个性化、多样化、品质化的交通工具。独立自主、随时出行,步行、自行车、电动自行车、摩托车、小客车、公交(含地铁)都不同程度地满足了出行自由的要求,能让出行者追求个性和独立空间。

(6)提升城市交通系统出行效益。人们通常希望少付出、多得到。交通系统优化要有市场经济的思维,交通选择市场化,对比分析才能找到基本的满意标准。

(7)提高公共交通系统出行效率。出行者通常觉得出行的过程是没必要的,时间越短越好,要把出行效率和社会的平均工作效率进行对比,才可能对出行时间、速度的满意度给出基准值,不能拥堵。原来都说走两步,三段出行,换乘两段,鼓励换乘,增加换乘次数,提高效率。但现在人们追求改变了,运输中间过程活动丰富了,宁可多坐半小时也不想换乘,换乘得看路、找车,不换乘可以看手机。

(8)优化城市交通系统安全性能。人们在小康之后,会更加珍惜生命,对安全的要求会有爆发性的增长,个人出行的安全风险要提前评估。

3.2 小客车出行特性

小客车不挤不贵、停车有位、不限购不限行,满足了人们的出行本性需求。有了导航及自动驾驶功能后,汽车操作愈发简单,可满足人们的需求,所以有条件的人多会选择小客车出行。人们是否开车有几点关键决定因素:道路堵不堵、养车贵不贵、有没有停车位。而小客车数量多、使用频率高、乘坐人数少,这三点是道路拥堵的根本原因。可以通过合理分配资源、完善管理机制等方法减少小客车使用,如:完善城市功能,职住平衡;完善公交和小客车替代方式,出行者有选择;合理分配资源,减少小客车的通行权利;明确政策导向,管理措施到位。

4 城市规划与交通的协调关系

城市规划与交通规划存在一定的矛盾,本文以稀疏化与集约化两种情景对比得到易于规划交通系统的客流分布条件,分析城市规划与交通规划间存在的矛盾及解决方法。

4.1 城市规划与交通的协调发展现状

人们对交通的需求是日益增长的,但仍然存在不充分、不平衡的矛盾,主要原因是城市规划与交通规划发展不协调。当前较多规划涉及交通引导发展(TOD)模式,但是目前城市规划是强势的,属于上层规划,交通规划要服从城市规划。尽管一直在倡导交通优先,但却并未做到真正的优先。实现 TOD 模式需要做到以下几点:

(1)按轨道布局城市,提升轨道站点附近 1km 直径范围内容积率。

(2)抑制轨道交通未覆盖地区的开发建设。

(3)优先布局大载运量的公共交通设施,尤其是轨道交通。

4.2 情景分析

情景 1:稀疏化。假设 10 万人均匀分布在占地 16km^2 的空间,在车辆数、线网长度、居民数固定的条件下,开设公交线路,如图 1 所示。此种情形下,因为城市摊大饼,客流不集中,各个方向都没有足够的客流,不论怎么布设线路,多数人是不方便的。人们出行只能靠个性化,不能很好地集约化。如果多开线路,增加公交车辆数,增加服务频率,可以让更多的居民出行方便,但客流不足,资源浪费。产生这种现象的原因是城市规划与交通规划不协调,城市建成后无法靠集约化交通解决问题。

情景2:集约化。理想情景下10万人按照带状集中分布在占地16km^{2}的空间内的几个走廊上,沿着带状设置公交线路,如图2所示。乘客密集,同样长度的公交线路,可以很好地服务到大多数人。此种情景下公交客流集中,有足够的客流,公交服务频率提高,服务水平提升,对乘客产生吸引力,实现集约化出行。

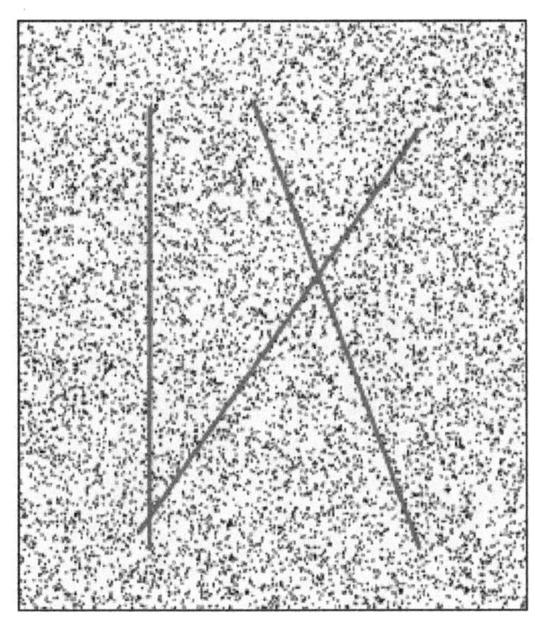

图1　情景1:乘客与公交线路分布

图2　情景2:乘客与公交线路分布

通过对比两种情形可以看出,客流集中,公交才能更好地为多数人提供服务。

4.3　构建集约化城市难点

人居环境宽松美观与交通集约存在一定的矛盾,这个需要在规划阶段就协调好。我们城市布局稀疏的现状是由自然条件、规划理念、居民综合需求共同形成的,但是城市规划形成后,后续出现的不集约交通问题都由交通买单,这其实是不合理的。假设由城市规划构筑的城市,后续的交通建设都由城市负担,包括修路、建桥、购买公交车及营运。但不给稀疏地区的私家空间建路和购买车,并向私家车征收高额路费,我们的城市会不会向集约化交通靠拢?城市规划造就的城市,让公交提供市场化的服务,卖地赚钱多,公交集约化花钱少,如果城市规划中能提前考虑到这一方面的问题,交通问题就能得到大大的改善。

5　结语

我们很难做出使得方方面面都满意的城市规划与交通规划,但可以尽量满足大多数人的意愿，尊重自由选择、关注主观体验、优待弱势群体、体现公共服务的人本主义理念。以下措施可改善城市交通问题。

(1)按通道布局“紧凑型城市＋集约化公交＋有效的换乘停车场”。

(2)以“公交5min全覆盖”所需的基本客流来规划中心区城市密度和通道的密度，打造“5min公交覆盖体系”。

(3)大力发展替代私家小客车的公共服务，如出租车、网约车、商务车等。

(4)大城市交通治理采用的是“被迫”思路，交通系统留给出行者的空间只能是被迫后的自愿选择，只有“堵”和“贵”，才能放下车。从这个意义上说，“堵”也不能完全算坏事，大城市的公交发展可以利用“堵”和“贵”。

作者简介

靳文舟，1960年8月出生，吉林四平人，教授。现任华南理工大学土木与交通学院副院长，华南理工大学智能交通与物流技术研究所总工程师，广东省畅通工程专家组成员、广州市建委市政工程专业委员会委员、广东省交通运输协会理事、广东省交通厅专家委员会委员。

研究方向为交通运输规划与管理，具体研究领域和兴趣包括道路运输规划与发展战略、运输经济、运输政策、运输企业管理、客货运输及物流技术、城市交通规划与设计、交通安全管理和秩序管理等。主持完成国家级和省部级等各类科研项目40余项，在国内外重要学术刊物及学术会议上发表论文80余篇，2次获得国家科学技术奖。

谋一城还是谋全局
——从广州实践看交通强国
Building National Strength in Transportation from Perspective of the City or the System

马小毅

广州市交通规划研究院,广东广州 510030

摘 要 传统上交通分为大交通和小交通,前者指交通运输部主导的交通强国,后者指城市交通。从城镇化率所体现的人口数量以及大城市的“模因效应”等均印证了建设交通强国,关键在于城市交通。基于此,本文以广州的交通战略规划为例,探讨交通强市的研究历程与经验。重点阐述交通强国和粤港澳大湾区背景下,广州市第三轮交通战略规划的技术创新,包括:突破了小交通范围,实现对外交通与城市交通的统一;多层次、多维度、多元价值度量的规划模型整合交通定量预测方法;构建高质量立体综合交通网络,整合五大运输模式以及引领国土空间优化等。最后,从土地规划、搭建协调平台等角度总结了实现交通强国的战略目标需要做好的三个方面工作内容。

关键词 交通强国;城市;交通规划;粤港澳大湾区

1 引言

传统上交通可分为大交通和小交通,大交通就是交通部主导的交通强国;而小交通,即城市交通。小交通是相对大交通范围而言的,因为以前中国城市相对来说发展比较慢,城镇化是近些年才逐渐提升的。随着我国城镇化的不断发展,大交通和小交通一直在互相渗透。一方面,随着城市发展,城市交通不断地向大交通渗透。另一方面,大交通发展到了最后,集中的矛盾都在城市范围内。

但是随着我国进入新时代,机构改革,小交通现在逐渐弱化了。因为以前交通属于建设部,即现在的住房和城乡建设部。但在这一轮国家机构改革中,住房和城乡建设部的交通职能(即规划与建设)被分开,并被分离至其他两个部门,其中建设职能被分至交通运输部,规划职能则分至自然资源部。总体而言,小交通现在的地位有点尴尬,由于现在交通规划与建设分属两个部门,在此背景下如何寻找小交通发展的方向,将是一个急需解决的难题。

本文首先将阐述发展城市交通的必要性,随后介绍广州前两轮交通战略规划的主要思路。在此基础上,结合《交通强国建设纲要》和《粤港澳大湾区发展规划纲要》,重点阐述广州新一轮交通战略规划是如何体现和应用上述两个纲领性文件的。最后,从城市交通的角度总结了实现交通强国的战略目标需要做好三个方面的工作内容。

2 城市交通发展的必要性

从当今世界的发展趋势及各国发展经验看,城市交通,即小交通的发展有以下 5 点必要性。

(1)交通越发展,越倾向于大城市

我们认为,交通越发展越是倾向于大城市。因为大城市建设速度快、规模大,城市越来越重要。比如:机场、地铁等基本是在大城市建设发展。以我国为例,2018 年旅客吞吐量排名前 10 的机场均位于大城市,这 10 个机场的旅客吞吐量已占全国总旅客吞吐量的 44.5%。城市轨道交通亦是如此,2018 年我国已有 37 座城市开通城市轨道交通,包括北上广深、部分省会城市以及部分经济发展较好的城市,上述城市均属于大城市。

(2)城市将成为国家发展的重心

我们把城市交通称为小交通,但按照这一轮交通强国讲的人民幸福的角度,再称城市交通为小交通可能有点狭隘。2018 年,我国城镇化率已经达到 59.6%,从人口数量的角度来看,更大一部分的人民居住在城市内。并且,根据联合国的预测,在未来的 15 ~ 30 年内,我国的城镇人口占比将进一步提升至约 75%。可以预见,未来这些年间,还将有大量的人民进城。同时,资料显示,1980—2015 年,全球城市人口增长 1000 万人以上的有 11 座城市,其中我国城市的占比接近 50%。因此,从人口数量以及今后若干年内我国人口的转移方向看,城市将成为国家发展的重心。

(3)城市是交通设施、技术、人才的交汇点

由于城市尤其是大城市的集聚效应,先进的交通设施、前沿技术、高水平的人才队伍等大多位于城市,使得城市成为各种先进设施设备、技术和人才的交汇点。因此,从产业集群、现实需求等角度看,城市交通的发展显得尤为重要。

(4)中心城市和城市群将成为参与全球竞争的主体

从全球角度看,中心城市和城市群将真正成为参与全球竞争的主体,以大城市引领的城镇群和都市圈将参与新的国际分工。以当前世界著名的三大城市湾区为例,纽约湾区为著名的金融湾区,其在 3.4 万 km^2 的区域内聚集了约 2300 万人口,生产总值高达 1.5 万亿美元。同属美国的另一个湾区——旧金山湾区,则以科技湾区闻名。其在 1.8 万 km^2 的区域内创造 0.7 万亿美元的生产总值。我们邻国日本的东京产业湾区,其面积和人口与我国的粤港澳大湾区更为接近。未来将以此为平台更多地参与国际分工。

(5)大城市交通发展的“模因效应”

大城市交通发展具有“模因效应”,即好的发展理念、先进的设施在大城市实现以后,更容易推广普及。例如,图 1 所示为全球重要城市地铁建设发展的历程。可以看出,伦敦、纽约等全球首先开通地铁的城市修建第一条地铁、地铁成网时间均比我国早 100 多年。但是到了追求质量效益时,上海、广州等国内城市只相差伦敦等城市约 30 年。这也是为什么我们在新时代提出要从规模效益转到质量效益。

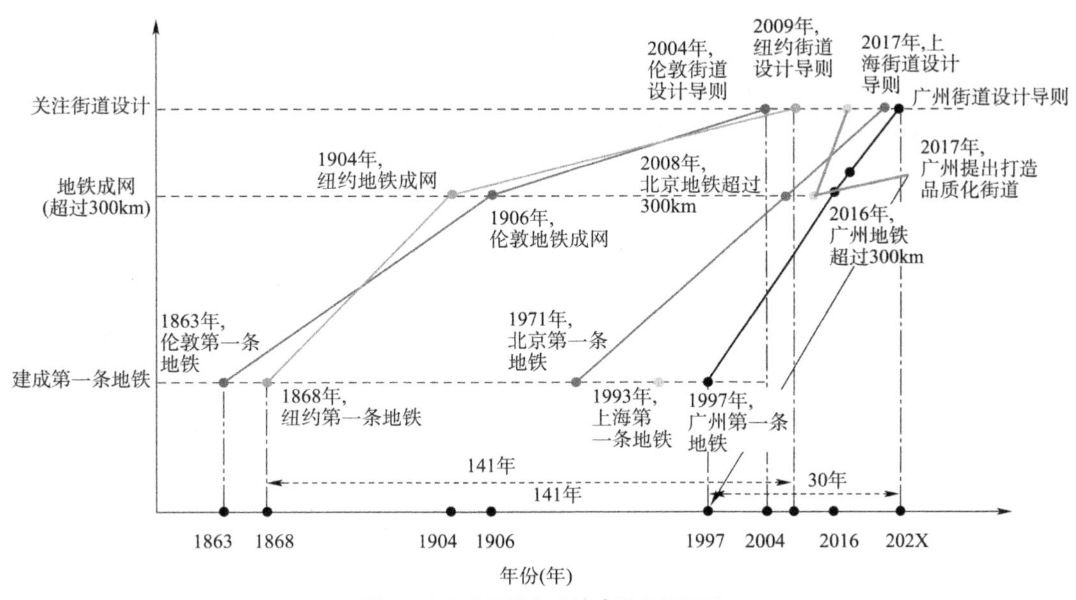

图 1　全球重要城市地铁建设发展历程

3　广州城市交通研究实践

3.1　广州城市交通长期研究传统

广州是改革开放的前沿,它出现交通拥堵的时间相对较早。从学科发展角度讲,一般都是先有问题,才有倒逼机制下的交通研究及发展。

1997 年,广州开始编制交通年报,开始通过定量的交通模型来分析交通问题。1993 年,广州开展了第一轮交通发展战略规划(图 2),当时提出要以体系化道路网为中心来探索迎接我国城市机动化时代,提出环 + 放射网的道路网发展结构。

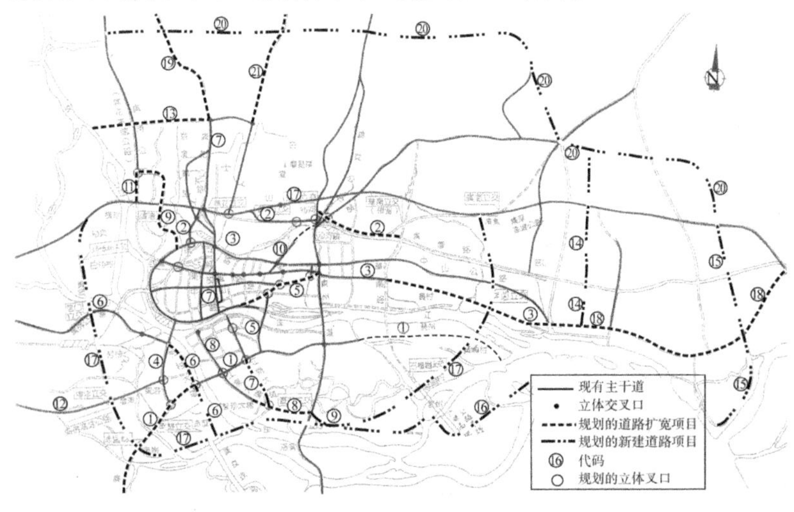

图 2　广州市第一轮交通战略规划“环 + 放射”路网

2006 年的第二轮交通战略则完全由广州市交通规划研究院编制，以多模式交通、跨城市交通为中心，探索我国城市交通系统的融合，已经着眼于机场、航空等。较第一轮以中心区为核心的编制理念，第二轮规划更加注重综合交通的联系，分别整合了机场、港口、周边城市等的交通综合规划（图 3），谋划超大城市的交通格局。

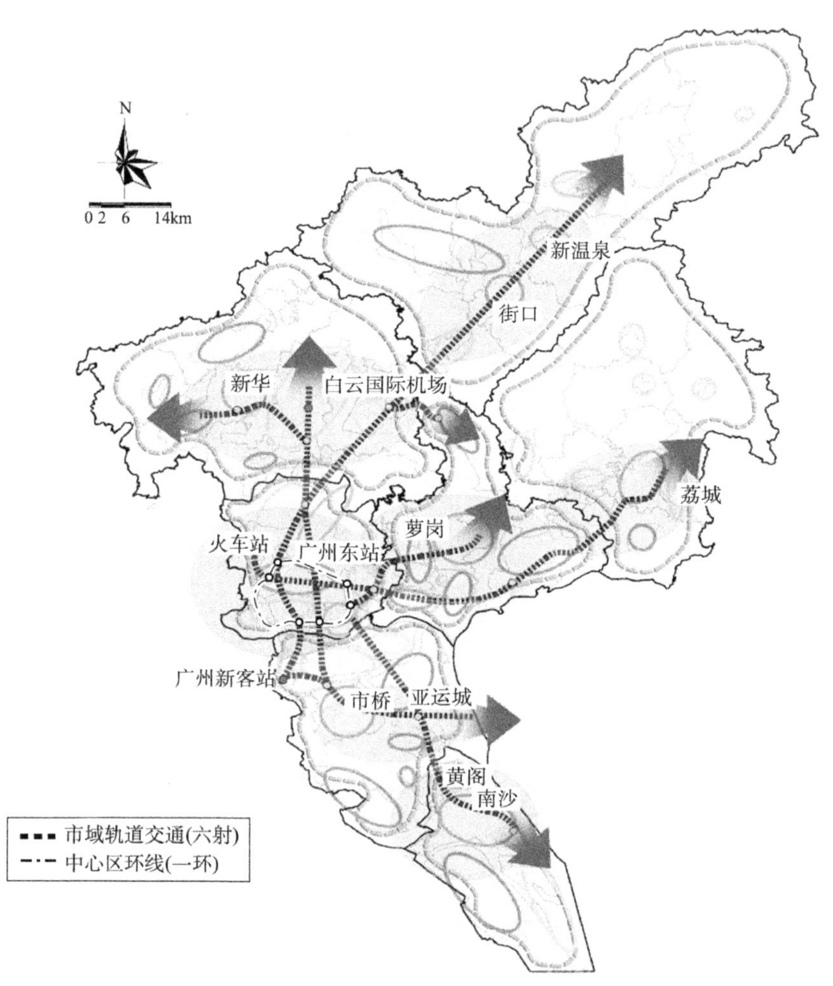

图 3 广州市第二轮交通战略规划（轨道交通结构）

3.2 广州市新一轮交通战略实践

新时代以后的 2017 年第三轮交通战略规划，与交通强国、粤港澳大湾区发展和国土空间规划试点三大国家级行动协同共振，探索新时代交通发展之路。第三轮交通战略规划与前两轮规划相比有很多变化，顺应新时代要求，实现若干技术上的创新。首先，移动性规划方法整合全出行链条，实现对外交通与城市交通的统一（表 1）。由表 1 可以看出随着城市的发展及人民生活水平的提高，交通规划更加注重以人为本的思想，这也与交通强国纲要想吻合。同时，更注重多学科的交叉融合与互补。

以出行链为核心的移动性规划方法　　表1

项目	第一、二轮战略规划	第三轮战略规划
规划关注点	交通	人的出行
规划目标	交通流通行能力与移动速度	可达性与生活品质，同时注重可持续性、经济活力、社会公平、公众健康和环境质量
规划思想	分方式的独立系统	不同交通方式协同发展，并向更清洁、更可持续的交通方式演变
规划成果	基础设施建设导向	一系列整合行动计划，形成成本效益高的解决方案
	行业内部的规划报告	与相关行业（如土地利用和空间规划、公共服务体系规划、公众健康规划等）整合、互补的规划报告
规划编制	中短期实施规划	与长远目标、战略相协同的中短期实施规划
	交通工程师	多学科背景构成的规划团队
	精英规划	与相关利益团体一同实施透明、参与式规划
规划效果评估与调整	有限的效果评估	定期的规划效果评估与监督，适时启动规划完善程序

其次，多层次、多维度、多元价值度量的规划模型整合交通定量预测方法，实现省域—同城化—市域交通在价值判断上的协同（图4）。自1993年第一轮交通发展战略规划起，笔者所在的广州市交通规划研究院就开始注重从定量的角度研究交通规划。《交通强国纲要》中涉及的22个任务领域，这三轮规划编制时我们均有涉猎，包括绿色交通、交通基础设施高质量发展和综合交通运输体制机制改革等内容。

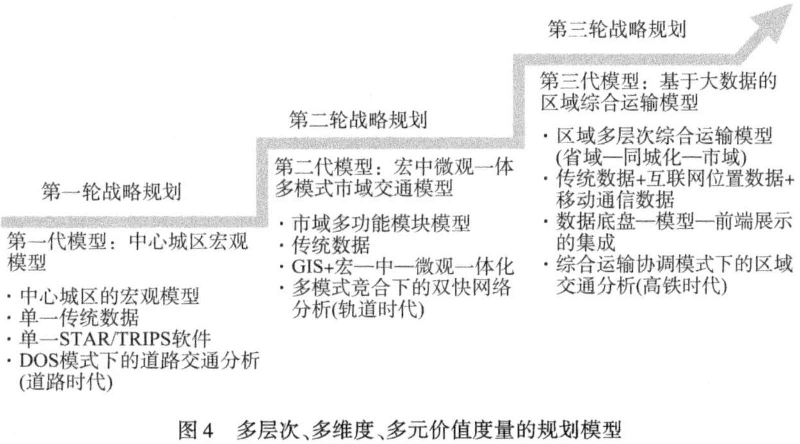

第三轮战略规划
第三代模型：基于大数据的区域综合运输模型
· 区域多层次综合运输模型（省域—同城化—市域）
· 传统数据+互联网位置数据+移动通信数据
· 数据底盘—模型—前端展示的集成
· 综合运输协调模式下的区域交通分析(高铁时代)
第二轮战略规划
第二代模型：宏中微观一体多模式市域交通模型
· 市域多功能模块模型
· 传统数据
· GIS+宏—中—微观一体化
· 多模式竞合下的双快网络分析(轨道时代)
第一轮战略规划
第一代模型：中心城区宏观模型
· 中心城区的宏观模型
· 单一传统数据
· 单一STAR/TRIPS软件
· DOS模式下的道路交通分析(道路时代)

图4　多层次、多维度、多元价值度量的规划模型

2017年的第三轮交通战略规划在目标、战略均与交通强国建设纲要不谋而合。我们的目标是全球重要综合交通枢纽，上一轮规划提的是国际综合交通枢纽，按照交通强国纲要要求，我们认为对于广州这一国内一线城市来说，在交通方面应该是半强势的。因此，我们希望广州到2035年能够率先实现交通强国的要求。这一目标具体是指，高效连接全球，便捷直连湾区城市，支撑国际一流湾区和世界级城市群的建设；积极构建优质的公交系统和道路空间，重点打造绿色出行示范区，构建安全、便捷、高效、绿色、经济的现代化综合交通体系。

针对上述战略目标，我们提出了六大战略，分别是：更开放的国家门户、更直连的湾区核心、更高效的公共交通、更健康的道路系统、更智慧的交通大脑和更前瞻的引领发展。其中,最后一个战略并未在《交通强国纲要》中提及,但我们认为在当前阶段,很多城市的用地已经受到限制,我们交通需要作为实施主体去盘活存量、引领发展。上述六大战略可进一步细分为六大主要工作内容。

(1)基础设施布局完善、立体互联

本部分具体包括四个方面工作:一是构建多层级、一体化的综合交通枢纽体系;二是构建便捷顺畅的城市(群)交通网络;三是形成广覆盖的农村交通基础设施网;四是建设现代化高质量综合立体交通网络。

第一方面工作的主要任务为建设国际一流航空枢纽、区域性国际航运中心、国家铁路主枢纽和华南公路枢纽中心。第二方面工作的主要任务为依托高铁、城际和高速公路,实现粤港澳大湾区由城市互联互通走向中心直连直通,且以一座城市标准规划广佛两市交通系统,建设更高水平的广佛极点。同时,全市布局国铁/城际、高速/快速地铁、普速地铁约 3 个 1000km 的轨道交通网络,构建各具特色的分区道路系统,推进城市道路网结构性提升。第三方面工作的主要任务为实现进村主干道及村庄建设区内道路硬化率 100%,100%行政村通双车道四级公路。最后一项工作的主要任务为拓展航空、航运、铁路、公路运输网络。

(2)运输服务便捷舒适、经济高效

本部分目标主要包括三方面工作:一是推行出行服务快速化、便捷化;二是打造绿色高效的交通物流融合体系;三是加速新业态新模式发展。

第一方面工作的主要任务为建设一体化换乘节点,强化网络直连直通,促进国铁、城际、城市轨道相互融合。同时,持续落实公交优先,保障常规公交路权,促进外围区多模式公交发展。第二方面工作的主要任务为推进运输结构调整,大力发展铁路货运,推进海陆空多式联运,并打造高效集约服务市民生活的城市配送体系。第三方面工作的主要任务为创新应用物流配送新技术。应用虚拟集装箱堆场,试验地下物流,开辟低空空域物流新天地。

(3)科技创新富有活力、智慧引领

本部分主要包括整合交通数据资源,打造共建共享的智慧交通大脑,提高交通承载能力,实现交通治理体系和治理能力现代化。

(4)安全保障完善可靠、反应快速

本部分主要工作内容为改善道路安全出行环境,强化交通应急救援能力。具体可分为三方面工作:一是精细化改造事故隐患路段,增设安全防护设施;二是在绿色出行示范区实行限速 50km/h 等交通管理措施;三是通过广告牌、宣传栏、车身标语及“五进”活动,广泛深入地开展交通安全宣传。

(5)绿色发展节约集约、低碳环保

本部分具体包括两方面工作:一是规划建设绿色出行示范区,引导小客车出行向绿色出行方式转变;二是优化交通能源结构和创新技术;三是促进交通设施从“邻避”走向“邻利”。

第一方面工作主要包括:将轨道交通打造为示范区市民出行的首选。(公共交通占机动化 80%,轨道交通占公共交通 90%);将道路打造成为市民健康和品质生活的交往空间;实行交通需求管理,全面鼓励绿色出行:严控停车、拥堵收费、禁止汽油柴油车驶入、道路限速。

（绿色交通占全方式出行的90%，交通碳排放为0）；开展交通智慧管控。

第二方面工作主要是想降低碳排放强度，引导绿色出行，2035年广州市域人均交通碳排放减少至1t/人/年。该目标主要通过两方面措施来实现，首先，针对减排潜力最大的货运交通，积极推进低排放货运示范、试点工程。其次，控制小客车增量，鼓励使用新能源汽车，尽快开展停止生产销售传统能源汽车的时间计划等研究。

第三方面工作主要是从提升人民生活幸福度的角度出发，减少或避免交通设施建设和运营对于周边居民的生活影响，主要可分为：结合白云机场三期扩建建设降噪堤坝；推行天河东圃立交城市道路上盖公园理念；更广泛地运用道路下沉、全封闭隧道、道路隔音屏等，缝合高快速路两侧的生态空间。

（6）开放合作面向全球、互利共赢

依托机场、港口、铁路站和交通干线等枢纽和廊道，推动特色功能区和创新驱动型产业集群，优化生产空间。

4 结语

首先，交通要做好先行官、争取空间。实现交通强国的战略目标需要做好以下三方面工作：一是与两条“不可逾越”的红线（生态保护红线和永久基本农田保护线），争取唯一性通过空间；二是在生态控制区、农业农村发展区，争取协调空间；三是在城镇开发边界内，争取发展空间。我们交通部门需要和各个部门一起把这个研究做深、做好、做顺。

其次，在城市里，尤其是在一线城市，交通先行还不够分量，需要交通统领。因为交通跟用地紧密互动，交通能够真正使土地集约起来。我们说进入了轨道时代、铁路时代，其实就是要把城市引向集约时代，让交通引领城市发展、紧密参与全生命周期过程。

最后，要以交通强国为中心，积极跨界，搭建共建、共治、共享的平台。协调始终是这个社会往前发展的主题。共建共治共享也充分呼应了十九届四中全会提及的现代治理体系。

作者简介

马小毅，交通工程硕士，广州市交通规划研究院副院长，城市规划教授级高级工程师，享受国务院特殊津贴专家，广州市优秀专家，具有注册城市规划师和注册（投资）咨询师执业资格。

主要从事城市综合交通规划和交通供需分析的研究工作，共完成了500多项研究项目，其中：达到国际先进水平2项、国内领先水平3项；获得华夏建设科技进步二等奖2项、三等奖3项，中国智能交通协会科技进步二等奖1项，广东省科技进步三等奖1项，广州市科技进步一、二等奖各1项，三等奖2项；全国优秀城乡规划设计二等奖6项、三等奖4项。在国际、国内刊物上发表70多篇论文，其中3篇EI检索，5篇入选广州市政府内参刊物，半数以上为核心期刊；获得软件著作权1项。在业界享有较高的声誉，参与了多项标准、导则和办法的编制。

“一单制”及物流金融助力国际班列发展

“Single Contract” and Logistics Finance Contribute to the Development of International Trains

帅　斌[1]　吕　敏[2]

1. 西南交通大学 交通运输与物流学院,成都 610031;

2. 北京交通大学 交通运输学院,北京 100044

摘　要　随着经济全球化趋势以及新兴市场崛起进程的加快,国际货物运输迎来空前发展机遇,国际班列的迅速发展,使运单问题面临的挑战也越发凸显,为提单新模式提供了契机。“一单制”是多式联运的最高形态。本文针对国际班列“一单制”,分析其发展现状以及“一单制”推广存在的难点及建设重点,对国际班列“一单制”物流金融发展进行探讨,提出“一单制”及物流金融框架设计,为我国国际班列“一单制”的发展提供参考。

关键词　国际班列;多式联运;“一单制”;物流金融;发展框架

1　国际班列“一单制”发展背景与机遇

经济全球化趋势下的国际货物运输迎来空前的发展机遇。加快推进国际货物运输沿途票据单证的统一,对国际班列协同衔接的顺畅、门到门一体化国际货物运输组织规则的完善将起到积极、重要的促进作用。

从当今世界的发展趋势及各国发展经验看,国际班列“一单制”的发展背景与机遇有如下四点:

(1)一带一路倡议引领新兴市场崛起新高潮

经济全球化是世界经济发展的趋势,经济全球化对资本、服务、商品、劳务的需求在全球范围内的流动要求空前加快。新兴市场崛起,与发达国家经济体差距在以前所未有的速度缩小,新兴市场和发展中经济体成为全球经济增速主力(图1)。在此情形下,我国“一带一路”倡议覆盖亚洲和中东欧大部分国家,是中国为推动经济全球化深入发展提供的承诺,也是促进新兴市场和发展中国家经济崛起的重大机遇。在此背景下,国际货物运输迎来空前发展机遇。

(2)国际货物联运急需“提单”新模式

当前国际班列货运运单有CMIC(国际铁路货物联合运输协定)和CIM(国际铁路货物运输公约)两种形式,但存在着语言不统一、物权属性不被广泛认可,法律保障效力不明确,贸易融资风险大,不能适应市场快速的变化等问题。例如,CMIC中关于运输合同的变更,以及CIM关于发货人权利义务中都明确了收货人可能会被变更,充分体现了运输单据的进口贸易融资机构给运单带来不确定性的风险。国际货运,特别是陆上班列的货运急需可行的“提单”模式。

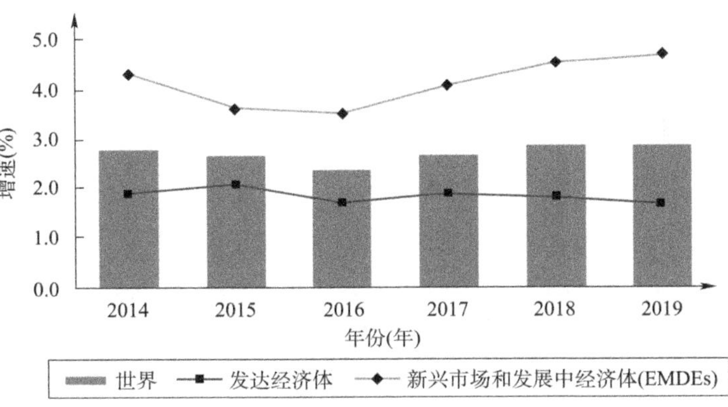

图1　全球经济增长趋势

(3)国际班列发展为提单新模式创造契机

国际班列发展迅速,增量可观,回程货物逐渐增加,政府补贴也在逐渐减少。国际班列增量的发展,使运单问题面临的挑战也越发凸显,包括沿途运输单据的安全手续烦琐不一、中小企业融资困难、货运信息和资金流信息不明确以及物流金融属性发展滞后等问题。从海运提单来看,其具备货物收据、运输合同证明、物权凭证等基本属性,目前比陆上班列发展要成熟。

国际班列的迅速发展,为提单新模式提供了契机。资金流、货流、信息流是企业赖以生存的根本,也是多式联运集疏运的重中之重。资金流、货流、信息流三者相互交互,核心问题是如何有效压缩运输时间(图2)。“一单制”新模式即要具有法律互通性、单证标准化、商务简约化的特征;实现多式联运全周期监控,提高通关时效性,有效解决资金支持和贸易融资便利问题。

(4)政策支持

我国在《交通强国建设纲要》中强调深化交通国际合作,打造交通新平台。交通国际合作即吸引更多的国际组织来推动全球交通体系的变革,促进交通运输政策规则和制度、技术标准实现引进来、走出去。积极参与在国际组织事务框架下的规则标准的修订,提升交通国际话语权和影响力。

2019年8月,国务院印发《新设自由贸易区的总体方案》,要求深化金融领域开放创新,建立以“一单制”为核心的多式联运的服务体系,推动海、陆、空、邮协同发展。2018年11月,国务院发布《关于支持自由贸易试验区深化改革创新若干措施的通知》,提出“支持有条件的自贸试验区研究和探索赋予国际铁路运单物权凭证功能,将铁路运单作为信用证议付票据,提高国际铁路货运联运水

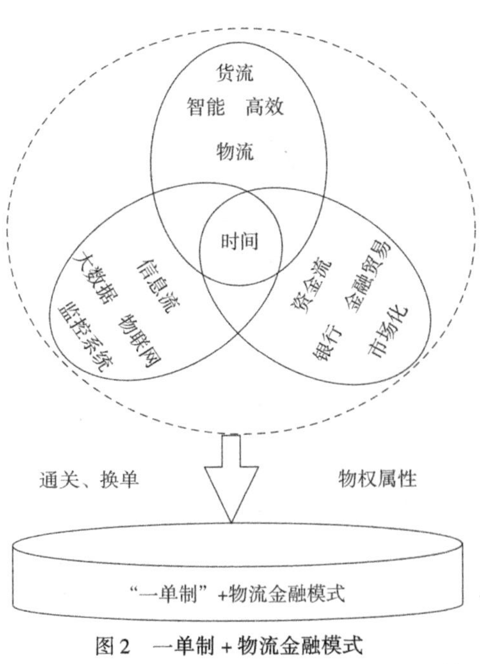

图2　一单制+物流金融模式

平”,将中欧班列铁路运单融资推向新高度。打造“一单制 + 物流金融”模式是国际班列参与交通强国建设的重要内容。

2 国际班列“一单制”建设内容

2.1 “一单制”的内涵

“一单制”即通过合同约定的方式,明确“提单”是唯一提货凭证,持有正本提单即享有货物所有权。托运人和收货人签订贸易合同后,班列公司承担从中国境内验收货物到中国境外交货一单到底的全程物流监管责任,班列公司向托运人签发银行指示的提单,托运人凭提单向当地银行申请办理易付,融资结算服务,然后由收货方履行相关义务以后,从银行开具赎取提单,据此向签发人提货(具体流程见图3)。铁路运单按照铁路运输规则,随货物运输一单到底。但为了保证全程运输,铁路运单收货人为提单的班列公司,收货人仅班列公司签发后,班列公司再收货,收货人向银行办清结款后再向班列公司提货。

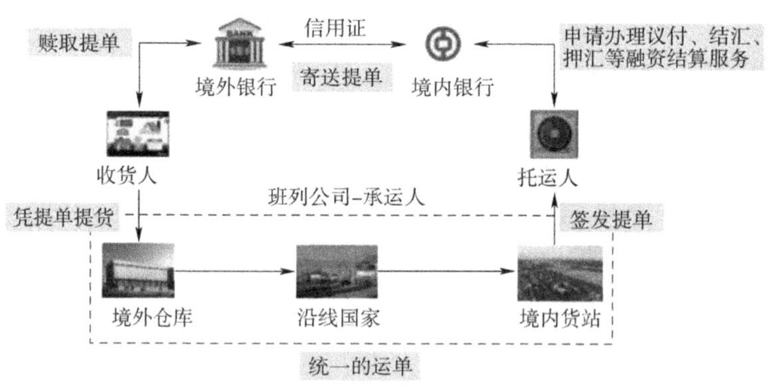

图3 “一单制”模式下的货运流程图

“一单制”的单据既具有普通运单的物理运单属性,同时还具备金融属性。打破了既有国际陆运的方式,构建新的贸易规则,是目前面临的一项重要改革。首先要制定出统一标准的多式联运提单,继而解决提单唯一性的问题。改革的核心即打破当前国际陆运的运输壁垒,制定陆运的贸易规则,赋予“提单”一次委托、一口报价、一单到底、一票结算的特征。

2.2 “一单制”面临的难题与建设重点

实施“一单制”面临以下问题:法律效力问题、国际认可与合作问题、银行参与积极性问题、风险管控及融资成本问题等。

将提单明确作为唯一提货凭证,并且由班列公司全程控货,一定程度可以降低银行风险。但因“提单”是由班列公司定义的,并不是法律认可的物权凭证,银行参与积极性十分有限。在地方政府的大力推动下,目前仅有少数国内银行及其海外支行参与合作,且实践中须通过合同约定的方式,明确各方权利义务,缓解银行的风险,有时候甚至需要提供全额保证金,融资成本高,融资效率低,难以有效形成大规模市场运作。

基于以上难点,目前在“一单制”建设中,应重点建设以下方面:将单证的统一作为建设基础,加强国际沟通,促进同盟协作;将提单的金融属性作为建设延伸,赋予铁路运单物权凭证;将增强信息化程度作为建设手段,实现货物全程运输监管。此外还需法律法规的支撑保障。

3 国际班列“一单制”物流金融发展探讨

依托“一单制”,对物流金融发展提出以下设想:

(1)物流金融革命

金融物流是物流和金融相结合的产品,其不仅能提高第三方物流企业的服务能力,经营利润,而且可以协助企业拓展融资渠道,降低融资成本,提高资本的使用效率。金融物流服务将开国内物流业界之先河,是第三方物流服务的一次革命。

目前,国内物流企业融资需求的资金量非常大,每年高达3万亿元,但大多数中小物流企业规模小,难以从传统银行获取贷款,银行获贷率不足10%,针对中小企业的供应链金融具有巨大的市场规模。

(2)物流金融扩大国际班列的货运需求潜力

物流金融和国际集装箱班列混合发展模式的目的即如何有效提高货运量。当国际班列货运提单具有金融属性以后,通过“提单质押+货物监管+担保”的方式,为国际集装箱班列的客户开立国际信用证以及提供与国际贸易结算相关的融资服务。从而有效降低国际贸易风险,缩短双方资金周转时间,解决中小企业融资难问题,为更多的中小企业提供便利化服务。

(3)物流金融推动铁路运输国际化

在扩大试点方面,积极引导更多银行、保险等金融机构参与试点,融资人可利用贸易融资(订单融资)和商业保理(债权融资)的业务,根据融资的条件及偿还融资方式决定货权的流通转让方式。此外,进一步和海上国际贸易模式对接,打造海陆空多式联运“线路-金融”无缝对接的“交通+供应链”一体化体系。未来,还需逐步推行采用人民币结算,梳理一套结算和融资的标准化流程进行全面推广,为中小进出口企业提供融资服务,提高中国在国际上的影响力和话语权。

4 国际班列“一单制”及物流金融框架设计

4.1 国际班列“一单制”及物流金融发展战略

关于国际班列“一单制”金融发展的框架设计分三步走阶段性目标:近期在业务管理上要达到建设“一单制”全周期管控平台的目标,中期建立物流金融及多式联运全流程监管系统,远期实现国际化“物流+金融+多式联运”的体系。

第一阶段,协商和与确立涉及“一单制”与国际班列相关的法律法规,确定“一单制”单证格式与使用标准。通过搭建“境外仓库管理+国际铁路运输+境内集装箱货场”的物流信息管理系统(图4),实现货物信息流的全流程监控和跟踪。第二阶段,明确提单的金融属性,细化基于提单的国际班列+供应链金融体系,扩展实现"提单+金融"的金融信息平台的建设,实现单证流、资金流线上同步监控。第三阶段,拓展金融服务业务,创新"区块链+供应链"金融模式,保证供应链金融资产更高效安全。三阶段实施推进,实现国际班列多式联运的全过程、全方位、立体式的物流、信息流、资金流的全流程监控和管理。

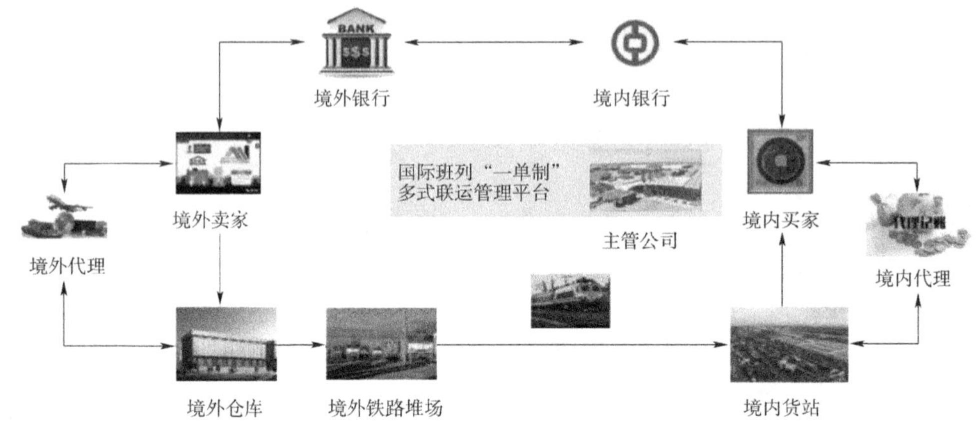

图4　国际班列"一单制"多式联运管理平台

4.2　发展架构设计

三个阶段的内外部系统的连接充分利用物联网技术(图5)。底层是相关的信息采集的物联网平台,结合各个业务子系统,包括提单系统、代理报关、境外仓储、末端配送系统。推动对外连接的外部系统,包括境外银行、保理、铁路货场系统、班列系统,等等,以实现平台"一单制"全过程,达到协调、共享、立体的服务管理。这是加入金融属性"一单制"班列的系统构建框架。

图5　系统框架设计图——子系统与外部系统

5　结语

国际班列推进了中国与沿线国家的互联互通,作为"一带一路"的标志性成果,国际班列输送的不仅是商品，也有中国的治理经验和规则。

"一单制"是多式联运的最高形态，推广国际班列"一单制"便捷运输，有利于提高我国物流行业的运输效率，降低运输成本；调整运输结构，完善国际贸易合作体系；完善国际物流和结算规则，提高我国国际经济话语权，在国际事务的决策中发挥更重要的作用。

目前，国际班列"一单制"的建设面临着法律效力、国际认可与合作、银行参与积极性、风险管控及融资成本等问题。基于此，需将单证的统一作为建设基础，将提单的金融属性作为建设延伸，将增强信息化程度作为建设手段，将法律法规作为支撑保障，加强国际班列"一单制"的建设。

打造"一单制" + 物流金融模式是国际班列参与交通强国建设的重要内容。本文依托"一单制"，还提出国际班列"一单制"金融发展的框架设计构想，分三步走策略实现国际班列多式联运的全过程、全方位、立体式的物流、信息流、资金流的全流程监控和管理。

作者简介

帅斌，教授、博士生导师、国家自然基金评审专家、科技部专家库专家，教育部教学指导委员会交通运输分委会铁路信息指导组成员、四川省安全生产专家委员会委员、成都市政府目标业绩督察考评专家组成员、深圳市现代物流专家委员会委员、泸州市科技顾问团专家、《交通运输系统工程与信息》EI 期刊编委。受邀担任 *European Journal of Operational Research*、《系统工程》《交通运输工程学报》《同济大学学报》等学术期刊特约审稿人。

主持包括国家自然科学基金等项目 100 余项，获国家教学成果和省部级科技进步奖 8 项，获授权专利 8 项。在期刊和会议发表科研和教改论文 80 余篇；出版专著 1 部，主编包括"十二五"普通高等教育本科国家级规划教材 4 部，获得霍英东优秀青年教师奖、西南交通大学科研先进个人奖等奖项。

中国交通安全发展战略研究

On Development Strategies for Transportation Safety in China

钟　鸣

武汉理工大学 智能交通系统研究中心,武汉 430063

摘　要　交通安全发展是国家大事、民生大事,事关人民福祉,事关经济社会发展大局。交通安全战略研究是建设交通强国的基本要求,本文围绕实现“人民满意、保障有力、世界前列”的交通强国目标,以降低交通事故率、死亡率和提高交通系统安全可靠性为导向,开展了交通安全强国战略子课题的研究。研究深入剖析了我国交通安全现状和现实问题,并总结了国内外交通安全发展趋势与挑战,提出了“一个交通安全愿景目标,一个交通安全发展体系,一个交通安全支撑保障体系,一套交通安全提升任务”的交通安全战略,为交通强国建设提供了一定的战略支撑。

关键字　交通强国;交通安全;政策研究;发展战略

1　引言

交通安全关乎国家社会经济发展,是人民美好生活的基石,交通安全战略研究是建设交通强国的基本要求,符合我国人民的美好生活需要及世界交通安全发展趋势。习近平总书记在党的十九大报告中指出,要树立安全发展理念,弘扬生命至上、安全第一的思想,健全公共安全体系,完善安全生产责任制,坚决遏制重特大安全事故,提升防灾减灾能力。因此,我国需要加快交通安全发展战略研究,以全面提升交通安全水平,为建设交通强国提供有力支撑。

2　我国交通安全现状及存在问题

2.1　我国交通安全现状

近年来我国交通安全整体状况良好,交通运输事故整体体现为“四降一升”,即全国各类交通事故数量与事故总量明显下降,较大及以上事故明显下降,主要相对指标明显下降以及安全水平得到了较大提升。

由于基数大,道路交通事故死亡人数仍然较多,同时道路交通相对安全指标较差,万车死亡率是美国的3倍、日本的5倍,与发达国家仍有着明显的差距,如图1所示。其次,水路交通安全相对平稳,通航安全形势逐步提升,但是偶尔发生“东方之星”这样的重大事故。轨道交通安全持续稳定,安全体系逐步完善,近年来事故死亡人数与死亡率逐年下降,鲜有重大事故发生。民航运输各项安全指标稳居世界前列,相关法律体系较为健全,然而研究表明,国内空域管理非常严格,留给民航的空域十分有限,因此,民航通道能力不足,没有空间多做调整。

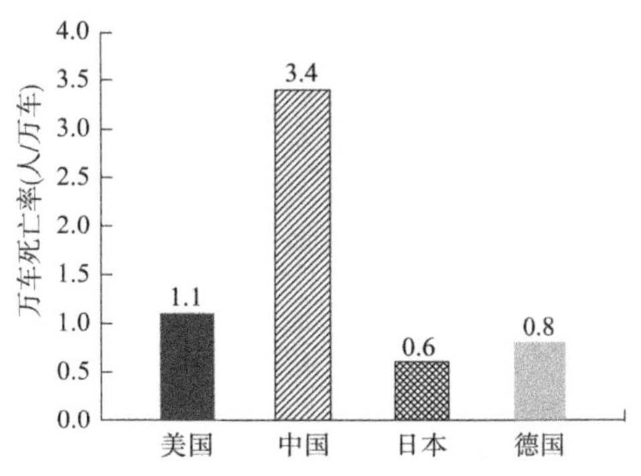

图1 2016年我国道路交通事故死亡率与世界交通强国比较图

2.2 存在问题

研究发现,我国交通安全仍存在着以下现实问题:

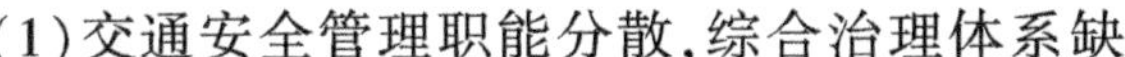

(1)交通安全管理职能分散,综合治理体系缺乏。现有的治理体系比较分散和复杂,道路方面由交通运输部、公安部、应急管理部负责,水路由交通运输部和农业农村部负责,还有铁路、民航以及城市涉及的相关部门和单位,事实上很多地方都存在着重复管理。同时研究发现,我国交通事故统计口径未与国际接轨,我国的交通事故死亡统计是由公安部负责,统计时间为事故发生7天之后,超过不算,而国际通行计算方法是30天。与卫计委统计的不限时间的死亡事故数据相比,公安部的数据要偏低很多。根据公安部的统计数据,随着机动车保有量的逐年上升,我国交通事故万车死亡率和十万人口死亡率却呈现出下降的趋势,如图2所示。已有学者分析了很多国家的数据,表明随着周转量的上升,交通事故率与死亡人数都会上升。然而公安部的数据却显示我国呈现着相反的趋势。因此我国交通事故统计口径急需规范统一,与国际接轨。

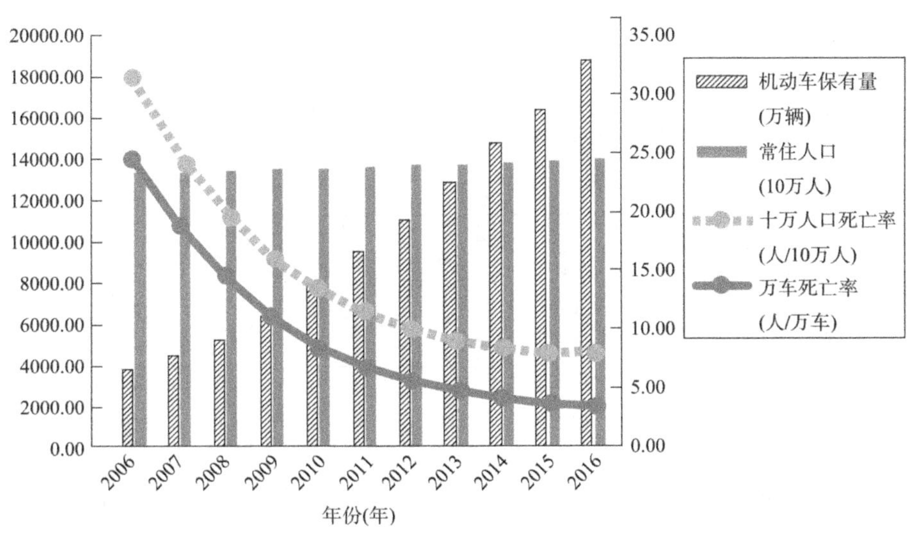

图2 公安部交通事故死亡率统计数据与机动车保有量比较图

(2)交通运输安全技术标准偏低,市场调控能力不足。现有的安全技术标准偏低,甚至很多情况是缺失的,比如很多偏远地区没有车辆标准,管理也十分薄弱。对公路来说,其运行市场较为开放,市场调控作用较小、车辆安全水平偏低。对水路来说,内河船舶设计、建造和检验等标准偏低，营运船舶管理相对薄弱。比如“东方之星”事故就是因为相关安全标准较低且缺乏监管，才造成了此次悲剧。

(3)农村道路交通安全管理缺失，交通参与人员素质偏低。农村道路指的城乡接合部，随着城市极速扩张，很多农村道路的修建不够完善，并且农村交通教育人员素质偏低，出行交通工具也比较繁杂，比如拖拉机、马拉车等，导致农村道路交通事故比例高达40%，死亡人数大约35%。

(4)城市轨道交通系统人员密集，安全保障能力有待提升。城市轨道交通是城市交通中十分重要的一部分，随着城市化进程，地铁客运量日益增加，地铁拥挤严重，容易发生群死群伤的事件。并且由于地铁事故发生在地下，救援比较困难，其安全保障能力亟待提升。

(5)铁路运输安全风险犹在，安全管理体系有待于加强。铁路运输有着严密的安全管理条例、手段，但是在作业与运营过程中的安全有待于进一步加强。很多时候就是因为监管与执行不到位才导致了安全事故发生。

(6)民航安全和效率的矛盾突出，智能决策技术手段不完善。我国民航安全与效率的矛盾十分突出，误点率与世界发达国家差距显著。此外，民航运输缺乏有效的技术手段及时传递信息，实现空地联动分析系统。

(7)内河运输重大风险源依然存在，应急救助能力极其薄弱。内河运输重大风险和客渡船安全、桥区水域航行安全、危险品船舶以及恶劣通航环境息息相关，在长江沿岸城市中尤为突出。同时，内河运输的应急救助能力极其薄弱，体现在应急救助基地缺乏，应急救助力量体系不足，以及应急整体水平不高。

3 国际经验与启示

很多发达国家早已将“零死亡”写入发展计划，见表1。我们也希望将来交通系统是“零死亡”的，这是美好的愿景，当然交通“零死亡”不等于完全没有事故或者伤亡。

世界发达国家“零死亡”交通愿景战略 表1

国　家	年份(年)	出　处	实现年份
瑞典	1997	1997年零交通事故死亡愿景计划载入法律	2020年
日本	2006	第八次交通安全基本计划	2020年减半，2030年零死亡
欧盟国家	2011	欧洲交通发展白皮书	2020年减半，2050年零死亡
澳大利亚	2011	白皮书	2050年零死亡
美国	2016	美国政府制定的目标	2046年公路交通零死亡

发达国家十分重视建立交通安全发展政策与措施，英国、日本、韩国、美国、加拿大及欧盟国家等交通机动化发展较早的国家率先建立了交通安全的相关法规，经过多年的完善，已经形成了比较健全的交通安全法律体系，而我国在交通安全立法方面仍相对薄弱。

此外，我国还应学习发达国家，重视科技发展，在道路交通领域形成成熟的交通事故救援系统，加强全方位的交通安全管理与控制；在水路交通中提升海事安全保障与特种船舶的安全性；在轨道交通中加强其全生命周期的安全控制；在民航运输中重视飞机延误和安全预警及应急决策;在城市中注重综合交通枢纽的安全保障技术。

4 发展趋势与挑战

科技变革正在深刻地影响交通运输现状以及未来的发展趋势,同时也为我们带来了众多挑战,研究总结如下:

(1)新型运载装备可能带来的安全风险问题。运输工具的无人化、智能化,预计将在2045年实现。这也提出了新的问题与挑战,第一个是新型运载工具自身可靠性的问题。第二个是在一个无人与有人运载工具构成的混合系统中会出现更复杂的交通安全问题。车联网、物联网的网络和信息安全等方面也有类似的问题,而相关研究十分缺乏。

(2)基础设施的韧性与可靠性不足的问题。在我国大规模投入道路、铁路、航空基础设施建设的情况下,交通基础设施耐久性的养护需要持久的资金投入,并且其抗灾能力仍需要进一步提升,从而确保综合交通运输系统在全天候情况下均有较好的系统安全性,以应对系统风险和区域风险。

(3)运营管理智能化、个性化、共享化中存在的问题。“互联网+”的概念正在重建整个交通运输的生态圈,个性化的智能交通信息服务使实现信息共享和业务协同成为可能。毋庸置疑,共享交通将在未来占有重要的份额,各种交通运输系统将以“实时需求感知、实时供给优化、资源实时共享、中央控制与分配、分布式服务”为特征,以实时满足各种交通运输需求。当然,智能环境下交通运输系统的运行也将存在着相关的法律法规建设问题,我们需要建立适应运输工具无人化的法律法规体系,从而解决无人运输工具事故责任认定以及其社会适应性的问题。

5 发展目标及重点任务

5.1 发展目标

我国2030交通安全战略目标中有一些具体指标,包括万车死亡率不超过0.5人/万车;运输船舶百万吨港口吞吐量水上交通事故死亡人数下降50%;运输航空百万飞行小时重大事故率五年滚动值为0.08;城市交通小客车死亡率低于1.8人/(10万人);基础设施不安全状态占比降低;实现空中救援响应时间1h,陆上2h,水上救援响应4h的快速应急救援体系。同时预计在2045年基本实现“零死亡”的愿景,即万车死亡率降低到0.3。

5.2 重点战略任务

为了实现上述的愿景和战略目标,提出了交通安全发展体系和交通安全保障体系,包括交通综合安全综合治理与防控体系、交通运输系统安全标准与技术规范体系、综合交通安全应急救援体系以及交通安全军民融合发展体系。同时提出了一套提升交通安全任务,包括先进交通系统安全科技创新工程以及交通安全提升重点工程。

(1)健全综合运输系统交通安全综合治理与防控体系。包括政府主导,依法构建治理体系;企业主体,落实安全生产管理责任;技术驱动,突出科技提升安全的作用;营造交通安全文化,提升全民交通安全素养等。

(2)健全综合运输系统的安全标准与技术规范体系。包括建立交通安全技术标准和规划体系,从源头上保安全;强化交通运输系统建设工程质量管理,从基础上保安全;强化运载工具产品质量管理,从装备技术上保安全;严格交通运输系统的运营管理,从运行过程中保安全;全面开展自然灾害风险防控,从防灾减灾中保安全;强化交通事故现场应急处置,从事后处置中保安全。

(3)实施先进交通系统安全科技创新工程。努力构建交通系统信息安全、控制可靠、网络韧性,灾后恢复的技术链条来保障先进交通系统的安全。信息安全就是要保障信息的保密性、安全性和真实性。先进交通系统的控制可靠包括控制系统、通信系统以及调度系统的全方位可靠。网络韧性要求交通系统能够完成状态检测、安全行为学习以及风险预测等任务。灾后恢复则包括人员疏散、紧急处置、应急物资发放等工作。

(4)实施交通安全提升重点工程。重点工程包括支撑保障体系提升工程、教育培训和文化素养提升工程、预防控制体系提升工程、应急救援能力提升工程、农村交通安全体系构建工程、基于多源数据的航空安全管理工程以及内河船舶安全技术创新工程。

6　保障措施与对策

在党的十九大报告中提出的交通强国战略向我国交通发展提出了更高的要求。交通安全事关人民福祉,事关经济社会发展大局,是交通强国建设的基本前提。交通“零死亡”交通安全愿景是人民对美好生活需要的不懈追求。

为了推进我国交通安全强国发展和建设,实现“零死亡”愿景,我国应采取以下保障措施:强化交通安全文化建设,形成“零死亡”愿景的战略共识;及时完善《道路交通安全法》等交通安全相关法规体系,特别是在各交通方式的交通安全法之上建立综合交通安全法规;健全交通安全综合治理与防控体系和交通运输系统安全标准与技术规范体系;构建综合交通安全应急救援体系和交通军民融合发展体系;健全高素质的交通安全人才队伍体系。

同时,我国还应尽快落实交通安全监管主体责任部门;提高交通基础设施安全性;加强载运工具安全源头管理;大力开展交通安全宣传教育;加快推进交通事故统计标准与国际接轨;聚焦交通安全短板,并进一步推进交通行业风险源管理。以此不断降低交通事故率、死亡率,提高交通系统安全的可靠性,实现“人民满意、保障有力、世界前列”的交通强国目标。

作者简介

钟鸣,毕业于加拿大里贾纳大学交通工程专业。2003 年 12 月—2005 年 12 月先后于加拿大里贾纳大学和卡尔加里大学开展博士后研究。2006—2013 年受聘为加拿大新布伦瑞克大学助理教授及副教授,2014 年起任职于武汉理工大学智能交通系统研究中心教授、博士生导师,现任智能交通系统研究中心综合交通规划及安全研究所所长。主要研究方向包括土地交通整体规划、智能交通、交通数据分析和出行行为分析等;湖北省“楚天学者”讲座教授,入选湖北省“百人计划”。

下篇

论坛征文

城市轨道交通系统的网络客流特征

Network Structure of Passenger Flows for Urban Rail Transit Systems

赖瑾璇[1]　陈　越[2]　许　奇[2]

1. 北京城建设计发展集团股份有限公司,北京 100037;

2. 北京交通大学 综合交通运输大数据应用技术交通运输行业重点实验室,北京 100044

摘　要　复杂网络理论是研究城市轨道交通网络拓扑的重要方法。然而,既有研究没有充分考虑全网乘客移动所涌现出的系统性特征,导致对网络客流时空分布及动态演化的研究不够深入。利用城市轨道交通断面客流数据,构建了描述全网乘客移动的有权有向网络模型,提出了网络客流的统计特征量,研究了网络客流的时空规律,并基于客流在地理空间上的分布识别了城市功能区的空间布局。针对北京地铁和上海地铁的研究表明:城市轨道交通网络客流的数量分布、空间分布以及时空分布均具有显著的不均衡性,表现为通勤交通的潮汐特征,其原因是城市人群居住与就业的空间不匹配,以及由此导致的城市交通特征与出行效率。

关键词　城市交通;城市轨道交通;网络客流特征;城市空间布局;时空分布

1　引言

网络化运营条件下,城市轨道交通的客流特征将随着线路的增加、沿线土地利用强度的改变、运营组织方式的变化等因素而呈现新的特点。然而,既有研究[1-3]更多地关注城市轨道交通线网中各线路客流特征的差异,对整体线网所涌现出的系统性特征的研究并不充分。例如,在城市轨道交通网络化进程中,线网结构的改变以及沿线土地利用强度的不同将导致客流断面分布形态的差异显著[2]。然而,对比分析不同类别线路高峰小时与全天客流断面分布形态的差异性不能直观地反映上述影响因素的变化,以及由此导致的客流时空分布特征。因此,研究城市轨道交通系统的网络客流特征,即全网乘客的流量和流向随时间、地点不同而呈现出的时空分布特征,将有助于分析城市轨道交通客流需求的时空规律,为线路配线设计和列车开行方案提供理论依据。

复杂网络理论是研究城市轨道交通网络拓扑的重要方法。既有研究[4-5]主要关注基础设施网络的拓扑结构,对网络客流的时空分布及演化考虑并不充分,其原因是完备的乘客出行数据很难获取[5]。基于此,既有研究的局限导致对系统认识的不完整,其原因在于城市轨道交通系统不仅仅是拓扑空间中点与线的相互关系,更包含了网络中大量乘客的移动[6]。例如,基于任意一对相邻节点间流相等的假设,节点介数被用于衡量轨道交通车站的重要度[7],但交通流在网络中的时空分布是不均匀的,这将导致对车站重要度的认识存在偏差[8-9]。

随着信息技术的发展,公共交通乘客出行数据的获取及分析技术成为研究热点[10]。对于城市轨道交通而言,基于有权网络模型,Lee[11]研究了首尔地铁断面客流的统计特征,并根据主方程方法解释了网络客流的演化机理[12]。Soh[9]基于复杂加权网络方法研究了新加坡地铁断面客流的统计特征量。Sun[13]基于新加坡地铁乘客刷卡数据估计了乘客的时空分布。Roth[14]和 Hasan[15]基于伦敦地铁乘客刷卡数据研究了断面客流的空间分布,并据此识别了城市空间布局及形态。Xu[6]利用复杂有权有向网络方法研究了北京地铁客流统计特征量,以及网络客流的空间分布。上述研究从复杂网络的角度研究了城市轨道交通客流的统计特征及空间分布,取得了大量有价值的研究成果。然而,针对城市轨道交通网络客流特征的研究仍然较少,对城市轨道交通全网客流时空分布的研究不够充分。

针对上述问题,构建描述城市轨道交通全网乘客移动的有权有向网络模型,提出网络客流统计特征量;在此基础上,利用北京地铁和上海地铁断面客流数据,分析动态网络客流的时空分布特征及演化规律,基于客流在地理空间上的分布识别城市不同功能区的空间布局,研究城市人群活动空间与城市空间布局之间的相互关系。

2 城市轨道交通网络客流的有权有向网络模型

2.1 网络客流的有权有向网络模型

城市轨道交通线网可抽象为基于 L 空间描述的图 $G=(V,E)$[5,7-8],节点数记为 $|V|$,边数记为 $|E|$。在 L 空间中,车站抽象为节点;若两车站为相邻车站,则存在连接对应节点的边,如图 1a)所示。采用 L 空间构造的无权无向网络较好地反映了城市轨道交通车站的拓扑空间关系。然而,由于线网中断面客流是矢量,即不仅存在数量上的差异,同时也区分方向,因此,采用 L 空间描述网络客流存在较大局限。综上,采用有权有向网络描述城市轨道交通网络客流[6],如图 1b)所示。在网络客流的有权有向网络模型中,车站抽象为节点;连接节点的边由无权无向边变为有权有向边,以表征分时分方向的断面客流量。采用上述方法抽象为客流网络(Passenger flow network,PFN)后,通过分析 PFN 模型的统计特征与网络结构可以研究城市轨道交通网络客流的时空分布规律。

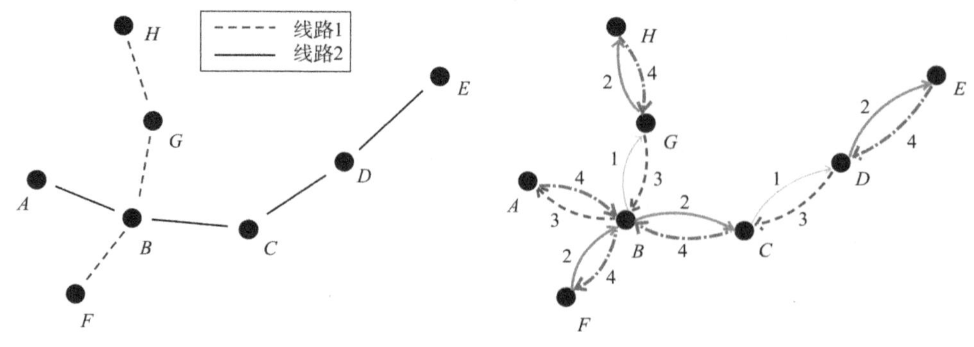

a)基于L空间的网络拓扑　　b)基于有权有向网络的PFN模型

图 1　城市轨道交通网络客流的有权有向网络模型

PFN 模型是有权有向网络 $G' = (V,E,W)$。权重 W 表示城市轨道交通线网中给定时间间隔内两相邻车站之间的区间分方向的乘客数量,即分时分方向的断面客流。另外,为了描述给定时间间隔内流进和流出车站的乘客数量,分别定义车站 i 的进通流(In-throughflow,T_i^{in})和出通流(Out-throughflow,T_i^{out}),如式(1)和式(2)所示[6]:

$$T_i^{in} = \sum_j w_{j\to i} \tag{1}$$

$$T_i^{out} = \sum_j w_{i\to j} \tag{2}$$

式中:i,j——城市轨道交通车站,i 或 $j = 1,2,\cdots,|V|$;

$w_{j\to i}$——车站 i 和 j 之间的分时断面客流量,方向为 $j\to i$;

$w_{i\to j}$——车站 i 和 j 之间的分时断面客流量,方向为 $i\to j$。

特别地,在满足流量守恒的流网络中,$T_i^{in} = T_i^{out}$。然而,对于城市轨道交通系统而言,由于存在进出站乘客和拥挤导致的滞留乘客,$T_i^{in} \neq T_i^{out}$。更进一步,为了刻画通过车站的总乘客数量,定义车站 i 的负荷(load) L_i,如式(3)所示[8]:

$$L_i \equiv T_i^{in} + T_i^{out} = \sum_j w_{j\to i} + \sum_j w_{i\to j} \tag{3}$$

2.2 数据描述

以北京地铁和上海地铁为例,研究城市轨道交通网络客流特征。对于北京地铁,采用2014 年 4 月某天高峰小时(8:00—9:00)、全网(共计 14 条线路,238 座车站,454 个区间,但不包括 4 号线—大兴线和 14 号线)、分方向的断面客流量数据;在统计量中以下标 bj 表示。对于上海地铁,采用 2012 年 9 月某天高峰小时(8:00—9:00)、全网(共计 11 条线路,289 座车站,558 个区间)、分方向的断面客流量数据;在统计量中以下标 shh 表示。特别地,3.3 节分析所采用的数据为北京地铁 2014 年 4 月某工作日,分时分方向断面客流统计数据[6]。在该数据集中,统计线路范围与上述相同,时间为 5:30—24:00,间隔为 30min。

3 网络客流统计特征量的分布

3.1 客流的数量分布

城市轨道交通网络客流的数量分布呈现显著的不均衡性。图 2 描述了双对数坐标系下北京和上海地铁高峰小时客流统计特征量的概率分布。从图 2 中可以看出,北京和上海地铁的断面客流($w_{i\to j}$)、进/出通流(T_i^{in}/T_i^{out}))和负荷(L_i)的概率分布 P 均近似服从幂律函数 $y \sim x^{-\gamma}$,其形成机理可以用统计物理中的主方程方法解释[12]。客流统计特征量分布函数的标度系数(γ)在[0.52,1.22]之间,拟合优度 R^2 均大于 0.87,具体结果如表 1 所示。

$P(w_{i\to j,bj})$和 $P(w_{i\to j,shh})$的标度系数取值分别为 $\gamma = 0.52$ 和 $\gamma = 0.63$,与首尔地铁($\gamma = 0.56$)[11]相近。结果表明特大城市地铁断面客流的数量分布服从帕累托法则,即少部分车站承担了全网的大部分工作量,导致其数量不均衡的原因是城市空间布局的多中心性特征(Polycentricity)[6,14]。类似的,北京地铁和上海地铁的 $P(T_i^{in})$、$P(T_i^{out})$和 $P(L_i)$均呈现了与 $P(w_{i\to j})$相似的不均衡性,表明城市轨道交通客流网络是分形网络,具有统计意义上的自相似性特征。

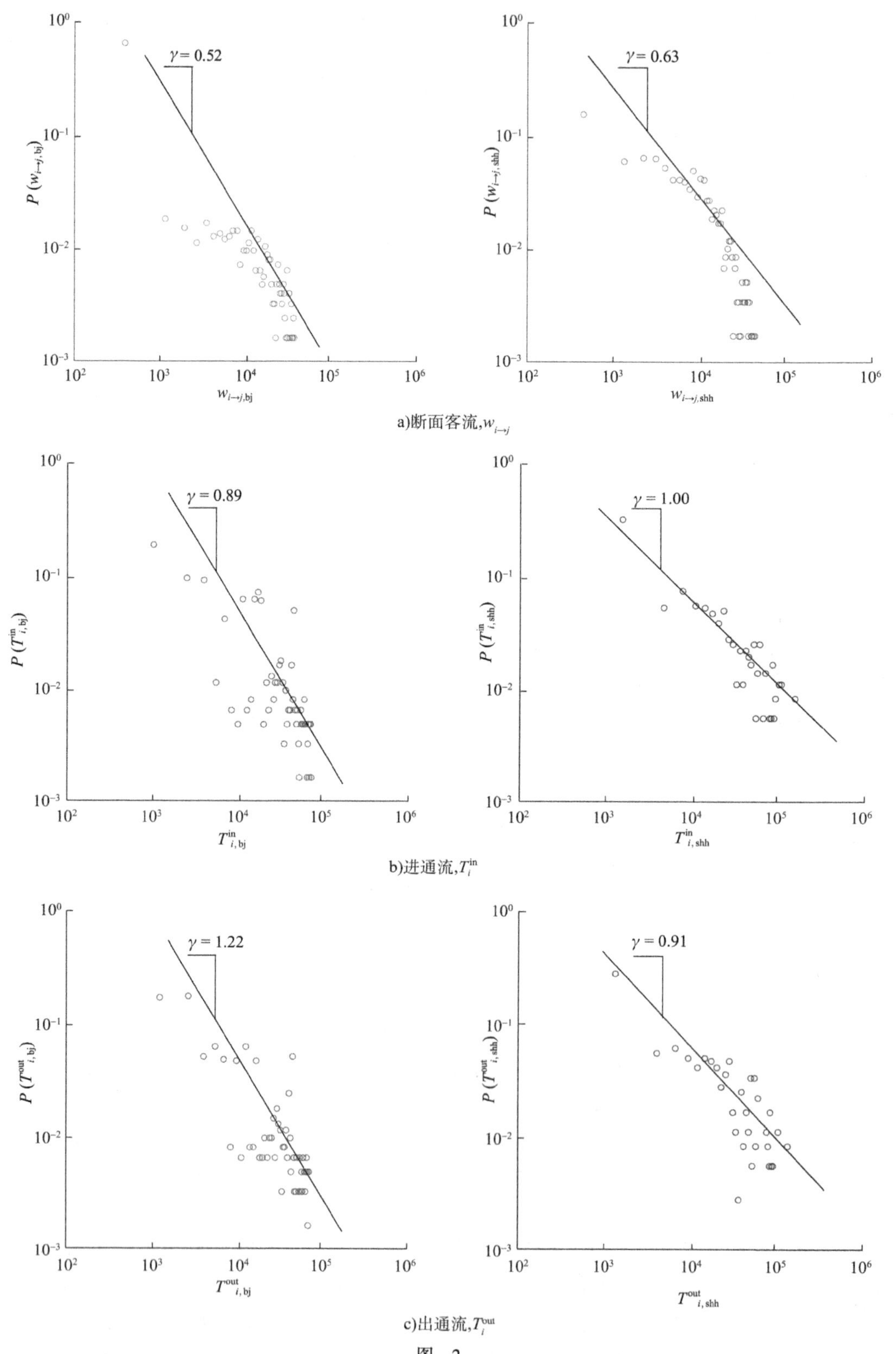

a)断面客流,$w_{i\to j}$

b)进通流,T_i^{in}

c)出通流,T_i^{out}

图 2

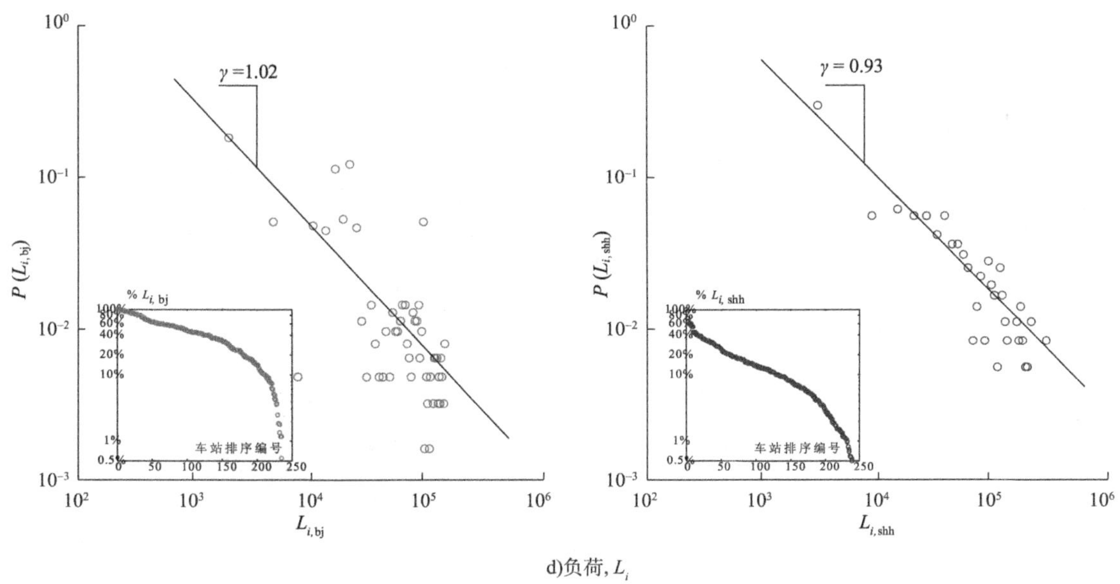

d)负荷, L_i

图 2　北京和上海地铁高峰小时(8:00—9:00)客流统计特征量的概率分布

另一方面,城市轨道交通网络客流的数量分布不均衡程度存在差异。表 1 对比了北京地铁和上海地铁客流统计特征量分布函数的拟合结果。例如,上海 $P(L_i)$ 的标度系数($\gamma=0.93$)比北京 $P(L_i)$ 的标度系数($\gamma=1.02$)小,表明上海地铁车站负荷的不均衡程度比北京地铁高。类似的结论同样适用于北京地铁和上海地铁 $P(w_i)$、$P(T_i^{in})$ 和 $P(T_i^{out})$ 的对比分析。据此,北京地铁和上海地铁网络客流数量分布不均衡程度的差异性在一定程度上反映了二者城市空间布局、轨道交通线网结构和车站周边土地利用强度的不同。

客流统计特征量分布函数的拟合结果　　表 1

拟合结果	北京		上海	
	标度系数 γ	拟合优度 R^2	标度系数 γ	拟合优度 R^2
$P(w_i)$	0.52	0.9985	0.63	0.8702
$P(T_i^{in})$	0.89	0.9639	1.00	0.9730
$P(T_i^{out})$	1.22	0.9669	0.91	0.9440
$P(L_i)$	1.02	0.9504	0.93	0.9640

3.2　客流的空间分布

为了研究城市轨道交通网络客流的空间分布,利用基于百度地图的大数据可视化工具箱 MapV[16],绘制了北京地铁和上海地铁高峰小时车站负荷 $L_{i,bj}$ 和 $L_{i,shh}$ 的空间分布,如图 3 所示。从图 3 中可以看出,北京地铁和上海地铁车站负荷的空间分布呈现显著的不均衡性。对于北京地铁,高负荷车站主要位于 1 号、2 号、5 号、10 号和 13 号线。其中,1 号和 5 号线分别位于北京东—西和南—北方向的客流走廊,2 号和 10 号线主要承担全网的换乘功能,13 号线连接大型住宅区和中心城区。对于上海地铁,高负荷车站不是按照线路聚集,而是均位于上海内环线以内的城市核心区,包括陆家嘴金融中心、徐家汇城市副中心等。新加坡地铁[9]、首尔地铁[11]、伦敦地铁[14-15]都存在类似分布规律，其主要原因在于特大城市的城市空间布局的多中心性特征，功能区集中，职住分离，导致客流在某个区域的少数车站聚集。另外，城市轨道交通网络化进程中线路之间换乘关系的变化[17]也是导致上述分布规律的主要影响因素。

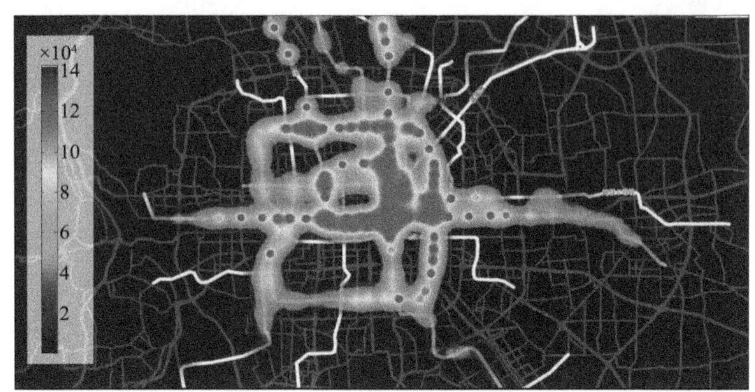

a)北京

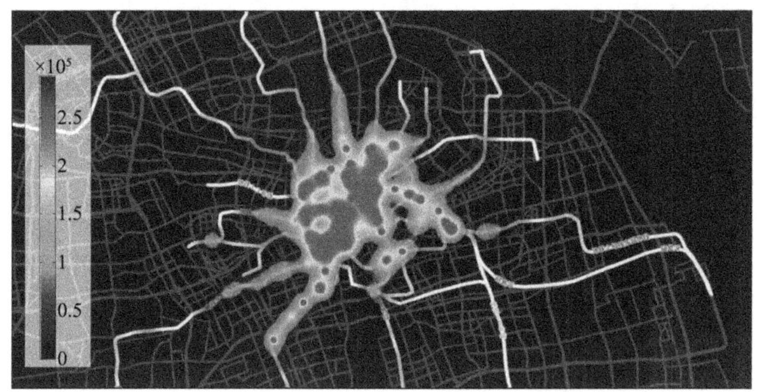

b)上海

图3　北京地铁和上海地铁高峰小时车站负荷的空间分布

为了更进一步研究城市轨道交通网络客流的空间分布，利用考虑地理空间约束的层次聚类算法[6,14]，基于 T_i^{in} 识别了北京和上海的城市中心区(Polycenters)，如图4所示。对于北京，按照 T_i^{in} 占全网的比例，城市中心区从大到小依次为国贸(10.9%)、建国门(10.2%)、公主坟(8.2%)、亚运村(7.5%)、中关村(5.5%)、东直门(4.6%)、北京金融街(4.4%)、西直门(4.2%)、奥体中心(3.2%)和天通苑(2.6%)等10个区域，其客流占全网的61.3%，如图4a)所示。其中，沿东—西轴线长安街的中心区包括国贸、建国门、公主坟和北京金融街等4个区域，其客流占全网的33.7%。国贸和建国门区域构成北京CBD，其客流占全网的21.1%。沿南—北中轴线东侧直径线的中心区包括建国门、亚运村、东直门和天通苑等4个区域，其客流占全网的24.9%。另外，亚运村、奥体中心和天通苑均位于北京北部的高密度住宅区附近，其客流占全网的13.3%。西直门和东直门分别是北京东西部的城市客运枢纽，其客流占全网的8.8%。

对于上海，按照 T_i^{in} 占全网的比例，城市中心区依次为徐家汇城市副中心(13.7%)、外滩地区(12.9%)、真如城市副中心(10.1%)、陆家嘴金融中心(9.4%)、静安寺地区

(8.5%)、上海火车站(6.5%)和上海南站(2.8%)7个区域,其客流占全网的63.9%,如图4b)所示。相比于北京,上海的城市功能区更加集中,均位于内环线内的中心城区核心区域,除去上海火车站和上海南站的客流占全网的54.6%。上海火车站和上海南站分别是上海城市南北部的对外交通枢纽,其客流占全网的9.3%。综上,城市轨道交通网络客流的空间分布呈现显著的不均衡性,反映了城市空间布局的多中心性特征,而城市空间布局的形成则是历史、人文、社会、经济发展的综合结果。反之,城市空间布局决定了客流在地理空间上的分布。

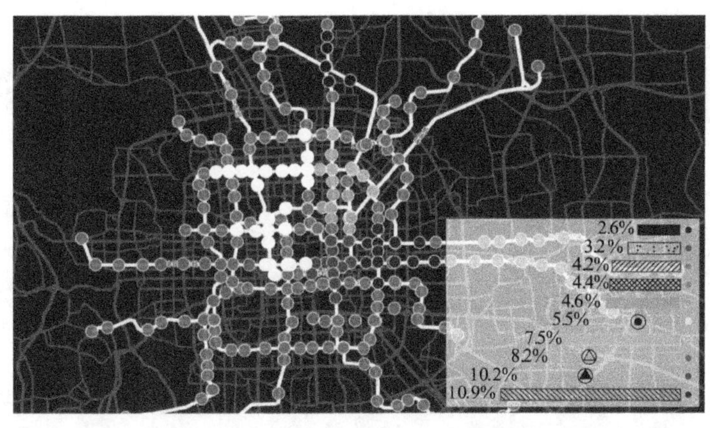

a)北京

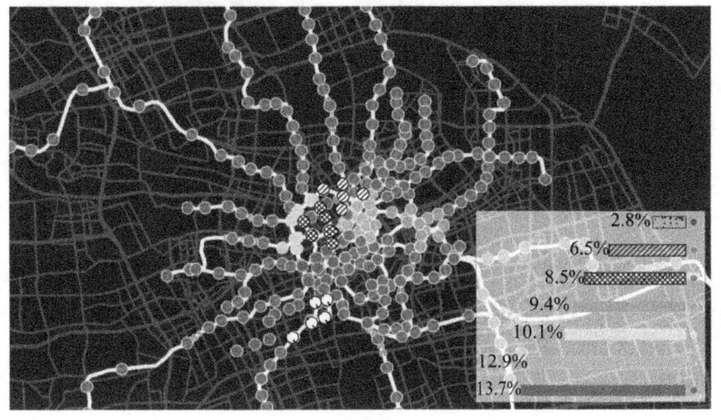

b)上海

图4 北京和上海城市空间布局的多中心性特征

3.3 客流的时空分布

城市轨道交通网络客流的时空分布呈现显著的不均衡性。为简单起见,利用MapV绘制了基于$L_{i,\mathrm{bj}}$的北京地铁运营时段(5:30—23:59)网络客流的时空分布,如图5所示。综合时空维度来看,北京地铁网络客流呈现显著的潮汐流特征。早高峰时段,通勤者从北京周边的高密度住宅区(例如,回龙观、天通苑等)流向中心城区的就业密集区域(例如,中关村,北京CBD等);反之,晚高峰时段,通勤者则从中心城区流向周边的居住地。北京地铁通勤客流潮汐流特征显著的根本原因是城市发展规划不合理导致的职住分离现象,即城市人群居住与就业的空间不匹配,以及由此导致的城市通勤交通的特征与效率。作为合理规划就业与居住用地空间分布的理想模型,职住平衡(Jobs-housing Balance)被视作解决大城市发展问题的重要途径[18]。然而,职住分离强度的增大是特大城市发展的必然结果[19]。随着城市化进程的推进,中心城区商业场所、医疗设施、教育资源等社会经济资源的聚集推动了地租的上涨,迫使大量就业人口向地租较低的郊区高密度住宅区迁移。综上,居住与就业是构成城市土地利用的核心要素,二者空间上的匹配程度在较大程度上决定了城市通勤交通的特征与效率。

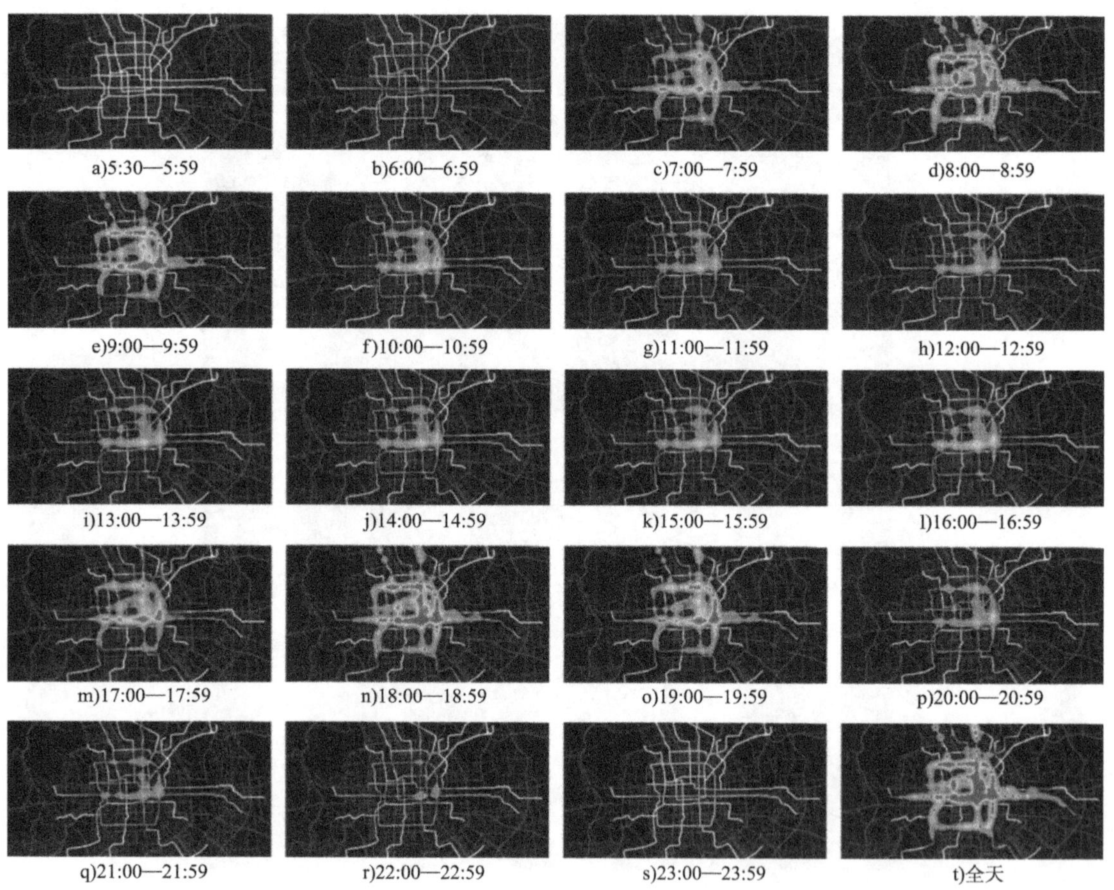

图5　基于 $L_{i,\mathrm{bj}}$ 的北京地铁网络客流的时空分布

具体而言,对于时间维度,北京地铁网络客流呈现显著的双峰分布,即早高峰(7:00—9:59)和晚高峰(17:00—19:59)明显;对于空间维度,北京地铁网络客流主要聚集于10个城市中心区,如图6所示。特别地,基于 T_i^{in} 确定的北京城市中心区范围具有时不变特性。随着时间的演化,北京的10个城市中心区客流占全网客流的比例维持在60%左右。其中,最大比例(5:30—5:59时间段的64.6%)和最小比例(6:00—6:59时间段的56.8%)均出现在早高峰之前,全天高峰小时(8:00—8:59)的比例为61.3%,全天19个时段的平均比例为61.1%。另外,早高峰的平均比例为60.7%,午平峰(10:00—16:59)的比例维持在62.5%

以上;晚高峰的平均比例降低到 60.6%;晚平峰(20:00—23:59)的比例则进一步降低至 59.0%左右。

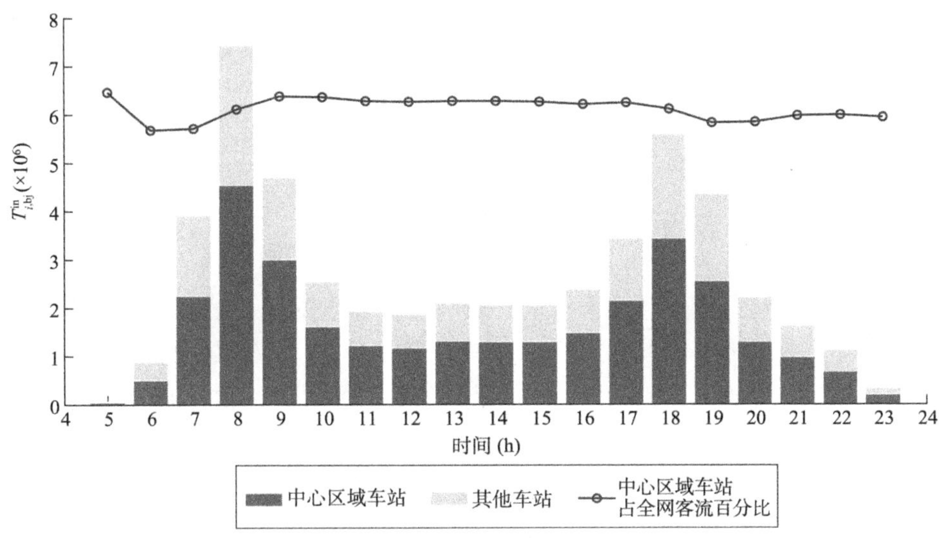

图6 北京地铁中心区域车站与其他车站的负荷对比

上述结果表明城市人群活动空间与城市空间布局以及建成环境具有紧密的关联[20]。建成环境是包括土地利用、交通系统和城市设计等部分在内的人类社会环境,其空间布局、结构形态、功能结构是复杂的社会经济因素长时间作用下的综合产物。反之,建成环境在城市内部形成后,将深刻地影响城市社会经济活动的空间分布与强度,进而影响城市人群的活动空间。城市系统与社会经济系统二者耦合的复杂巨系统决定了城市通勤交通的特征与效率。

4 结语

城市轨道交通系统进入网络化运营阶段后,网络客流的时空分布特征与单线运营相比存在显著差异。利用北京地铁和上海地铁断面客流数据,构建了城市轨道交通网络客流的有权有向网络模型,研究了城市轨道交通网络客流的时空分布特征,得出如下结论:

(1)断面客流、进/出通流和负荷等客流统计特征量的概率分布服从幂律函数,标度系数在 0.52 ~1.22 之间。结果表明城市轨道交通网络客流的数量分布不均衡性显著,反映特大城市功能区集中,大量客流聚集于某个区域的少数车站,或者流向某个区域的少数车站。

(2)北京地铁高负荷车站主要位于 1 号、2 号、5 号、10 号和 13 号线,上海地铁则主要聚集于内环线以内的城市核心区。结果表明城市轨道交通车站负荷的空间分布呈现显著的不均衡性,高负荷车站集中的区域与城市空间布局以及建成环境密切相关。

(3)通过对车站进通流的聚类分析识别了城市空间布局及形态,结果表明北京中心区主要沿东—西轴线的长安街和南—北中轴线东侧直径线分布,10 个中心区内的车站进通流占全网的比例为 61.3%;上海中心区均位于内环线内的中心城区核心区域,7 个中心区内的车站进通流占全网的比例为 63.9%。

(4)城市轨道交通网络客流的时空分布呈现显著的不均衡性,表现为通勤客流的潮汐特征,其原因是特大城市人群居住与就业的空间不匹配,以及由此导致的城市通勤交通的特征与效率。因此,解决城市交通拥堵问题,不仅需要大力发展以城市轨道交通为骨架的公共交通系统和相应的网络化运营技术,而且还需要从根本上解决由于特大城市发展规划不合理而导致的职住分离问题。

参 考 文 献

[1] 刘颖杜. 广州市轨道交通网络客流特征及成长规律[J]. 交通运输系统工程与信息,2011,12(1):205-209.

[2] 刘剑锋,陈必壮,马小毅,等. 城市轨道交通网络化客流特征及成长规律——基于京沪穗深城市轨道交通网络客流数据分析[J]. 城市交通,2013,11(6):6-17.

[3] 陈必壮,王忠强,王祥. 上海市轨道交通网络化客流特征分析及启示[J]. 城市交通,2013,11(6):28-34.

[4] 高自友,吴建军,毛保华,等. 交通运输网络复杂性及其相关问题的研究[J]. 交通运输系统工程与信息,2005,5(2):79-84.

[5] LIN J,BAN Y. Complex network topology of transportation systems [J]. Transport Reviews,2013,33(6):658-685.

[6] XU Q,MAO B H,BAI Y. Network structure of subway passenger flows [J]. Journal of Statisti-Cal Mechanics,2016,2016(3),033404.

[7] KURANT M,THIRAN P. Extraction and analysis of traffic and topologies of transportation networks [J]. Physical Review E,2006,74(3),036114.

[8] KURANT M,THIRAN P. Layered complex networks [J]. Physical Review Letters,2006,96(13):1064-1070.

[9] SOH H,LIM S,ZHANG T,et al. Weighted complex network analysis of travel routes on the Singapore public transportation system [J]. Physica A,2010,389(24):5852-5863.

[10] PELLETIER M P,TREPANIER M,MORENCY C. Smart card data use in public transit:a literature review [J]. Transportation Research Part C,2011,19(4):557-568.

[11] LEE K,JUNG W S,PARK J S,et al. Statistical analysis of the metropolitan seoul subway system:network structure and passenger flows [J]. Physica A,2008,387(24):6231-6234.

[12] LEE K,GOH S,PARK J S,et al. Master equation approach to the intra-urban passenger flow and application to the metropolitan seoul subway system [J]. Journal of Physics A,2011,44(11):115007.

[13] SUN L,LEE D H,ERATH A,et al. Using smart card data to extract passenger's spatio-temporal density and train's trajectory of MRT System [C]. Proceedings of the ACM SIGKDD International Workshop on Urban Computing,2012,142-148.

[14] ROTH C,KANG S M,BATTY M,et al. Structure of urban movements:polycentric activity and entangled hierarchical flows [J]. PloS One,2011,6(1):e15923.

[15] HASAN S,SCHNEIDER C M,UKKUSURI S V,et al. Spatiotemporal patterns of urban hu-

man mobility [J]. Journal of Statistical Physics,2013,151(1-2):304-318.

[16] MapV. 百度地图的大数据可视化工具[EB/OL]. [2016-06-02]. http://mapv.baidu.com/.

[17] 李明高,毛保华,蒋玉琨,等. 城市轨道交通网络换乘便捷性研究[J]. 中国铁道科学,2015,36(3):113-118.

[18] 孟晓晨,吴静,沈凡卜. 职住平衡的研究回顾及观点综述[J]. 城市发展研究,2009,16(6):23-28.

[19] 赵晖,杨军,刘常平,等. 职住分离的度量方法与空间组织特征——以北京市轨道交通对职住分离的影响为例[J]. 地理科学进展,2011,30(2):198-204.

[20] 李夏苗,曾明华,黄桂章. 基于交通系统与城市空间结构互馈机制的城际轨道交通走廊客流预测 [J]. 中国铁道科学,2009,30(4):118-123.

作者简介

赖瑾璇,1987 年出生,女,湖南醴陵人,博士,高级工程师,主要研究方向为城市轨道交通行车组织理论与优化方法。E-mail:laijinxuan@bjucd.com。

许奇,1982 年出生,男,云南普洱人,博士,副教授,xuqi2015@bjtu.edu.cn。

基金项目:城市公共交通智能化交通运输行业重点实验室开放课题/Open Foundation of Key Laboratory of Advanced Public Transportation Science, Ministry of Transport, PRC (T18L01490),中央高校基本科研业务费(Fundamental Research Funds for Central Universities (2019JBM034)。

中国高速铁路出口市场分析及建议

Analysis with Suggestions on China's High-speed Railway Export Market

明先俊 柏 赟 许 奇

北京交通大学 交通运输学院,北京 100044

摘　要　我国高速铁路出口时不仅需考察拟建高速铁路通道内的人口密度、经济发展水平、客货运输供需关系等基本条件,还应考虑该国政局稳定性、与我国国际关系以及合作线路对我国战略计划重要性等因素。本文通过对海外各地区高速铁路线网规划情况进行分析,提出宜将东南亚、中亚地区视为我国高速铁路出口的重点市场,密切关注泰国、老挝、伊朗、俄罗斯等国家高速铁路规划线路的项目进程,加快我国泛亚铁路网、中亚和欧亚运输通道的建设。

关键词　高速铁路;出口市场;人口;经济水平;政治环境;战略

近年来随着能源危机、环境污染、交通安全等问题不断涌现,全球经济发展逐步向低碳模式转变。为满足低碳经济模式下运输需求,国际铁路市场呈现出明显的复兴态势。其中欧美各国、日本等发达国家大力建设高速铁路网,亚洲、非洲、拉丁美洲等地的广大发展中国家也将铁路运输列为优先发展行业,其他部分国家也着手对铁路线网进行规划,国际高速铁路的建设需求显著增长。

21 世纪以来我国的高速铁路技术有了突飞猛进的发展。在车辆设备、工程建造和运营管理控制方面,掌握核心创新技术,形成了具有中国特色的高速铁路技术标准体系[1];在线网规模方面,2018 年底国内总营业里程已达 2.9 万 km,超过世界高速铁路总里程的 70%。多个国家领导人访华期间乘坐我国高速铁路列车后均予以高度评价,并表达了将中国高速铁路引进本国的意愿。

在各国对铁路等基础设施建设需求的带动下,2013 年习近平主席提出的"一带一路"倡议中指出,高速铁路外交将作为重要突破口,成为中国连接世界的新型贸易之路。在与俄罗斯、泰国、新加坡、印尼等多个国家的高速铁路合作项目中,以铁路工程建设"走出去"为基石的外交政策已初见成效[2]。考虑到不同国家高速铁路建设需求的差异性及各国政治、经济环境的不同,在中国高速铁路"走出去"的过程中,需对出口对象国家进行分析和筛选,明确重点出口市场以便更有针对性地推进高速铁路出口项目。

1　高速铁路建设可行性分析

世界高速铁路建设的热潮始于 20 世纪 90 年代,建设热潮的涌现主要包括以下两方面原因：一是在高速铁路发展探索的初创阶段后，修建高速铁路得到了各国政府的大力支持，各线路项目均在全国整体规划方案下后顺利实施；二是高速铁路运营后带来的经济效益和社会效益获得了更广层面的共识，高速铁路不仅能带动其沿线地区经济发展、加快产业结构调整等，在节约能源、减少环境污染、交通安全等方面也颇有成效。

高速铁路虽可提高区域内经济发展水平和社会效益，其昂贵的建设和运营成本、漫长的建设周期也限制了其适用场景，我国高速铁路在考虑对外出口的对象国家或地区时，应先考察区域内部环境是否适合高速铁路生存。一般来说，区域内修建高速铁路需满足的内部条件主要体现在以下几个方面：

一是区域内人口稠密，城市分布密集，可实现高速铁路列车的多点停靠。线路规划过程中应尽量多经由经济实力雄厚、辐射能力强的经济轴线，提高线路服务范围。例如我国京沪高速铁路线跨越了北京、河北、天津、山东、上海等7个重点省市，沿线区域覆盖人口达全国总人口26.27%，有效提高了线路衍射区域和服务乘客数量[3]。

二是区域内经济发展水平较高，拥有先进的科学技术，可推动线路轮轨施工、车辆运行和后续维修养护等工作。我国京沪高速铁路沿线城市在建设年内生产值占全国生产总值的46.7%，人均地区生产总值是全国平均的1.8倍，较高的经济水平保障了线路的可持续发展运营。拥有世界先进高速铁路技术的德国、法国和日本也相继发展了以各自首都城市带为核心的密集铁路网[4-5]。

除了分析区域内人口密度、经济水平等特征，还需考虑交通运输基础设施的供需缺口现状，结合国家或重点城市的中长期交通路网规划考察高速铁路项目规划的必要性。随着区域产业和人口的不断聚集，当区域交通运输不能适应经济社会发展需要，出现客货运输能力紧张、主要交通走廊能力严重饱和现象时，区域经济发展也会受限。为完善区域路网布局、满足某些特定快速客货运通道的需要，有必要进行高速铁路线路规划建设。

2　我国高速铁路出口市场选择考虑因素

对于海外合作项目，我国高速铁路在对外出口时，不仅需要考察出口对象市场内部高速铁路建设的可行性，还需结合项目推进的难易程度、对我国发展的有益程度等进行综合评估，探寻最适合高速铁路生存发展的海外“土壤”。因此，在选择出口对象市场时，除上述建设可行性分析外，还应考虑高速铁路出口的政治环境适应性和对其战略地位重要性。

(1)高速铁路对外出口的政治环境适应性

我国高速铁路对外出口时，需考虑与对象国家的国际关系及国家内部的政治环境，分析合作建立的难易程度、合作维持可能性的高低等。我国在出口高速铁路时更倾向于与中方外交友好的国家，建立合作可能性更大，同时可通过“高铁外交”进一步打开国际合作化局面。此外，合作国家内部的政局动荡情况也对合作维持可能性有重要影响，若内部政治格局不稳，多党虎视眈眈紧盯执政权，那么在政党交替之后，原先谈判成功的高速铁路项目很有可能会被中途叫停，对我国产生巨大的财政损失。为尽量避免此情况发生，我国更愿意与政局稳定的国家合作高速铁路项目。

（2）对我国利益的战略重要性

我国在推进“高速铁路外交”合作项目时，对位于我国规划战略方针内的线路应重点关注。对于“走出去”战略中泛亚铁路、中亚铁路和欧亚高速铁路三个通道内的部分线路，即使合作国家沿线的人口经济条件并不理想，但考虑到其战略地位重要性仍会全力争取合作。例如位于东南亚的老挝国内人口密度并不高，人均国内生产总值也属较低水平，但由于中老铁路是泛亚铁路网重要组成部分，为顺利打开东南亚贸易市场，中老铁路仍是我国重点推进的项目。

3 我国高速铁路出口有效市场分析及战略建议

根据2018年国际铁路联盟发布的*High Speed Lines In the World*，除中国外全球各国家或地区高速铁路已开通里程、建设里程和近、远期规划里程如表2所示。从各地区高速铁路线网规模来看，目前已开通高速铁路运营的主要为欧洲地区各国，美国及西亚地区的沙特阿拉伯和土耳其。其中欧洲大多地区因本土国家拥有先进的高铁技术，具备自主实施规划并完成高速铁路修建的能力，因此发展进程较快，我国高速铁路若向其地区出口具有一定难度；美国虽为发达国家，技术和经济水平较高，但近年来与我国关系较为紧张，且线路列车倾向于“美国制造”，我国向其出口可能性较小；西亚地区国家无先进的高速铁路技术，依托其较高的经济发展水平可引进他国高速铁路技术，线网建设已有一定规模。从表1可知其建设里程为1153km，近、远期线路规划里程达8204km，规模庞大，是我国高速铁路目前重点出口和远期的潜在出口市场。

全球各地区高速铁路运营及规划里程一览表 表1

国家/区域	已开通里程（km）	建设里程（km）	近期规划里程（km）	远期规划里程（km）
欧洲	9230	1697	2787	8280
西亚	1047	1153	3666	4538
东南亚	0	0	1677	3862
南亚	0	0	508	4126
美国	735	192	1710	449
加拿大	0	0	0	290
墨西哥	0	0	0	210
澳大利亚	0	0	0	1749
巴西	0	0	0	511
埃及	0	0	0	1210
摩洛哥	0	200	0	1114
南非	0	0	0	2390

注：数据来源于2018年国际铁路联盟发布的*High Speed Lines In the World*。其中建设里程表示正在修建的线路，近期规划里程表示已经获得政府批准还未修建的线路，远期规划里程表示还未获取批准的线路。

东南亚、南亚地区国家和摩洛哥、埃及、南非等非洲国家虽暂无线路开通运营，但均已处于线网规划或建设阶段，且拥有较长规划里程，为具备发展潜力的出口市场。其中泰国、越南、印度和部分非洲国家内人口数量和货运需求量较大，存在较大高速铁路发展需求，政府支持的意愿也很强烈，但经济基础不稳固和技术的落后导致高速铁路的生存条件先天不良[6]。高速铁路修建成本高昂，维持运营投入较大且利益回收极为缓慢，因此上述地区高速铁路建设和运营项目的推动需要出口国家予以支援。我国高速铁路向其出口时不能仅考虑项目短期的经济效益，高速铁路出口对中国高科技产业输出的引领作用更为重要。

加拿大和墨西哥的经济实力与技术能力较强，虽具有远期规划高速铁路线路，但我国在以往铁路项目中存在合作或竞标失败的经历[7]。主要是因为加拿大国内整体货运铁路较客运线路拥有较高优先权，客运需求较少，高速铁路市场难以发展；墨西哥高速铁路建成后的运营持久性和自负盈亏能力饱受质疑，建设征地问题难以解决，因此项目难以推进。澳大利亚远期规划里程较长，但其国内“民主政治”，导致政府力量薄弱，高速铁路项目前期可行性调查报告和工程实施的步伐极易受阻，项目推进缓慢。因此，在后续高速铁路出口计划中，考虑到上述国家合作的可落实性较低，为及时止损，建议友好地保持观望态度。

基于上述我国高速铁路出口重点区域，总结近几年与我国合作可能性较大的各国规划线路，通过分析区域内平均人口密度、国家人均生产总值、规划线路对中国的战略地位等信息，给出了我国可考虑的高速铁路出口项目，项目具体信息见表2。

各国线路合作可行性综合考察表　　表2

国家	线路名称	线路环境分析				
		人口密度*a（人/km²）	人均生产总值*b（美元）	铁路客/货运量增长率	工业产值增长率	战略方向
俄罗斯	莫喀高速铁路	3524.5	8447.4	5.24%/6.37%	2.87%	欧亚高速运输走廊
俄罗斯	牡丹江—符拉迪沃斯托克高速铁路	572	10291	5.25%/6.37%	—	欧亚高速运输走廊（签署合作备忘录）
塞尔维亚	匈赛铁路	667	7223	-14.12%/6.51%	—	一带一路
智利	瓦尔帕莱索—圣地亚哥高速铁路	1475	15828	1.08%/0	—	普通出口（未招标）
印度	新德里—金奈	12700	1688.4	0.6%/-5.24%	6.864%	普通出口
马来西亚、新加坡	新隆高铁	7253	10073.2	-8.8%/-9.52%	3.249%	一带一路 泛亚铁路
印度尼西亚	雅万高速铁路	1033	3415.8	18.6%/0	—	一带一路
泰国	中泰铁路	5801	18329	0/0	2.2%	一带一路 泛亚铁路
越南	南北高速铁路	4767	2170.9	11.61%/-3.14%	—	一带一路 泛亚铁路
老挝	中老铁路	6994.5*c	1 785.1	0/0	11.1%	一带一路 泛亚铁路
柬埔寨	新昆铁路	5800	1139.7	0/0	—	一带一路 泛亚铁路
	金—暹—波	5867				
伊朗	德马铁路	8659.5	5047.8	2.22%/11.22%	—	中亚铁路运输走廊
	德伊高速铁路	9275				

注：数据来源于世界银行数据库。“—”表示近期数据不详；*a此处为该线路两端城市平均人口密度；*b此处数据主要是线路两端城市平均人均国内生产总值，若数据不详则采用该国人均国内生产总值；*c此处数据为中老铁路两端老挝和昆明的平均人口密度，但老挝本身的人口密度极小，在30人/km²左右。

从表2中数据可看出，规划线路的大多国家人口密度和人均国内生产总值水平较高，工业产值增长率都较为稳健，但铁路客、货运量增长率较少，甚至为负增长，无法满足社会生产引起的客货运输需求。例如东南亚地区的马来西亚、印度尼西亚、泰国、越南等国的铁路客/货运量增长率为0，无法适应区域内经济增长速度，高速铁路线建设亟需以待。

从高速铁路出口的政治环境来看，俄罗斯、印度、马来西亚、印度尼西亚、老挝、柬埔寨等国多年来均与中方保持良好的外交关系，有利于推动项目的顺利开展。其中马来西亚和新加坡的政治环境比较稳定且经济繁荣发展，对投资合作者具有较强吸引力；俄罗斯、老挝、柬埔寨等国内部政局也相对稳定。从我国战略利益角度来看，东南亚地区虽经济发展相对落后，但大部分国家都处于我国“一带一路”倡议规划线路中，泛亚铁路网的修建也是“一带一路”倡议的重要交通支点工程。若东南亚地区各国能够与我国东南部成功连接，整合后的区域发展将更为均衡、资源配置更为合理，彼时亚洲地区的经济地位将不可同日而语。

综上分析，现阶段我国可将东南亚、西亚地区的国家作为重点出口市场，密切关注和投标区域内的规划线路，包括马来西亚和新加坡的新隆高速铁路、老挝的中老铁路以及泰国的中泰铁路；俄罗斯、伊朗分别处于我国欧亚高速铁路运输走廊和中亚铁路线路中，且经济水平得以保证，若成功合作相应高速铁路项目，对我国对外经济贸易发展也会有很大推动作用。因此，可重点关注近期的中俄莫喀高铁、牡丹江—符拉迪沃斯托克高速铁路线路以及伊朗的德马铁路。

4 结语

本文提出了我国高速铁路出口时不仅需考虑区域内人口密度、经济和科技水平、客/货运输供需现状等建设可行性条件，还应考虑出口国家与我国的国际关系、出口国内部政局稳定性以及合作线路对我国利益的战略重要性等环境因素。通过对海外各地区的人口特征、经济水平、铁路发展需求和战略地位分析，建议将东南亚地区视为中国高速铁路出口的重点市场，密切关注泰国、马来西亚和新加坡、老挝等国家高速铁路合作项目的推动进程，加快泛亚铁路网的建设；其次考虑与俄罗斯、伊朗等地区规划线路的项目合作，促进我国欧亚、中亚铁路运输通道的快速发展。对处于我国当前战略计划之外地区的规划线路，例如智利的瓦尔帕莱索-圣地亚哥高速铁路项目，也可利用我国的创新技术和低成本优势参与竞标，扩大我国海外高速铁路市场，打造“高铁外交”的新名片。

参考文献

[1] 卢春房. 中国高速铁路的技术特点[J]. 科技导报，2015(18)：15-21.

[2] 孙群. 铁路国际合作项目运营管理模式的探讨[J]. 铁道运输与经济，2015(8)：74-77.

[3] 欧家琴. 高速铁路与城市发展关系的可行性探讨——以京沪高铁客运专线为例[J]. 城市建设理论研究，2012(23).

[4] 朱军. 德、法、日三国发展高速铁路的启示[J]. 城市与区域规划研究，2011，03：60-69.

[5] CAMPOS J, RUS G D. Some stylized facts about high-speed rail: A review of HSR experiences around the world[J]. Transport Policy, 2009, 16(1): Pages 19-28.

[6] 聂永有,赵蕾. 中国对东南亚地区的地缘战略重构与区域政治、经济价值提升——基于构建泛亚铁路网的构想[J]. 学术研究,2012(3):46-51.

[7] 刘艳. 中国高铁输出战略研究[D]. 吉林:吉林大学,2016.

城市轨道交通进出站客流实时预测

Actual-time Passenger Flow Prediction for Urban Railway Transit

王雨杉[1]　郑　骞[2]　邹志云[1]

1. 华中科技大学 土木工程与力学学院,武汉 43007;

2. 武汉市轨道交通运营管理办公室,武汉 430030

摘　要　对城市轨道交通点进出站客流实时准确的预测,有利于城市轨道交通系统运行优化和安全防护。本文通过深入挖掘城轨 AFC 数据,刻画站点客流变化规律,确定预测模型的初始输入时间序列。然后选用长短时记忆(LSTM)神经网络对 HP 滤波分解后的序列成分进行预测,得到模型对实时进出站客流量预测结果。组合模型对网络中站点不同时段的预测结果显示:实时预测的客流平均绝对百分比误差约为 7.66%、均方根误差 31.489、平均绝对误差约为 22 人次。结合 HP 滤波的 LSTM 神经网络模型在样本数据量较小的情形下,相比单个 LSTM 神经网络大幅提高了预测精度,具有良好的适用性和较高的实用意义。

关键词　城市交通;轨道进出站客流;实时预测;组合模型;HP 滤波技术;长短时记忆神经网络

1　引言

城市土地扩张、人口急剧增多,城市交通带来的拥堵、污染问题愈发凸显。城市轨道交通以其安全、绿色、高效等优点受到了大量建设者和出行者的青睐。随着城市轨道交通网络格局逐渐形成,客流规模持续攀升,带来了极大的运营压力。由于城轨进出站客流变化具有复杂的随机性和非线性,如何利用历史客流数据,深入刻画客流变化规律,进而建立高效、高精度的客流预测方法,对合理配置系统资源,有序诱导乘客出行、防止安全事故发生等具有重要的理论价值和实际意义。

在实时客流预测方面,国内外常见的客流预测思路包括:线性模型、非线性模型和组合模型。线性模型中,Williams[1]、卢志义[2]等人将时间序列模型应用在短时轨道交通客流预测中,能够反映固定规律变化下的数据趋势,但难以表现短时客流的随机性;非线性模型能够较好地适应数据之间的复杂关系,Guo 等[3]利用卡尔曼滤波的状态方程和观测方程实现了轨道交通客流的短时预测,但是在对非线性、波动性较大的客流做预测时精度较差。针对客流复杂波动特点,神经网络利用大量的历史数据建模,通过深入学习数据特性达到良好的预测效果:董升伟[4]给出了详细的 BP 神经网络设计用于轨道交通短时客流预测;Zhang 等[5]利用小波神经网络收敛速度快的特点提高了短时轨道交通客流预测的精度并且减少了模型计算时间;Li 等[6]

运用 Elman 神经网络进一步提升了客流预测精度;张伟林[7]采用长短时记忆神经网络对时序数据进行建模学习。这些非线性模型大幅提升了客流预测的准确率,但是对于变化性较强的实时进出站客流预测准确性,尤其是高峰小时客流量的预测精度还有待进一步提升。针对单一模型的缺点,很多学者提出了运用组合算法进行客流预测,例如赵丽琴[8]将支持向量机结合微粒群算法参数寻优,对不同时段的地铁站客流量进行了有效预测;冯诚[9]在随时频变化的小波神经网络中引入灰狼优化算法,避免预测时陷入局部最小值;Jia[10]和武汉慧[11]分别将 GM 算法和小波去噪理论结合差分自回归移动平均法建立高泛化预测模型;虽然组合模型提升了单个模型的客流预测精度,但是结果预测精度受到单个预测算法精度和权值的限制。

本文在上述文献研究的基础上,提出一种基于 HP 滤波—LSTM 神经网络的客流预测模型。长短时记忆神经网络能够处理具有长期依赖的时间序列数据类型,挖掘非线性数据中隐藏的信息,其特定的网络结构特别适合客流这种时序数据。在充分分析轨道交通客流历史变化规律的基础上,针对神经网络对历史数据需求过大和难以预测极值的问题,引入 HP 滤波算法对客流时序数据进行分解。HP 滤波可以完整保留历史数据中的信息,减少样本数据输入量,同时保留数据的变动趋势,加强了模型预测高峰流量时的可靠性。通过 LSTM 神经网络对分解后的时序数列进行学习,实现城市轨道交通进出站客流高精度预测。

2 问题描述

城市轨道交通短时进站客流具有较强的非线性与随机性。要实现轨道交通客流实时、准确的预测,必须深入挖掘数据规律,选择适应数据规律的模型。

2.1 客流特性

本文中利用武汉城市轨道交通自动售检票系统(AFC)采集的历史数据,对站点的进出站客流进行清洗与统计。时间粒度影响客流预测的稳定性,研究[12]发现 15min 时长预测的客流精度更加稳定,因此本文选择 15min 为时间粒度对客流进行分析。

图 1 是城市轨道交通某具有代表性的站点全天(6:00—23:00)短时进站和出站客流变化图。正值表示进站量,负值表示出站量,序号 1 代表 6:00—6:15 时段,每个序号依次递增 15min,序号 67 代表 22:45—23:00 时段。

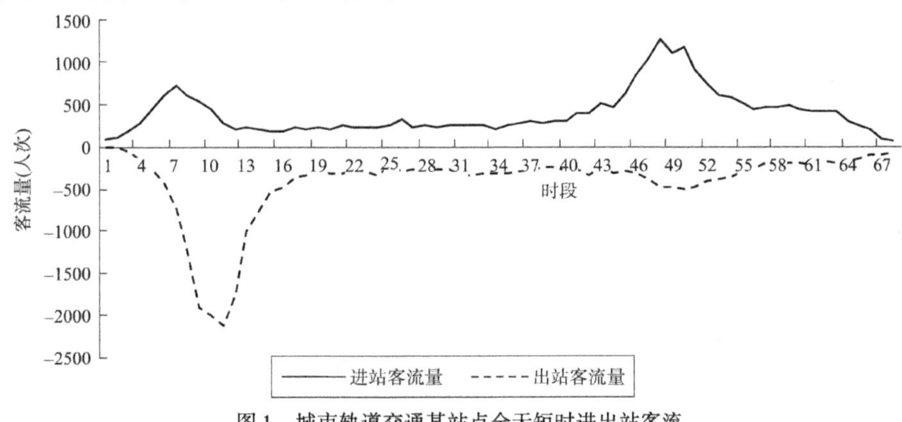

图 1 城市轨道交通某站点全天短时进出站客流

城市轨道交通短时客流进出站量,随着时间推移呈现有规律的变化。从图1中可以看出,全日按照时间顺序统计的每15min城市轨道交通进出站客流有明显的早、晚双峰,其余时段客流分布较为均衡。其中早、晚存在错峰现象,持续时长和流量峰值也有差异。

对一日进出站客流形成的时间序列进行自相关性检验。表1中结果显示站点进出站客流数据均在滞后3阶的情况下相关性比较强,因此在构造预测样本的时间序列时,至少要包含预测时段的前3个时段作为基础数据。

城轨站点一日时序客流自相关系数统计 表1

进站客流	滞后阶数	1	2	3	4
	自相关系数	0.917	0.791	0.627	0.466
出站客流	滞后阶数	1	2	3	4
	自相关系数	0.917	0.748	0.524	0.297

邻近三周同一周日的客流变化图如图2、图3所示。不同周对应日的分时客流变化规律相似性较高,早晚高峰发生时间段及客流量大小和平峰期客流波动情况基本一致,可以得到邻近周内次序相同日间相似性较高的结论。

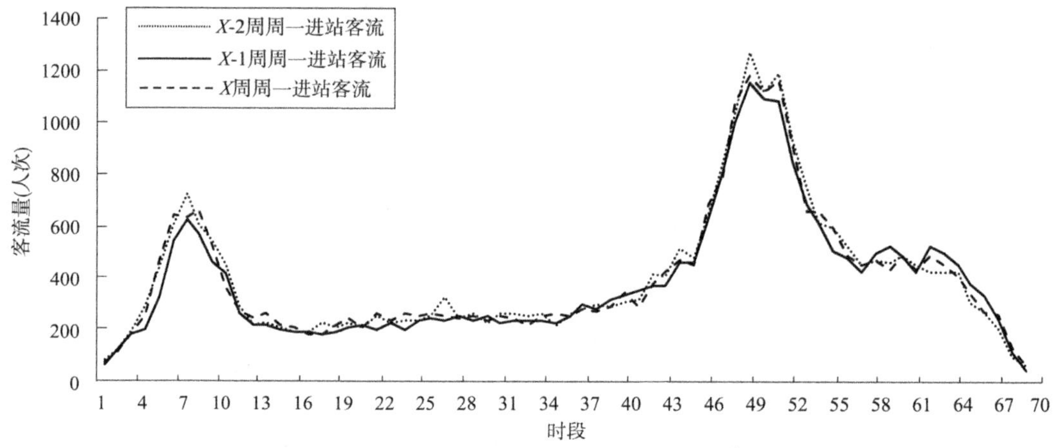

图2 城轨站点不同周周一短时进站客流变化

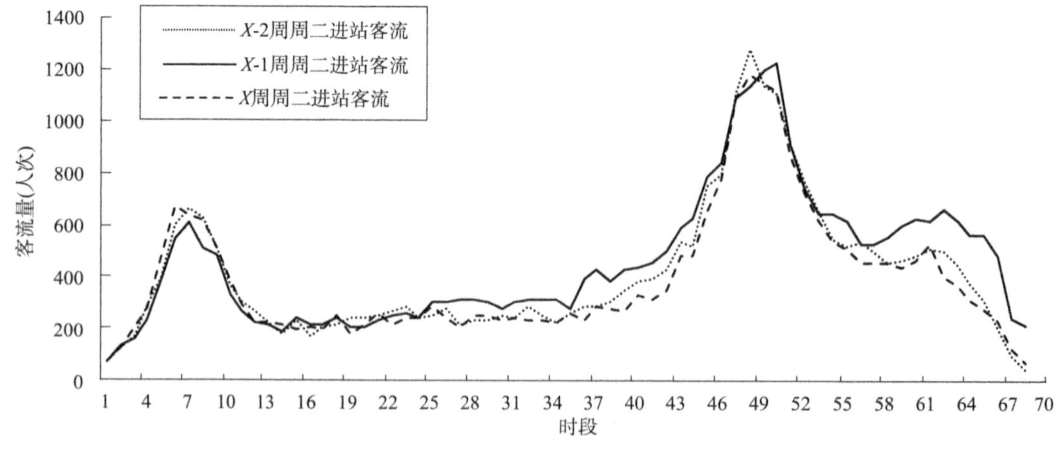

图3 城轨站点不同周周二短时进站客流变化

2.2 模型特性

城市轨道交通的进出站客流可以看作是一种随时间变化的信息,通常获得的信息会伴随着噪声的干扰。进出站客流时间序列变化较为复杂,需要建立对历史时序数据记忆性强的神经网络进行规律学习。长短时神经网络是一种模拟人脑的神经系统,包含对复杂信息的处理机制。相较于普通神经网络,LSTM 神经网络通过设置权重矩阵增加了各个隐藏层之间的联系,使得前一个时刻隐藏层的状态能够传递到当前时刻的隐藏层,增长了时序记忆长度。在处理基于时间序列的机器学习问题时,LSTM 神经网络有天然的优势。

如果直接根据原始数据进行建模,在噪声的干扰下难以保证预测结果的准确性。传统去噪方法容易造成数据中的重要信息丢失。而 HP 滤波技术就是将曲折的、非光滑的时间序列分解为平滑的趋势时间序列和波动时间序列,且趋势成分占绝大部分,波动成分所占比例较小。HP 滤波技术最大程度上保证了原始信息的完整性。利用 LSTM 神经网络的长时数据记忆性,分别对趋势和波动序列进行预测,由于 LSTM 神经网络对原序列中占大部分比例的单调平滑的趋势序列的预测精度极高;对非波动的、不光滑的时间序列的预测表现较好,两种预测结果叠加所得的预测值会比直接建模得到的预测值精度要高。

3 实时客流预测模型

3.1 模型原理

(1)HP 滤波

Hodrick 和 Prescott 认为时间序列的趋势项既不是永远不变也不是随机变动,其趋势是缓慢变动的。1981 年二人在分析美国二战后经济景气时,采用移动对称的数据移动平均的方法原理,设计了一个滤波器。目前 HP 滤波广泛应用于经济学时间序列分析与预测中。HP 滤波技术就是将初始时间序列数据分解为两个部分:平滑的趋势要素数据和周期性波动数据。

设有序列 $Y=\{y_1,y_2,\cdots,y_i\}$,其中趋势要素为 $T=\{y_{t1},y_{t2},\cdots,y_{ti}\}$,波动要素 $F=\{y_{f1},y_{f2},\cdots,y_{fi}\}$。即 $Y=T+F$,$y_i=y_{ti}+y_{fi}$,$i=1,2,\cdots,n$。

记损失函数为 M,

$$M=(y_1-y_{t1})^2+(y_2-y_{t2})^2+\cdots+(y_i-y_{ti})^2+[(y_{t3}-y_{t1})-(y_{t2}-y_{t1})]^2+ \\ [(y_{t4}-y_{t3})-(y_{t3}-y_{t2})]^2+\cdots+[(y_{tn}-y_{tn-1})-(y_{tn-1}-y_{tn-2})]^2 \tag{1}$$

求解目标是使损失函数 M 最小,Y 是下述问题的解,即:

$$\min(M)=\min\{\sum_{i=1}^{n}y_{fi}^2+\lambda\sum_{i=3}^{n}[(y_{yi}-y_{ti-1})-(y_{yi-1}-y_{yi-2})]^2\} \tag{2}$$

其中 λ 被称为平滑参数,λ 越大,则 T 越平滑,当 λ 趋向于∞的时候,估计的趋势将接近线性函数。最初提出 HP 滤波法时建议利用数据的周期性来确定滤波器的平滑参数,即对于年度、季度、月度数据应分别取 100、1600、14400,能更准确地刻画长期增长路径。Rvan 和 Uhlig 提出 λ 值应该取研究数据频率的 4 次方。本文中通过比选多组实验结果来确定平滑参数的取值。

(2)长短时记忆神经网络

长短时记忆网络(Long Short-Term Memory,LSTM)是循环神经网络中的一种,由Hochreater等人在1997年首次提出,主要是为了解决长序列训练过程中的梯度消失和梯度爆炸问题。图4是长短时记忆神经网络的结构示意图。

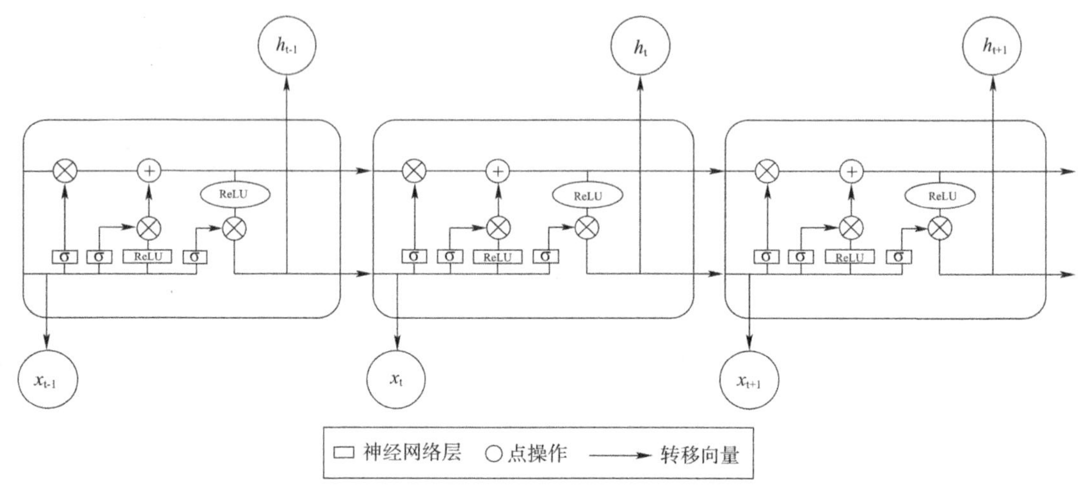

图4 长短时记忆神经网络的结构示意图

长短时记忆神经网络最重要的就是细胞状态,直接在整个水平链上从左到右贯穿运行。同时网络中引入遗忘门,输入门和输出门三种门控结构。通过这三个门结合训练的权重,选择性地保留历史重要的信息,遗忘不重要的信息。

遗忘门、输入门、输出门计算公式:

$$f_t = \delta(W_{\mathrm{f}} h_{t-1} + U_{\mathrm{f}} x_t + b_{\mathrm{f}}) \tag{3}$$

$$i_t = \delta(W_{\mathrm{in}} h_{t-1} + U_{\mathrm{in}} x_t + b_{\mathrm{in}}) \tag{4}$$

$$o_t = \delta(W_{\mathrm{o}} h_{t-1} + U_{\mathrm{o}} x_t + b_{\mathrm{o}}) \tag{5}$$

式中,f_t,i_t,o_t 分别表示当前 t 时刻的遗忘门,输入门,输出门;W、U、b 分别代表各个门内的历史信息权重、当前输入信息的权重和偏置。δ 表示sigmoid函数。

产生新信息:

$$c_t = \mathrm{ReLU}(Ux_t + Wh_{t-1} + b) \tag{6}$$

更新细胞状态:

$$s_t = f_t \otimes s_{t-1} + i_t \otimes c_t \tag{7}$$

f_t,i_t 分别表示遗忘门、输入门,s_t,s_{t-1} 分别表示当前 t 时刻隐藏层的状态和 $t-1$ 时刻隐藏层的状态,c_t 表示候选记忆。

细胞的输出:

$$h_t = o_t \otimes \mathrm{ReLU}(s_t) \tag{8}$$

网络的输出:

$$Z_t = softmax(Vh_t + c) \tag{9}$$

式中 V,c 分别表示网络输出的权重和偏置,Z_t 表示网络的输出。

3.2 HP-LSTM 组合预测模型框架

由于城市轨道交通进出站客流时序序列内含非线性与波动性特点，虽然 LSTM 神经网络对数据长时间的变化规律有较强的记忆性，对序列整体具有良好的学习效果，解决了客流预测中的滞后问题。但是 LSTM 神经网络难以准确地预测轨道交通客流峰值和谷值，在短时内的大幅度波动捕捉效果还有待提高。针对此缺点，引入 HP 滤波将时序数列进行分解，在保留了时序数据高低变动趋势的基础上对局部波动进行预测。

HP-LSTM 组合模型的轨道交通进出站客流预测步骤如下：

(1)读取城市轨道交通站点客流历史数据，进行短时尺度流量合并。

(2)检验时序数据相关性，包括一天内短时客流量的自相关性和不同日之间客流的相关性。

(3)根据相关性检验结果选取用来预测的样本时序数据。

(4)利用 HP 滤波算法将样本时序数据分解为趋势数据序列和波动数据序列两个部分，调节平滑参数使趋势序列在保证平滑的基础上尽可能拟合客流峰值。

(5)构建 LSTM 神经预测网络。针对不同的序列调节 LSTM 网络层、学习率、隐藏细胞个数、时间步、迭代次数等超参数进行神经网络预测。

(6)将客流趋势序列和客流波动序列的 LSTM 神经网络学习结果相叠加，得到 HP-LSTM 组合模型的客流序列预测值。

(7)采用单步在线滚动的方法获取未来时序的实时进出站客流量估计值。具体思想是基于选取的样本中前 T 个短时客流量值，利用神经网络的预测功能输出第 $T+1$ 个短时进出站客流量估计值。再用序列中第 $T+1$ 个短时客流量真实值代替估计值输入至估计区间，按照上述步骤(1) ~ (6)对第 $T+2$ 个短时交通流量预测。依次类推，最终实现 HP-LSTM 组合模型对进出站客流量的实时预测。

4 实证分析

4.1 时序数据

通过前文对客流数据的观察与测量，发现城市轨道交通站点客流在一系列时间内是对应的一系列离散数字，可以被作为时间序列。HP-LSTM 组合模型在预测时间序列过程中依赖于原始数据的隐含信息，因此深入挖掘客流时序特性，合理确定预测输入样本，对预测结果的准确程度至关重要。

进站统计时段为 6:00—23:00，单日共计 68 条数据。依据前文中对时序客流的特分析结论，为预测第 X 周周一的进站分时段实时进站客流量，将 $X-2$ 周与 $X-1$ 周的周一以及 X 周周一 6:00—6:45 的三个分时数据，共 139 条数据作为初始预测样本，单步滚动实现后续时序的进站客流量预测。

选取武汉市城市轨道交通 2 号线 A 站短时进站客流作为研究对象。本例中目标预测 A 站第 X 周周一 7:45—8:00、9:30—9:45、14:00—14:15、18:00—18:15、22:15—22:30 这五个短时时段的进站客流量。

4.2 性能指标

对预测结果进行性能评价需要通过一些计算指标结合真实值,本次试验中选用平均绝对误差(MAE)、均方根误差(RMSE)和平均绝对百分比误差(MAPE)对模型预测效果进行评价,具体定义如下:

$$\mathrm{MAE}=\frac{1}{n}\sum_{i=1}^{n}(\mathrm{observed}_i-\mathrm{predicted}_i) \tag{10}$$

$$\mathrm{RMSE}=\sqrt{\frac{1}{n}\sum_{i=1}^{n}(\mathrm{observed}_i-\mathrm{predicted}_i)^2} \tag{11}$$

$$\mathrm{MAPE}=\frac{1}{n}\sum_{i=1}^{n}(\mathrm{observed}_i-\mathrm{predicted}_i)\times 100\% \tag{12}$$

式中:$\mathrm{observed}_i$——i 时段站点进出站客流量真实值;

$\mathrm{predicted}_i$——i 时段站点进出站客流量模型预测值;

MAE——模型的预测值和真实值的平均误差,代表模型整体的拟合效果;

RMSE——反映模型对异常客流的预测能力;

MAPE——反映误差占真实值的百分比,可以衡量模型对不同时间尺度客流预测效果的准确性。

4.3 模型参数

HP 滤波算法中,需要调节平滑参数确定序列中分解的趋势成分的平滑程度。趋势成分对原时间序列峰值与谷值的拟合情况较大的影响了组合模型的预测效果。对于神经网络而言,除网络结构设计之外,超参数在学习过程中无法改变,参数初始值设定对网络预测效果影响较大。本实验中主要调节参数有学习率、优化器和损失函数、细胞个数、时间步、Dropout 值和迭代次数。

参数寻优过程中利用 LSTM 神经网络对未通过滤波的 139 条原始数列进行调试。通过实验发现,本模型中多层 LSTM 神经网络结构导致较严重的过拟合现象,所以实际模型中选用单层神经网络结构。学习率的作用是控制参数更新的速度。选择较大的学习率可能导致参数在最优值左右来回波动;选择较小的值会降低优化速度,本文中选定学习率为 0.001。模型中选择 Adam 作为优化器,均方误差作为损失函数。ReLU 收敛速度快,缓解了梯度爆炸问题,所以选择作为本实验中的激活函数。时间步指的是单个样本的序列长度,图 5 展示了不同时间步取值对 RMSE 和 MAE 的影响,当时间步的值等于 10 时误差指标值降至谷值,再随着时间步的值增大模型的预测能力开始下降。所以认为在该模型中其他参数固定的情况下,时间步取 10 是最佳值。隐藏层细胞个数对性能评价指标的影响如图 6 所示,虽然隐藏层细胞数量为 128 个和 32 个时误差指标相近,考虑到计算时间最优,选择隐藏层细胞数量为 32 个。分别设置迭代次数 50、100、200、300、500、1000,发现算法在 200 次时收敛,故选择迭代次数为 200 次。经过调试,当 HP 滤波平滑参数为 16 时,组合模型对原数列的拟合效果最优。

4.4 预测结果

应用所构建的 HP-LSTM 组合模型,对武汉城市轨道交通站点的分时进站客流量进行预测。首先利用组合模型对初始样本序列(139 条数据)进行拟合。经过 HP 滤波(平滑参数取 16)分解得到的趋势序列和波动序列如图 7 所示。

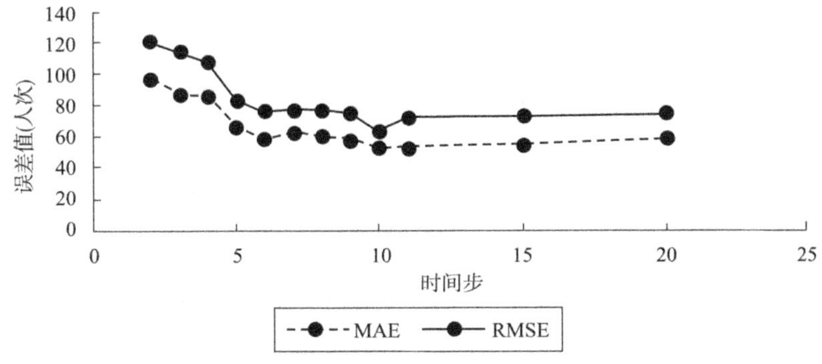

图 5　时间步对模型性能影响

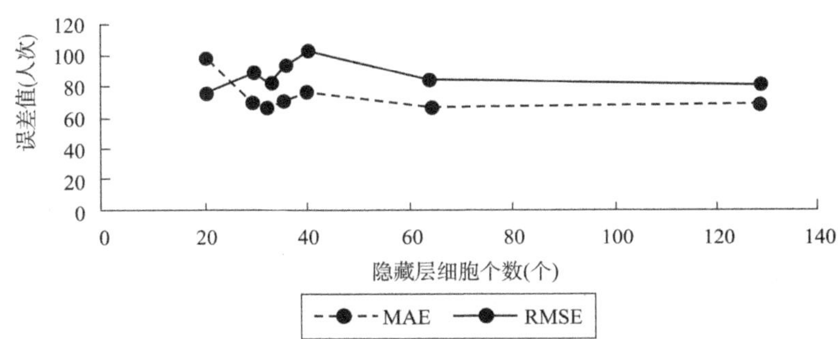

图 6　隐藏层细胞个数对模型性能影响

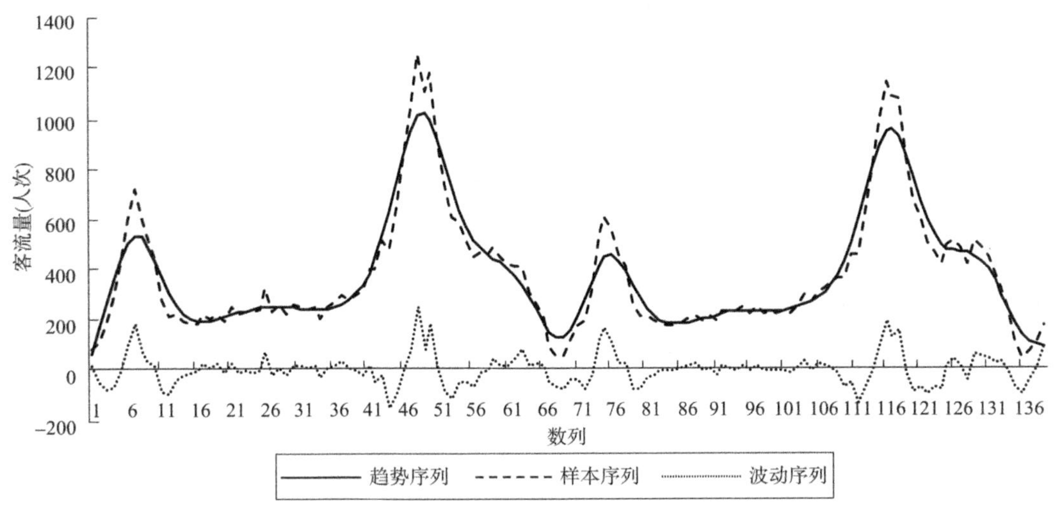

图 7　HP 滤波分解序列

图 8 展示了组合模型对初始样本序列的学习情况。预测模型能够学习到客流变化过程中的峰谷值变化。模型对于序列的高峰突变时段与平峰时段的流量都具有准确的预测效果,与原数列的客流变化趋势也基本一致。

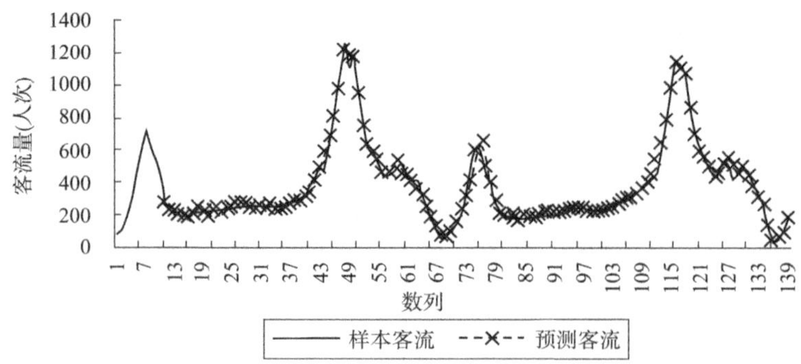

图8　HP-LSTM 组合模型进站客流预测结果

表2是HP-LSTM组合模型和单个LSTM神经网络模型预测结果的性能评价指标情况。可以看到组合模型的三项误差值均小于长短时神经网络。组合模型预测进站每15min平均误差22人次,绝对误差率处于较低水平。总体来看,组合模型对于站点进站客流的预测能力较好。

实时客流预测不同模型效果对比　　表2

模　　型	性能指标(人次)		
	MAE	RMSE	MAPE
HP-LSTM 组合模型	22.3722	31.4890	7.66%
LSTM 神经网络模型	42.2944	61.3163	14.05%

基于HP-LSTM组合模型通过单步滚动预测方法得到的不同时段A站进站客流估计值与真实值如表3所示。

A站实时进站客流预测结果　　表3

短时时段	HP-LSTM 预测客流(人次)	实际客流(人次)
7:45—8:00	658	650
9:30—9:45	191	205
14:00—14:15	243	242
18:00—18:15	1146	1110
22:15—22:30	240	255

5　结语

本文在充分挖掘城市轨道交通进出站客流时序特性的基础上,结合HP滤波算法与LSTM神经网络建立模型,实现了对单个站点进出站客流有效地预测。组合模型克服了神经网络预测时对样本量需求较大的问题,实现了小样本数据的准确预测;同时改善了单个长短时记忆神经网络对客流峰值和谷值预测偏差较大的问题。组合模型有效减小了预测误差,预测结果更加准确稳定。通过多方面误差指标的对比,认为组合模型的预测精度更高,能够取得比较理想的短时进出站客流预测效果,可以为轨道交通客流预测的理论研究和实际应用提供科学可靠的参考。如何充分挖掘历史数据中的隐藏信息,结合客流影响因素来提升模型适用性是下一步研究的重点。

参考文献

[1] WILLIAMS B M ,HOEL L A . Modeling and forecasting vehicular traffic flow as a seasonal ARIMA process:theoretical basis and empirical results[J]. Journal of Transportation Engineering,2003,129(6):664-672.

[2] 卢志义,聂惟聪,陈丽珍. 基于 ARMA 模型的城市轨道交通客流量预测[J]. 河南科学,2018,36(05):646-651.

[3] GUO J ,HUANG W ,WILLIAMS B M . Adaptive Kalman filter approach for stochastic short-term traffic flow rate prediction and uncertainty quantification[J]. Transportation Research Part C,2014,43:50-64.

[4] 董升伟. 基于改进 BP 神经网络的轨道交通短时客流预测方法研究[D]. 北京:北京交通大学,2013.

[5] ZHANG X ,MAO B ,WANG Y ,et al. Wavelet neural network-based short-Term passenger flow forecasting on urban rail transit[J]. Telkomnika Indonesian Journal of Electrical Engineering,2013,11(12).

[6] LI Q ,QIN Y ,WANG Z Y ,et al. Prediction of urban rail transit sectional passenger flow based on elman neural network[J]. Applied Mechanics and Materials,2014,505-506:1023-1027.

[7] 张伟林. 基于深度学习的地铁短时客流预测方法研究[D]. 深圳:中国科学院大学(中国科学院深圳先进技术研究院),2019.

[8] 赵丽琴. 混合核支持向量机在地铁客流预测中的应用研究[D]. 兰州:兰州交通大学,2015.

[9] 冯诚,杨静,周浪雅,等. 基于 GWO-WNN 模型的城市轨道交通短时进站客流预测[J]. 铁道运输与经济,2019,41(08):97-102.

[10] JIA Y,HE P,LIU S,et al. A combined forecasting model for passenger flow based on GM and ARIMA[J]. Journal of Hybird Information Technology. 2016,9(2):215-226.

[11] 武汉慧. 城市轨道交通短时客流预测与运营组织研究[D]. 西安:长安大学,2017.

[12] 王挺. 城市轨道交通短时客流预测时间粒度选择[D]. 北京:北京交通大学,2018.

作者简介

王雨杉,1994 年出生,女,湖北武汉人,华中科技大学硕士研究生。

邹志云,1968 年出生,华中科技大学教授。

基于可达性的城市轨道交通接驳公交线路优化

Optimization of urban rail transit feeder lines based on accessibility

唐　清　杜　鹏

北京交通大学 综合交通运输大数据应用技术交通运输行业重点实验室,北京 100044

摘　要　城市轨道交通系统能力的发挥很大程度上取决于其接驳公交系统的运行效率。在前人研究的基础上,本文基于重力模型定义了一种接驳公交网络的可达性指标,用接驳公交网络中各公交站点服务人数与乘客乘坐接驳公交到达地铁站出行时间阻抗之比的和来评价接驳公交网络的服务水平,并以单位运营成本的可达性为目标,类比无时限单向车辆调度优化问题建立了城市轨道交通接驳公交网络优化模型。本文设计了遗传算法求解模型,并通过算例分析验证了模型和算法的可行性。

关键词　城市交通;可达性;接驳公交;遗传算法

1　引言

城市轨道交通作为城市交通的骨干,承担着城市内部主要交通走廊上的长距离客流运输任务。然而,由于修建成本和城市空间的限制,城市轨道交通线网所能覆盖的服务范围有限,必须为其设计接驳公交线路以集散客流。城市轨道交通的“最后一公里”问题是限制其系统能力运用的重要原因之一。常见的轨道交通接驳方式有地面公交、自行车、私家车、出租车、步行。地面公交作为公共交通方式,仍然不能实现点到点的运输。因此,越来越多的研究探讨如何优化干线轨道交通车站的接驳线路,以提升接驳线路或网络的服务水平。

可达性的概念由来已久,关于交通可达性的定义最早由 Hansen (1959)提出[1]。现有关于可达性的定义和评价方法多种多样,但总体上从两个方面描述[2],一是人们对交通系统和交通资源的利用,二是人们接近和参与某种活动的机会。Chandra 等人根据 Quadrifoglio 和 Li 的研究推导的接驳线路乘客平均出行时间计算公式提出了用接驳线路的可达性的指标来衡量其接驳效果[3-4],从服务人数与乘客平均出行时间两个角度去评价接驳线路的优劣。这一指标相比传统接驳公交线路网络设计问题中企业运营成本和乘客出行总时间的指标更能反映接驳线路设计的本质[5],即如何将更多的人以更高的效率送往城市轨道交通车站。本文在 Chandra 等人的研究基础上,定义了公交接驳网络的可达性指标。与既有研究不同的是,本文将可达性与运营成本的比值——单位可达性指标作为目标函数建立城市轨道交通接驳公交网络的非线性模型,这样可以避免时间价值与金钱成本的换算。本文设计了遗传算法求解该模型,并设计算例验证了模型与算法的可行性。

2 接驳网络可达性的定义

Chandra 等人将接驳线路的可达性定义为接驳线路的总服务人数 P 与乘客平均出行时间 $E[T]$ 的比值,并给出了线形线路的可达性计算公式。

$$\text{Accessibility} = \frac{P}{E[T]^{\beta}} \tag{1}$$

$$E[T] = E[T_{rd}] + \gamma E[T_{wk}] \tag{2}$$

式中: β——阻抗衰减系数;

$E[T_{rd}]$和$E[T_{wk}]$——乘客的平均步行时间和平均在车时间;

γ——步行时间的权重系数。

该定义是从规划的角度去评价接驳线路的效果,因式(2)中关于出行时间的定义忽视了乘客的候车时间。实际上城市轨道交通接驳线路往往具有线路短的特征,乘客的在车时间不长,候车时间占总出行时间的比例较大。本文在接驳网络的可达性时,将乘客的候车时间加入到指标中来。接驳网络的可达性指标被定义为:

$$\text{Accessibility} = \sum_{i=1}^{n} \frac{Q_{ai} + Q_{bi}}{T_i^{\beta}} \tag{3}$$

$$T_i = T_{ird} + \gamma T_{iwt} \tag{4}$$

式中:Q_{ai}和Q_{bi}——高峰小时从第 i 个公交站点去往地铁站和从地铁站到达第 i 个公交站点的客流量;

T_i——第 i 个站点的乘客乘坐接驳公交到达地铁站的出行时间;

T_{ird}和T_{iwt}——乘客的在车时间和候车时间。

由于网络中公交站点的数量和位置确定,当乘客由确定的公交站点服务时,可认为所有乘客的平均步行时间恒定。因此在式(4)的定义中不考虑乘客的步行时间。γ 为候车时间的权重系数,根据 Wardman 的研究[6],可对其取值为 $\gamma = 1.77$。

3 优化模型

应用前文所给的接驳网络可达性的定义,可建立接驳网络优化模型。模型的物理意义是在由一个地铁站、多个公交站以及连接各站行车道路所构成的网络图中,确定多条公交线路的线路走向、停靠站点和发车频率,使得接驳网络的可达性与运行成本的比值最小。为简化模型并真实反映接驳公交系统的而运行状态,本文做出以下假设:

(1)模型研究的是“多对一”的公交网络设计,即只考虑公交站点与地铁站之间的客流需求,而忽略公交站点之间出行的客流需求。对于短途接驳公交线路而言,前者的客流占主要部分。

(2)每一个接驳公交站点的客流需求均已知。

(3)乘客只乘坐一条公交线路到达地铁站,途中不存在换乘。

(4)每个站点均仅被一条公交线路服务。

(5)公交网络的运行成本由固定成本和运营成本组成,前者与投入使用的车辆数成正比,后者与所有车辆的总运行时间呈正比。

(6)接驳公交车辆的运营速度确定,不考虑路段拥堵等其他情况;车辆在每一站点的停站时间均相等。

(7)所有线路采用同一车型的小型车辆,载客量相同。

(8)接驳公交线路的首站为地铁站,地铁站周边道路具有充足的能力供多辆公交车折返。

3.1 参数设置

(1)决策变量

x_{ij}^k——0-1 变量,公交线路 k 服务站点 i 后是否服务站点 j ,i 为公交站点或地铁站点,j 为公交站点;

A_i——车辆到达站点 i 的时刻;

W_i——站点 i 乘客的平均候车时间(s);

h_k——公交线路 k 的发车间隔(s);

n_k——预设公交线路的条数;

b_i^k——0-1 变量,公交站点 i 是否是线路 k 的终点车站。

(2)其他参数

N_k——第 k 条线路投入运营的车辆数(辆);

T_k——第 k 条线路的周转时间(s);

t_b——车辆一次折返的时间;

v——车辆的运营速度(km/h);

t——每次停站的停站时间;

T——接驳网络每天运营的总时间(s);

C_f——一辆车每天运行的固定成本(元/辆);

C_o——一辆车单位时间内的运营成本(元/s);

C——车辆额定载客量;

T_{max}——单条线路的周转时间上限(s);

l_{max}——最大允许的线路条数;

$I=\{1,2,\cdots,n\}$——接驳公交站点编号集合,n 为区域内的公交站点数量,定义地铁站的编号为 0;

d_{ij}——站点 i 与站点 j 之间的最短行车距离;

Q_{ai} 和 Q_{bi}——从公交站点 i 去往地铁站和从地铁站去往公交站点 i 的客流量。

模型中时间单位为秒(s),距离单位为千米(km)。

3.2 数学模型

(1)目标函数

模型的目标函数为单位可达性最大。单位可达性定义为接驳公交网络的可达性与运行

成本的比值,即:

$$\min Z = \frac{1}{(C_f + TC_0)\sum_{k=1}^{l} N_k} \cdot \sum_{i \in I} \frac{Q_{ai} + Q_{bi}}{(A_i + \gamma W_i)^{\beta}} \tag{5}$$

其中

$$N_k = \left(\frac{T_k}{h_k}\right)^{+} \tag{6}$$

$$T_k = 2\left(\sum_{i \in I} A_i b_i^k + t_b\right) \tag{7}$$

$[x]^{+}$表示大于或等于 x 的最小整数。

(2)约束条件

$$\sum_{k=1}^{n_k} \sum_{i \in I \cup \{0\}, i \neq j} x_{ij}^k = 1 \quad (\forall j \in I) \tag{8}$$

$$\sum_{j \in I} x_{0j}^k = 1 \quad (1 \leqslant k \leqslant n_k) \tag{9}$$

$$\sum_{i \in I} b_i^k = 1 \quad (1 \leqslant k \leqslant n_k) \tag{10}$$

$$\sum_{j \in I, j \neq i} x_{ji}^k - \sum_{j \in I, j \neq i} x_{ij}^k = b_i^k \quad (1 \leqslant k \leqslant n_k) \tag{11}$$

$$\sum_{i \in S} \sum_{j \in S} x_{ij}^k \leqslant |S| - 1 \quad (\forall S \subseteq I, |S| \geqslant 2, 1 \leqslant k \leqslant n_k) \tag{12}$$

$$A_0 = 0 \tag{13}$$

$$A_j = \left(A_i + t + \frac{3600 d_{ij}}{v}\right) \cdot \sum_{k=1}^{n_k} x_{ij}^k \quad (\forall i \in I \cup \{0\}, j \in I) \tag{14}$$

$$W_i = \sum_{k=1}^{n_k} \sum_{j \in I, j \neq i} \frac{h_k x_{ji}^k}{2} \tag{15}$$

$$\frac{0.8 \times 3600C}{h_k} \leqslant \max\left\{\sum_{i \in I \cup \{0\}} \sum_{j \in I, i \neq j} Q_{aj} \cdot x_{ij}^k, \sum_{i \in I \cup \{0\}} \sum_{j \in I, i \neq j} Q_{bj} \cdot x_{ij}^k\right\} \leqslant \frac{3600C}{h_k} \tag{16}$$

$$T_k \leqslant T_{\max} \tag{17}$$

$$n_k \leqslant l_{\max} \tag{18}$$

上述约束中,式(8)表示每个站点被一条公交线路服务;式(9)表示每条线路只有一个起点;式(10)表示每条线路只有一个终点;式(11)为网络流平衡约束;式(12)表示一条接驳线路必须是无环的简单链;式(13)~式(15)计算接驳公交从地铁站到达各站的时间以及各站的乘客平均候车时间;式(16)表示接驳线路最大载客断面的满载率介于80%~100%之间;式(17)为对线路周转时间的约束,用以保证乘客的出行时间不会过长;式(18)为对线路条数的约束,添加这一约束原因是方便后文中求解算法的设计。

4 算法设计

上述模型为非线性模型,难以将其线性化并利用精确算法求解得到最优值,因此本文设计遗传算法求解该模型。本文设计的遗传算法求解分为以下几个步骤:

步骤1:编码和解码

这一步是算法设计的关键。染色体上的基因被分为两部分,如图1所示。前半部分为站点序列基因,后半部分为发车间隔基因,每个基因由 7 个 0-1 编码组成。每条染色体有 $n+l_{max}$ 个基因,n 为区域内的公交站点总数,l_{max} 为最大允许的线路条数。

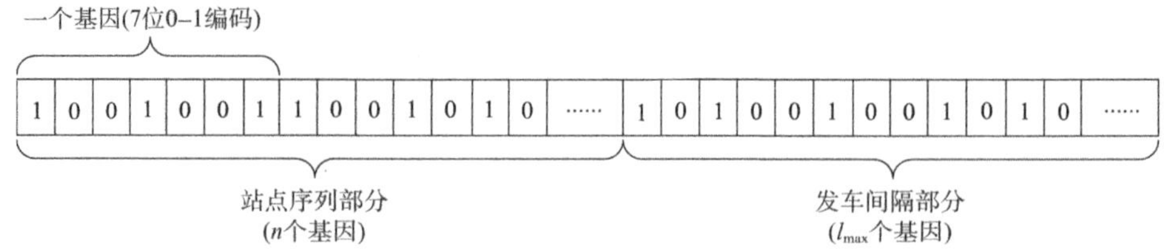

图 1　染色体编码示意图

染色体站点序列部分共 n 个基因,$7n$ 个编码。本文采取配送车辆调度问题中的客户直接排列法将基因翻译成多条公交线路[7]。首先需要对所有公交站点进行排列。每一个基因对应可转化为一个十进制数,染色体中不同基因所对应十进制数的相对大小决定了站点的排列顺序。例如,对于一个只有 5 个站点的区域(编号为 1 ~ 5),假设 5 个基因对应的十进制数分别为 42、70、36、8、12,从小到大找出各个数字在染色体中的位置,将位置序号作为站点序号。如 8 为最小的数,位于第 4 位,12 为第二小的数,位于第 5 位,这 5 个站点依据十进制数大小关系的排列顺序为[4,5,3,1,2]。

对染色体站点序列部分全部基因作上述排序后可得到全部公交站点的一个排列。接下来需要将这些站点划分成不同的集合,用以表示不同的公交线路。集合的划分以满足最大允许的周转时间为边界。例如,对于 10 个站点的一个排列[4,5,7,2,3,8,9,1,10,6],首先将{4}作为单独的集合,判断其与地铁站相连组成公交线路的周转时间是否小于最大允许的周转时间,若是,则将{4,5}作为一个集合,判断其与地铁站组成的公交线路是否满足周转时间约束,以此类推。本文采取最近邻法将地铁站与公交站组成的集合排列成公交线路,即首先寻找与地铁站最近的公交站点,将其与地铁站点连接组成线路,然后寻找与上一次加进线路中的站点距离最近的站点,将其作为下一个公交站点,直到所有公交站点均被加入线路。若{4,5,7,2}满足周转时间约束而{4,5,7,2,3}不满足,则{4,5,7,2}为第一条线路的站点集合,第二条线路则由站点 3 开始按照上述步骤往后选点。进行完所有上述步骤可由所有站点的排列得到多条公交线路的站点排列。

染色体的发车间隔部分共 l_{max} 个基因,$7l_{max}$ 个编码。若站点序列部分被表达为 l 条线路,则发车间隔部分的前 l 个基因表达性状,用来分别表示 l 条线路的发车间隔。

步骤 2:生成初始种群

步骤 3:计算适应值

对种群不同个体的染色体解码并计算每一个个体的目标函数值,将目标函数值作为该个体的适应值。各约束条件在解生成的时候已经满足,故不需要对目标函数进行惩罚。

步骤 4:选择

采用轮盘赌法从父代中选择适应值较大的个体,组成与父代种群数量相同的子代种群。

步骤 5:交叉

以一定概率 p_c 发生两两个体之间从某一编码位置(随机确定)开始相互交换。交叉是遗传算法与其他传统优化方法的主要区别之一。

步骤6:变异

每一个父代个体均以一定概率 p_m 发生某一编码位置(随机确定)的翻转。变异特性可以使求解过程中随机搜索到解存在的整个空间,一定程度上能寻得全局最优解。

步骤7:迭代

重复步骤3～步骤6,直至达到指定代数或满足终止条件时停止。

5 算例求解

假设某市郊区的一片居住区可划分为48个住宅小区,每个小区开设一个公交站点,如图2所示。图中左下角正方形代表地铁站所在的位置,圆点为公交站点(编号1～48),相邻公交站的距离为500m,线段表示连接公交站点的路段。圆点的大小表示公交站与地铁站之间出行需求的大小,即高峰小时内从该公交站去往地铁站和从地铁站到达该公交站的客流量之和。考虑到接驳距离较短时接驳公交与步行、自行车等方式具有较强的客流竞争关系[8][9],离地铁站较远的站点客流量被设计得较大。表1为部分公交站点的客流量大小,模型的其他参数取值为 $v=30\text{km/h}$,$t=20\text{s}$,$t_b=60\text{s}$,$T=3600\text{s}$,$C_f=200$ 元/辆,$C_o=0.03$ 元/s,$C=30$ 人,$h_{max}=1200\text{s}$,$T_{max}=3600\text{s}$,$l_{max}=15$ 条,$\beta=1.1$。

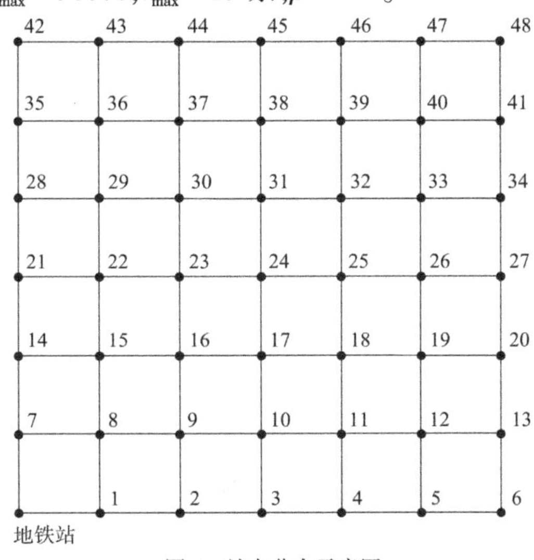

图2 站点分布示意图

部分公交站点的客流量 表1

公交站点编号 i	1	2	3	4	5	6	7	8
Q_{ai}(人/h)	6	11	17	19	40	42	6	10
Q_{bi}(人/h)	2	7	10	16	16	14	3	5
……								
公交站点编号 i	41	42	43	44	45	46	47	48
Q_{ai}(人/h)	32	45	49	30	45	49	46	47
Q_{bi}(人/h)	16	24	23	20	23	23	25	20

设定种群中个体数量为1000，交叉概率 $p_c = 0.7$，变异概率 $p_m = 0.1$，迭代次数为2000次，优化结果如表2所示。最优解的目标函数值为 1.21×10^{-5}。遗传算法的收敛图像如图3所示，迭代在1500次之后无法寻得更优解。

优化结果　　表2

线路编号	走向和站点	发车间隔(s)	上线车辆数(辆)	线路长度(km)
1	[0,7,14,23,25,10,2]	768	4	6.0
2	[0,28,29,45,48,18]	503	6	9.0
3	[0,15,9,37,40,41,47]	525	7	7.5
4	[0,8,11,31,46,43,42]	456	8	8.0
5	[0,35,24,32,33,27,20]	435	8	8.0
6	[0,16,19,13,6,34]	532	5	7.0
7	[0,1,21,30,38,39]	696	4	5.5
8	[0,3,4,5,12,26,17]	552	5	5.5
9	[0,22,36,44]	1046	1	4.0

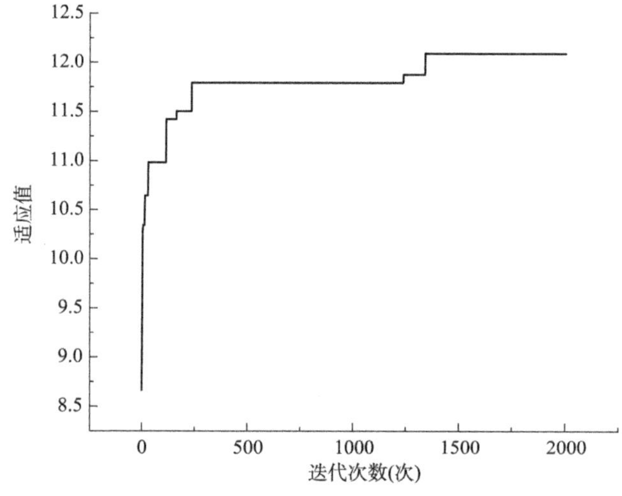

图3　遗传算法的收敛图像

6　结语

由于站间距较大、线网较稀疏，单凭城市轨道交通系统难以覆盖所有居民以满足他们的日常出行需求。因此，有必要建设高效率的接驳公交系统以提高城市轨道交通线网的覆盖范围，提升公共交通的分担率和居民的出行便捷度。本文首先参考前人的研究提出了一种可达性指标以评价接驳公交网络的运输效率，该指标被定义为各公交站点客流量与他们到达地铁站点出行时间阻抗的比值的和。可达性指标与公交系统运行成本的比值能够从公交乘客和企业两个角度反映接驳公交系统的优化目标，本文以这一比值为目标建立了城市轨道交通接驳公交网络优化模型,并根据 VRP 问题中的客户直接排列法设计了遗传算法求解。本文设计的算例验证了模型和算法的可行性。本文提出的对接驳公交网络的评价方法可以为城市轨道交通接驳系统的规划和设计提供一些参考。

参考文献

[1] HANSEN W G. How Accessibility shapes land use[J]. Journal of the American Planning Association,1959(25):73-76.

[2] PÁEZ A,SCOTT D M,MORENCY C. Measuring accessibility:positive and normative implementations of various accessibility indicators[J]. Journal of Transport Geography,2012,25(3):141-153.

[3] CHANDRA S,BARI M E,DEVARASETTY P C,et al. Accessibility evaluations of feeder transit services[J]. Transportation Research Part A:Policy and Practice,2013(52):47-63.

[4] QUADRIFOGLIO L,LI X G. A methodology to derive the critical demand density for designing and operating feeder transit services[J]. Transportation Research Part B:Methodological 2009,43 (10):922-935.

[5] KUAN S N,ONG H L,NG K M. Solving the feeder bus network design problem by genetic algorithms and ant colony optimization[J]. Advances in Engineering Software,2006,37(6):351-359.

[6] WARDMAN M. Public transport values of time[J]. Transport Policy,2004,11 (4):363-377.

[7] 郎茂祥. 配送车辆优化调度模型与算法[M]. 北京:电子工业出版社,2009.

[8] HOCHMAIR H H. Assessment of bicycle service areas around transit stations[J]. International Journal of Sustainable Transportation,2015,9 (1):15-29.

[9] 张思佳,贾顺平,王瑜琼,等. 考虑地铁站点多方式接驳范围的接运网络配流模型[J]. 交通运输系统工程与信息,2018,18(05):42-49.

作者简介

唐清,1996 年出生,男,湖南永州人,北京交通大学交通运输学院硕士研究生。

杜鹏,男,河南人,北京交通大学中国综合交通研究中心副教授。

市郊铁路客货混跑下的通过能力影响分析

Impact Analysis Passenger-Freight Mixed Operations on Capacity of Suburban Railways

陈丽文

摘　要　随着我国城市化进程的加快，市郊之间联系越来越紧密。本文以新型市郊铁路为对象，提出利用其富余能力开行货物列车的观点，通过扣除系数分析法对客货混跑下的通过能力影响进行分析、计算与讨论。通过算例分析，在其他条件一定的情况下，随着速度差的增大，单列货车的扣除系数增大，能力利用率减小，速度差每增加 10km/h，单列货车对通过能力的平均损耗为 0.34% ~0.35%；越行站位置的不同对单列货车的扣除影响不明显，随着越行站个数的增大，开行单列货车对通过能力的损耗越来越大；随着客货列车比例的增大，开行列车总数从 130 列增至 164 列，通过能力利用率从 77% 提升至 96%，开行货车数越多对通过能力损耗越大。

关键词　市郊铁路；客货混跑；扣除系数分析法；通过能力

1　引言

近年来，我国的城市化建设速度越来越快，为更好地解决市区与郊区间的交通问题，市郊铁路正在规划修建中。新建的市郊铁路，与城市轨道交通市域线更为相似，虽为国铁线路，但不一定有侧线，在正线上下车。而新型市郊铁路主要服务城郊之间的通勤通学客流，具有显著的早晚高峰客流特征，但总体上来说通过能力是富余的，因此，开行货物列车可以提高线路的利用率，提高线路的能力。事实上，市郊铁路不仅服务于日常通勤客流，更是连接城郊货运的通道，服务于郊外物流园区进入中心城的消费区的物流运输，这与当前“绿色货运”的概念相符合。例如上海金山区的市郊铁路[1]，其现开行的客车数仅约占线路通过能力的 30%，客运服务主要有沿线居民日常出行客流、市区与郊区通勤客流、海岸旅游客流；货运服务主要有城郊的物流运输、金山地区与区外的货运需求等。

因此，市郊铁路客货混跑的出现，肯定会对既有开行的客车造成一定的影响，速度差就成为影响线路运行效率的主要因素，也会带来一系列的研究问题，如客货混跑列车运行图编制、开行货车引起的能力扣除影响问题等。这些问题的理论研究对于市郊铁路客货混跑的列车开行方案及其行车组织有着实践应用的意义，同时也是对铁路行车组织理论的补充，具有重要的研究必要性和现实意义。

国内外学者对扣除系数的方法展开了一系列的研究，不同的停站模式、客货列车速度差等均是影响客货混行模式下的扣除系数和线路能力的重要因素。户佐安[2]、郑金子等[3]对客货混跑的各种组合模式进行对比分析,发现成组地铺画相同停站次数的列车可以提高线路通过能力;张红亮等[4]通过分析客专与既有线通过能力的不同来探究其客流区段长度与线路通过能力的关系,并计算高速不同停站比例时线路的通过能力;范橙[5]利用扣除系数的方法计算重载列车的开行数量及越行站间距;任冲[6]分析了客专的车站分布情况及其线路通过能力,采用扣除系数法计算混跑的最大能力,从而得到在客专上合理的车站分布;刘晓庆[7]建立越行组模型,分析客专上高中速列车共线下的扣除影响,并计算验证郑西客专的线路通过能力;李慧娟[8]从最有利情况和最不利情况两方面计算在区段停站不同的扣除系数,进而提出最大化运行图通过能力的铺画方法来提高京沪高速的运输组织水平;陈锦生等[9]对不同速度等级客货混跑列车进行分析,包括单线区段列车交会、待避以及双线区段列车越行等,表明速度差是影响线路能力的主要制约因素;张文曜[10]分别推导出城际铁路高中速列车的扣除系数计算表达式,对计算城际铁路扣除系数及其线路通过能力有一定的参考价值。

目前,我国对铁路运输组织问题的研究较广泛,但对市郊铁路的研究还没有形成系统的理论体系。而当前的新型市郊铁路,均是服务于客运系统,还没有进行货运服务的实例,对于新型市郊铁路的客货混跑问题可以借鉴国铁的研究方法。因此,本文在现有研究基础上对市郊铁路客货混跑下的扣除影响和能力计算问题进行分析研究,对进一步完善市郊铁路运输组织理论有一定的积极意义。

2 新型市郊铁路客货混跑通过能力的计算方法

新型市郊铁路客货混跑下的能力问题可借鉴国铁客货混行或者高速铁路不同速度等级列车下的能力计算方法进行分析。在通常情况下,国铁列车采用的是非平行运行图,铺画着有速度较高的客车、快运货车、一般货车以及摘挂列车等。因此,本文在分析计算市郊铁路客货混行的铁路通过能力时,选取扣除系数分析法进行扣除分析与能力计算。

采用扣除系数分析法计算新型市郊铁路的能力时,先计算全部铺画客车的平行运行图能力,再分析开行货车对客车的扣除影响,并推导出其扣除系数表达式,即可得到新型市郊铁路客货混跑下的通过能力。

借鉴高速铁路平行运行图能力的计算思想,扣掉天窗时间段和三角区时段,新型市郊铁路平行运行图能力计算见式(1)。

$$n = \frac{1440 - t_w}{I} - \frac{60S}{v_a I} \tag{1}$$

式中:n——平图中最大的通过能力(对或列);

t_w——天窗维修时间(min);

I——列车发车间隔时间(min);

S——区段长度(km);

v_a——客车运行的平均速度(km/h)。

新型市郊铁路客货混跑下,同时开行客车和货车,其中直达客车为标准列车,货车对标准列车产生扣除影响,用式(2)表示市郊铁路客货混跑下的通过能力。

$$N = n - n_b(\varepsilon_b - 1) \tag{2}$$

式中：N——通过的列车总数（对或列）；

n_b——货车数（对或列）；

ε_b——货车扣除系数。

由于新型市郊铁路的特殊性，用扣除系数分析法分析其客货混跑下的扣除影响与线路能力时也存在一定的特殊性。

与大铁路车站具有数量不等的到发线不同，新型市郊铁路更接近于城市轨道交通市域线，大多数情况下直接在正线上下旅客，不具备组织越行的条件；因此，新型市郊铁路要组织客货混跑的运输模式，必定有货车停站待避、客车越行的情况。

3　不同客货功能组合下的扣除影响模型

在新型市郊铁路中，不一定存在越行站，越行站的位置也不固定，因此，确定越行站的位置，并在越行站处让货车尽量避让客车，是合理计算市郊铁路不同客货功能组合条件下通过能力的关键。下面分别给出新型市郊铁路扣除系数表达式的推导过程，为便于表达式推导，首先将相关变量定义如表1所示。

扣除影响模型中的变量及其含义　　表1

变　量	含　义
ΔT	货车实际到达的时间与 $I_{到通}$ 的偏离值(min)
Δt_i	第 i 个区间客货列车的运行时分之差(min)
T_z	单列旅客列车越行一次的占用时间(min)，由 $I_{到通}$、$t_{停}$、$I_{通发}$、$t_{起}$ 组成
$I_{到通}$	前一列车到达、后一列车通过所需的列车间隔时间(min)
$I_{通发}$	前一列车通过、后一列车出发所需的列车间隔时间(min)
$t_{起}$、$t_{停}$	货车的起、停车的附加时分(min)
$I_{发}$、$I_{到}$	列车追踪隔间隔时间(min)
ε_{b1}	开行一列货车的基本扣除系数
ε_{b2}	开行一列货车的额外扣除系数
ε_b	开行一列货车的扣除系数，包括基本扣除系数和额外扣除系数
Q_i	第 i 个越行站，其中 $i = 1、2、3、\cdots、n$
ΔT_i	在越行站 Q_i 处，货车实际到达时间与越行站 Q_{i+1} 处的 $I_{到通}$ 的偏离值(min)
T_z^i	在越行站 Q_i 处，多列旅客列车越行的总占用时间(min)
k_i	在越行站 Q_i 处，旅客列车越行的列车数

市郊铁路的客货混跑模式下，由于客货列车的速度差，货车需要待避客车时，如果该站是越行站，货车就进行停站待避；如果该站不是越行站，货车则需要进行提前停站待避，让后续的客车可以安全越行通过。由于越行站位置的不同，货车停站待避的时间不同，这种由于越行站间客货列车运行时分差而产生的空费时间，就是额外扣除系数。

当只有一个越行站、货车在越行站停站待避、一列客车越行通过时，这种情况对直达客车的扣除如图1所示。

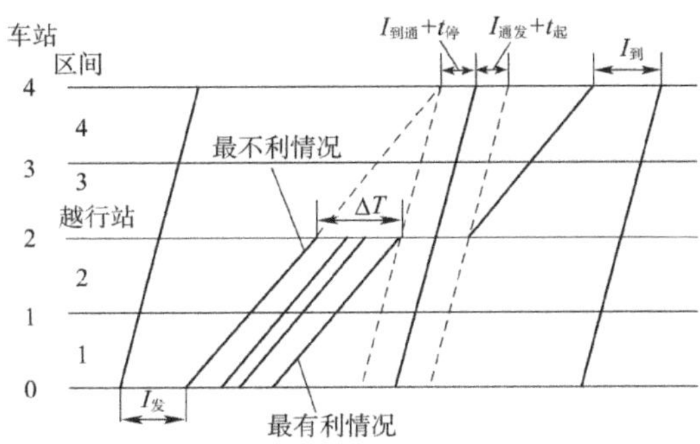

图1　货车停站待避一次、一列客车越行通过产生的扣除影响示意图

如图1所示，在越行站处，左边的运行线为最不利情况，即当货车到达第0个站的时刻恰好在 T_z 内，此时为了保证客车的正常运行，货车需要提前停站待避；右边的运行线为最有利情况，即货车到达越行站的时刻恰好为 T_z 时，此时没有由于越行而产生额外的空费时间；则货车的停站待避时间范围可用式(3)表示。货车停站待避一次、一列客车越行通过产生的基本扣除系数表示为式(4)，其中 T_z 用式(5)来表示；由于越行而产生的额外扣除系数用式(6)来表示；取$I_{发}=I_{到}=I$，则单列货车停站待避一次、一列客车越行通过的扣除系数表达式可表示为式(7)。

$$0\leqslant \Delta T<\sum_{1}^{i}\Delta t_j \tag{3}$$

$$\varepsilon_{b1}=\frac{I_{发}+I_{到}+T_z+\sum\Delta t}{I}-2 \tag{4}$$

$$T_z=I_{到通}+t_{停}+I_{通发}+t_{起} \tag{5}$$

$$\varepsilon_{b2}=\frac{\Delta T}{I} \tag{6}$$

$$\varepsilon_b=\varepsilon_{b1}+\varepsilon_{b2}=\frac{T_z+\sum\Delta t+\Delta T}{I} \tag{7}$$

每一次货车在越行站停站待避时，有多列旅客列车越行通过，讨论其一列货物列车的扣除影响。假设有 $P+1$ 个车站，其中越行站有 n 个，分别为Q_1、Q_2、…、Q_n，每次货车停站待避时，第Q_i个越行站有k_i列旅客列车越行通过，其扣除影响分析如图2所示。

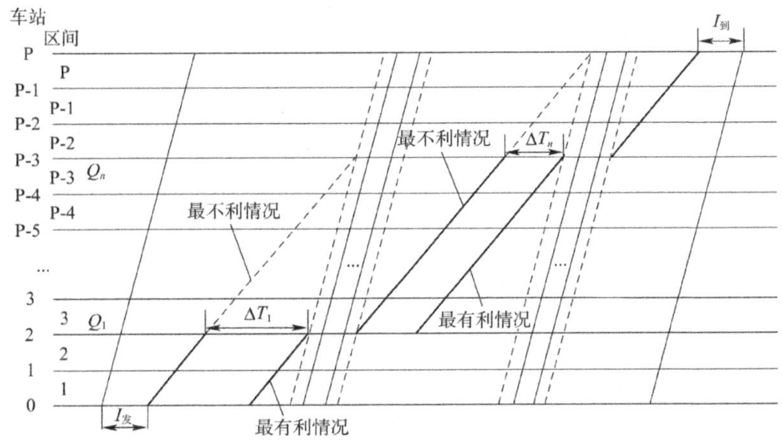

图2　多个越行站、多列客车越行通过时的扣除影响示意图

如图 2 所示，其基本扣除系数表示为式(8)，额外扣除系数表示为式(9)，取 $I_{发}=I_{到}=I$，在多个越行站、多列客车越行通过的情况下一列货车的扣除系数用式(10)来表示。

$$\varepsilon_{b1}=\frac{I_{发}+I_{到}+\sum_{i}^{n}T_{z}^{i}+\sum\Delta t}{I}-\left(\sum_{1}^{n}k_{i}+1\right) \tag{8}$$

$$\varepsilon_{b2}=\sum_{1}^{n}\frac{\Delta T_{i}}{I} \tag{9}$$

$$\varepsilon_{b}=\frac{\sum_{i}^{n}T_{z}^{i}+\sum\Delta t+\sum_{1}^{n}\Delta T_{i}}{I}-\left(\sum_{1}^{n}k_{i}-1\right) \tag{10}$$

客货混跑下由于开行货车，在越行站处对客车进行停站待避，会引起额外的扣除时间，从而影响通过能力。在客货混跑下，开行一列货车对通过能力的扣除影响与客货列车的速度差、越行站的个数与位置和发车时间间隔等有关。其中，客货列车的速度差会引起运行时分之差，越行站的个数会影响货车的基本扣除系数，越行站的位置即是在大区间还是小区间内会影响货车的额外扣除系数，发车时间间隔整体影响货车的总扣除系数。

4 算例分析

货车扣除系数的影响因素较多，主要有是否有越行站、货车是否停站待避、货车待避客车的数量等等。某市郊铁路有 11 个车站，10 个区间，总长为 47.3km，如表 2 所示。为便于讨论开行货车对通过能力的影响，开行的客车均为直达不停站客车，且有以下两个前提条件：①为了均衡旅客列车的发车频率，以免造成大间隔没有客车发出的现象，因此，只要在具备越行条件的越行站时，货物列车都停站待避，旅客列车越行通过；②货物列车不讨论技术作业停站，货车停站单纯是待避客车。

市郊铁路线路的站间距离(单位：km)　　表 2

车站	0	1	2	3	4	5	6	7	8	9	10
站间	1	2	3	4	5	6	7	8	9	10	
站间距(km)	3	3.5	3	4	4.2	3.8	5.3	7.5	8	5	

铺画的为周期运行图，时段为 5:30—23:00，当铺画的全是直达旅客列车时，全图为平行运行图，铺画的最小间隔时间为 $I=6\text{min}$，天窗影响时间为 6.5h，则由式(1)得单向能力为 $n=171$ 列。由公式(10)，混跑下货车停站待避客车的扣除系数的影响因素具体如下：①客货列车运行时间之差 Δt 与速度差、线路区段间距有关，在新型市郊铁路中，站间距较短，客车速度取 120km/h；②与越行站的个数和位置(在大区间或小区间)有关，在本文的算例中取 $n\leqslant5$；③停站待避的间隔时间一般取 $I_{到通}=4\text{min}$、$I_{通发}=2\text{min}$；④起停车附加时分与机车类型、列车牵引重量、线路的平纵断面等有关，为相对固定的技术条件时间，取 $t_{停}=1\text{min}$、$t_{起}=2\text{min}$；⑤货车到达越行站的时间与客车通过占用时间的偏差 $\Delta T\ t_{偏}$ 与越行站的个数和位置、站间距有关，在一定的取值范围之内。因此，根据以上相关影响因素进行如下讨论。

4.1 客货列车速度差

在其他条件一定的情况下，客货列车速度差主要影响列车在区间的运行时间差从而影响列车的扣除系数。在本文中,旅客列车速度为固定值,取 120km/h,货车速度分别取 30km/h、40km/h、50km/h、60km/h、70km/h、80km/h、90km/h、100km/h。由式(3)~式(7),$I_{发}=I_{到}=I=6\text{min}$,$T_z=9\text{min}$,区段长度为 47.3km,越行站位置为 5 号车站,货车在该站停站待避,则随着客货列车速度差的变化,单列货车的扣除系数以及能力利用情况如图 3 所示。

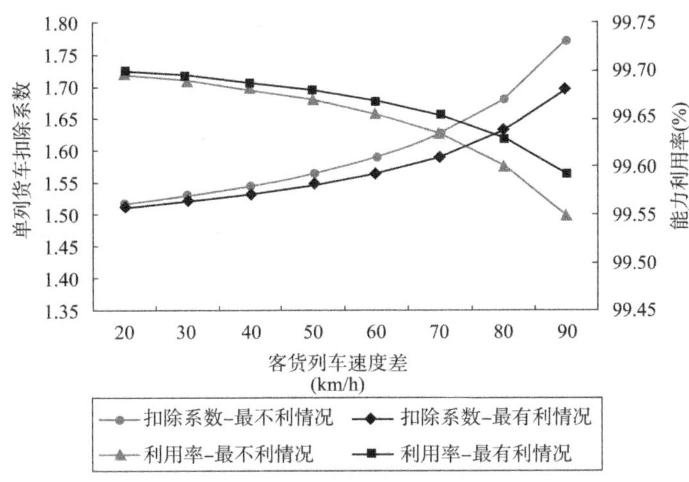

图 3　不同客货列车速度差下的单列货车基本扣除系数

由图 3 可以看出,单列货车的扣除系数随着客货列车速度差的增大而增大,且增速越来越快;能力利用率随着客货列车速度差的增大而减小,且下降的速度也越来越快。只有一个越行站的情况下,速度差每增加 10km/h,单列货车对通过能力的平均损耗为 0.34%~0.35%,随着客货列车速度差值越来越大,能力的损耗速率也越来越快。速度差为 20km/h 时,最有利、最不利两种情况的单列货车扣除系数和能力利用率几乎相等,随着速度差的增大,两种情况的差距越来越大,在速度差为 90km/h 时有明显的对比。因此,在市郊铁路客货混跑上需要通过减少客货列车速度差或者协调越行站的个数的手段来降低线路的能力损耗,从而提高能力利用。

4.2　越行站的个数与位置

当其他条件一定时,越行站的个数影响货车停站次数从而影响总T_z,越行站的位置影响货车到达越行站的时间与客车占用时间的偏移时间 ΔT。为便于讨论,货车速度取 60km/h,货车每次停站待避一列客车通过。

当有五个越行站时,即 Q_1、Q_2、Q_3、Q_4、Q_5,有 $0\leqslant\Delta T_i<\sum_{Q_i}^{Q_{i+1}}\Delta t_j$。

根据图 2 分为最有利和最不利两种情况进行分析。在最有利的情况下,即无偏离时间,额外扣除系数为 0,客货列车开行接续紧凑,扣除系数最小;在最不利情况下,偏移时间 ΔT 和越行站的位置有关,假设每个越行站处均为最不利情况,所有偏移时间总和的最大值只与第一个越行站位置有关,则可以得到最不利情况下的扣除系数和通过能力的损耗情况如图 4 所示。

由图 4 可知,在最不利的情况下,即在越行站有客车越行以保证发车频率和满足发车最大间隔的情况下,偏离时间达到最大,额外扣除系数为最大值,此时扣除系数最大。随着第一个越行站的位置越往后，扣除系数和通过能力损耗率均有所减小，但变化不大；随着越行站个数的增大，扣除系数和通过能力损耗率增大较为明显；由此可见，扣除系数和损耗率与越行站的个数影响较大，与越行站的位置几乎无影响。

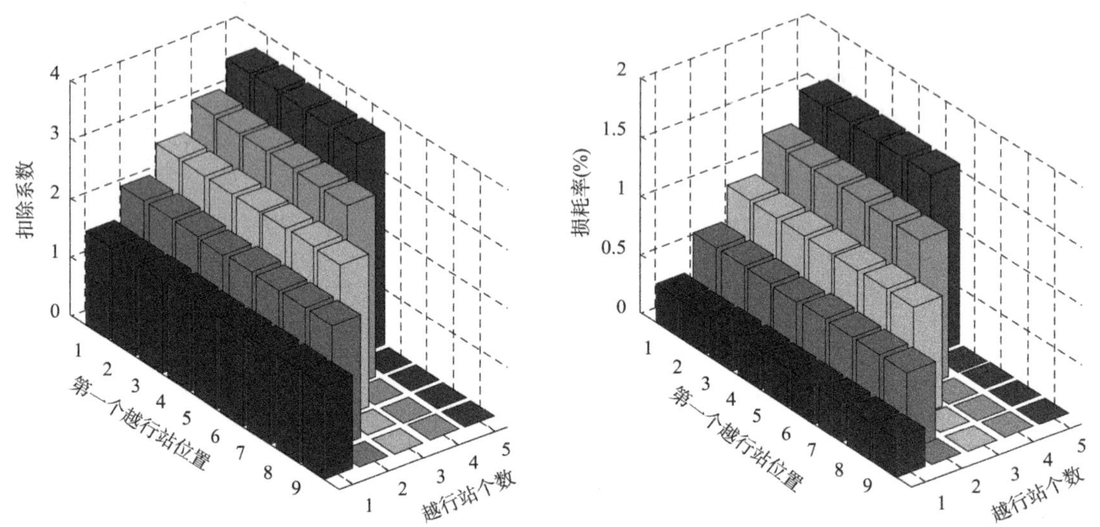

图4 不同越行站个数与位置下的单列货车扣除系数与通过能力损耗情况

因此，在编制市郊铁路客货混跑列车运行图时，要结合实际情况，考虑越行站的个数与位置的影响，计算对通过能力的损耗情况，选择合适的越行站数量及其位置所在的大小区间，在保证客货运服务的前提下，使线路能力最大化。

4.3 不同客货比例下的线路能力

用客货列车比例制约货车开行数量，确保新型市郊铁路最初以客为主的功能定位。取直达客车:货车比例为1:1、2:1、3:1、4:1、5:1、6:1、7:1、8:1、9:1、10:1、11:1、12:1、13:1、14:1、15:1，根据相关扣除系数公式，可计算出开行的货车数及通过能力，如图5所示。

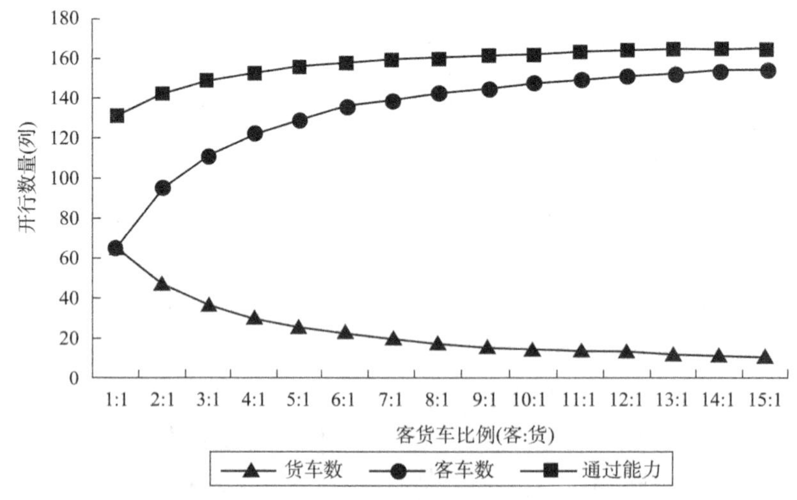

图5 不同客货列车比例下开行的货车数、客车数和通过能力

由图5可以得到,货车数随着客货列车比例的增大而减小,且其下降速率逐渐减缓,在14:1、15:1时趋于10列;客车数随着客货列车比例的增大而增大,且增速逐渐减缓,在14:1、15:1时趋于154列;通过能力随着客货列车比例的增大逐渐增大,增速减缓,逐渐趋于164列。

在不同客货列车比例下,货车数从65列降至10列,客车数从65列增加至154列,通过能力从130列增加至164列,从能力利用上看,随着客货列车比例的增大,通过能力的利用率逐渐提高,从77%提至96%,表明开行货车数越多对通过能力的扣除损耗越大,导致利用率较低。因此,在以通勤为主的市郊铁路上,需要合理编制货车开行数量,在提高线路能力的利用率同时要保证客运服务的质量。

5 结语

新型市郊铁路是缓解城市中心与郊区间交通出行压力的有效方式,是未来我国城市群铁路发展的趋势。市郊铁路新建初期,在客流量不大的非高峰期,开行货车能很好地利用线路的富余通过能力,且符合绿色物流的可持续发展理念。本文分析了混跑下通过能力的影响因素,推导出单列货车的扣除系数和通过能力的计算公式,最后通过算例分析混跑对新型市郊铁路的影响,可得出如下主要结论:

(1)在其他条件不变的情况下,单列货车的扣除系数随着客货列车速度差的增大而增大,且最不利情况和最有利情况相差越来越大;通过能力利用率随着客货列车速度差的增大而减小,为最不利情况和最有利情况相差也越来越大;说明开行货车的速度与客车速度相差越大,对通过能力的损耗越大。

(2)新型市郊铁路的越行站个数一定时,越行站位置对单列货车的扣除影响不大;随着越行站的个数增多,其扣除系数增大,对通过能力的损耗也越来越大,为此,在新建市郊铁路时,首先要研究越行站的个数与位置对混跑下通过能力的影响。

(3)通过能力随着客货列车比例的增大而增大,增速越来越平缓,逐渐趋于164列,对通过能力损耗约为4%,说明开行货车数越少,通过能力的利用率越大,为此,需针对不同的客流时段,调整客货列车的开行比例结构。在高峰时段,应增大客货列车的比例,既能满足高峰客流的出行需求,又能提高对线路能力的利用;在平峰时段,应降低客货列车的比例,避免客车的空座率上升造成运能的浪费,增开货车,以增大线路能力的利用。

参考文献

[1] 王利,罗春晓.上海金山铁路——中国快速市郊铁路的新尝试[J].铁道知识,2013(1):18-21.

[2] 户佐安.200km/h客货混跑铁路运输组织模式及相关问题研究[D].成都:西南交通大学,2005.

[3] 郑金子,刘军.不同运输组织模式下京沪高铁通过能力的研究[J].交通运输系统工程与信息,2012,12(4):22-28.

[4] 张红亮,杨浩.客运专线通过能力研究[J].铁道运输与经济,2006,28(5):74-76.

[5] 范橙. 既有线开行重载列车运输组织关键问题暨越行站布局研究[D]. 中国铁道科学研究院,2013.

[6] 任冲. 客运专线开行中速列车运输组织适应性研究[D]. 成都:西南交通大学,2013.

[7] 刘晓庆. 客运专线通过能力研究[D]. 成都:西南交通大学,2008.

[8] 李慧娟. 京沪高速铁路通过能力计算扣除系数法研究[J]. 铁道运输与经济,2018(2).

[9] 陈锦生,靳丽丽,徐友良. 不同速度等级列车混跑对通过能力的影响与对策[J]. 铁道运营技术,2017,23(1):7-10.

[10] 张文曜. 200~250km/h 混合线路通过能力的分析[D]. 兰州:兰州交通大学,2016.

通勤定制公交开行方案优化模型研究

Optimization Model of Commuting Customized Bus Operation Scheme

王睿捷　邹志云

华中科技大学 土木工程与力学学院,武汉 430074

摘　要　随着“互联网+”技术的发展,定制公交作为公共交通的一种服务创新模式,在通勤交通方面得到广泛应用,如何科学制订通勤定制公交开行方案至关重要。本文针对乘客通勤需求,以运营商的运营成本和乘客出行时间成本之和最小为目标,建立通勤定制公交开行方案优化模型,模型充分考虑乘客通勤对出行时间窗的特殊约束,同时结合定制公交上、下车两个阶段设计蚁群算法进行求解,从而得到系统优化设计的开行方案(车辆数、线路走向、站点服务乘客数及运营时刻表)。最后通过算例验证优化模型及算法的可行性,能够为运营商制定响应乘客需求的、多样化的开行方案提供解决方法。

关键词　综合交通运输;开行方案优化模型;蚁群算法;通勤定制公交

1　引言

通勤活动常导致城市的早晚高峰及通勤走廊上严重的交通拥堵,带来出行延误、额外燃料消耗和空气污染等不良影响。国家因此大力倡导公共交通出行,但传统公交较低的服务水平,在极大程度上限制了公交的吸引力。随着“互联网+”的快速发展,定制公交作为一种新型需求响应式公共交通模式应运而生,并在通勤出行方面大受欢迎。目前,国内外关于定制公交的运营优化问题的研究内容大致可分为两个方面:

一方面,主要从定制公交运营规划过程或实际案例中总结经验,提出宏观层面的政策指导。Kirby 等[1]通过详细分析预定公交服务的案例,总结出定制公交成功运用的七种特征。James 等[2]介绍对不同类型的订阅公交服务的成本和收入数据进行比较,提出改善服务的建议。Mcknight 等[3]研究如何通过图表分析和市场调研来满足乘客的通勤需求,提出拓宽定制公交市场的方法。Potts 等[4]提出了适用于不同地区的定制公交开行模式理论。Liu 等[5]系统分析中国定制公交运营规划过程,提出优缺点和建议。

另一方面,主要通过建立开行方案优化模型,考虑不同的优化目标和影响因素求得运营规划的最优解。Nair 等[6]构建了平衡网络模型来确定定制公交系统的最优配置以实现运营者利益最大化。李艳梅[7]以满足居民出行需求和提高企业总收益为核心建立了需求可拆分的定制公交线网规划模型。涂文苑[8]建立了以运营、环境、拥堵成本线性加权之和最小为目标的线路开行标准模型。吴镇宇[9]分别在上、下车客流集散区内建立行车路径优化模型,以满足大多数使用定制公交的乘客的出行需求。Tong[10]等从时空网络建模的角度出发，建立了一个基于多商品网络流的联合优化模型。Yan 等[11]采用基于网格密度的聚类算法部署公交站点，建立数学模型同时优化公交站点位置、公交线路、时刻表和乘客选择定制公交的概率。

综上所述，除理论研究外，已有学者建立数学模型进行定制公交开行方案的研究，但在通勤方面的研究中未考虑到通勤者真实的出行时间需求，且模型求解时上、下车区域的路径优化是独立的，或只考虑了单一的开行模式。本文是在已知乘客通勤需求的前提下，不考虑站点部署环节，重点对运营的线路设计和时刻表开发环节建立优化模型，考虑通勤对出行时间的要求，设计算法求解，可生成不同类型、不同响应需求的通勤定制公交开行方案。

2 问题描述

由于现今地块用地类型混合的现象愈发常见，因而本文不严格区分通勤交通的上车区域和下车区域，只划分服务区。假定每个服务区内部均存在一定数量的公交枢纽站，通勤定制公交只在公交枢纽站进行停靠。乘客只需在统一平台上提交自身通勤出行的需求信息，平台会对收集到的信息进行数据分析，提供推荐的定制化出行方案。

本文构建了这样的通勤出行过程：乘客从各自需求点出发，通过选择自身偏好的交通方式到达公交枢纽站后，换乘响应其通勤需求的定制公交。公交行驶途中可连接多个站点，乘客在对应站点下车后，再通过多种交通方式抵达下车需求点，完成一次完整的出行。如图 1 所示，虚拟仓库 S'对所有定制公交车辆进行派送和收集，在 A 区内部，乘客从上车需求点 1 出发，可选择步行、共享单车等方式到达公交枢纽站 a，换乘通勤定制公交后，按①—②—③的出行线路到达 B 区公交枢纽站 b，最终抵达下车需求点 2。

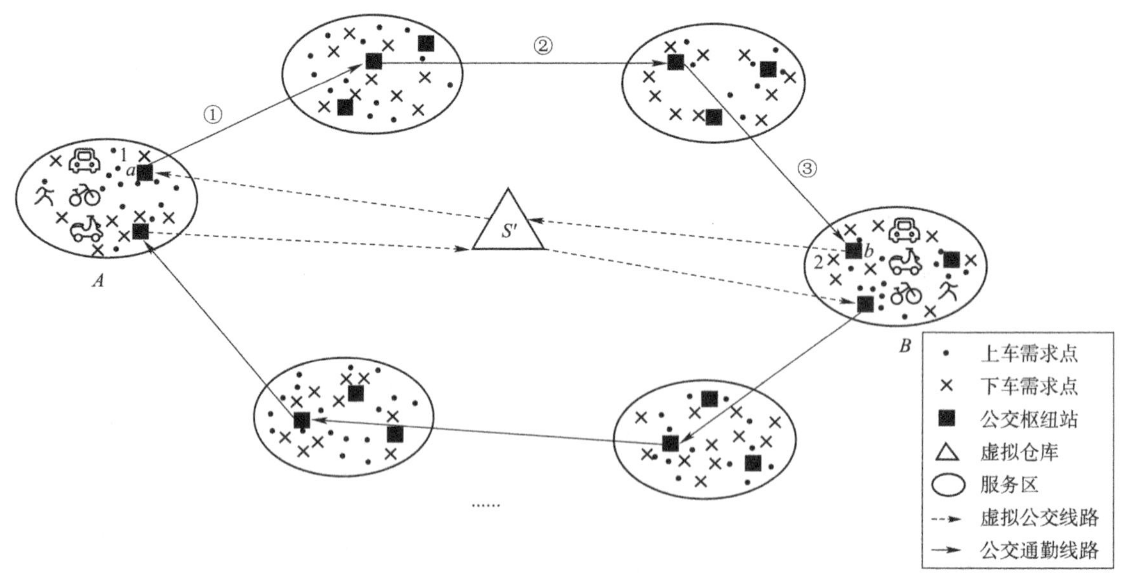

图 1　问题描述示意图

模型所解决的问题，即针对系统收集到的乘客通勤需求，制定通勤定制公交开行方案，如安排某公交车辆按①—②—③的出行线路行驶并确定站点服务人数及相应的时刻表。暂对乘客在公交枢纽站同其际上、下车需求点之间的交通过程不予详细考虑,假定乘客可自行在约定时间段内到达站点。

考虑一个由站点集合 S 和路段集合 M 共同构成的道路交通网络 $N=(S,M)$。研究的任务就是在已知乘客需求 I_w 的基础上,建立优化模型并求解,最终确定车辆行驶路径变量 y_{ijk},以及人—车分配变量 x_{wk}、z_{wk}。由此得到设计合理的通勤定制公交的开行方案,包括开行车辆数、开行线路走向、站点上下车人数和运营时刻表,尽可能地主动为乘客通勤提供与之相匹配的优质服务,使其享受到一人一座、经济高效的出行体验。

3 优化模型

3.1 参数及变量说明

模型涉及的参数和变量如表1所示。

参数及变量说明　表1

参数和变量	含　义
S	公交枢纽站站点集合
s'	虚拟仓库
O	上车站点集合,$O\subset S$
D	下车站点集合,$D\subset S$
M	路段集合 $M=\{(i,j)\mid i,j\in S\cup\{s'\},i$ 和 j 直接相连$\}$
l_{ij}	路段长度,$\forall i,j\in M$,且 $\forall j\in O,i\in D,l_{s'j}=l_{is'}=0$
$t_o^{(w)},t_e^{(w)},t_l^{(w)}$	第 w 组乘客的期望最早出发时间、期望最早到达时间、期望最晚到达时间
m_w	第 w 组需求的乘客数目
$I_w(o_w,d_w,m_w,t_o^{(w)},t_e^{(w)},t_l^{(w)})$	第 w 组乘客需求,其中 w 为索引,$o_w\in O,d_w\in D$
W	乘客需求分组数
K	车辆数
C	车容量
V	车辆平均行驶速度
P	车辆在站点停靠时间,与上下车人数无关
t_0	系统最早运营时刻,即最早一班发车时间
t_k	车辆 k 最初发车时间
$t_{wk}^{(o)},t_{wk}^{(d)}$	分别为车辆 k 到达需求 w 上车站点和下车站点的时间
F_0	车辆固定成本
F_1	车辆运行可变成本
R_k	车辆 k 运营线路
ΔT_{wk}	需求 w 对应的乘客在车辆 k 上的在车时间

续上表

参数和变量	含　义
∂	时间成本系数,其取值大小也代表了对服务水平赋予的权重
z_{wk}	车辆 k 服务需求 w 的人数,$z_{wk} \geqslant 0$
x_{wk}	二进制变量,车辆 k 服务需求 w 则 $x_{wk}=1$,否则 $x_{wk}=0$
y_{ijk}	二进制变量,车辆 k 经过路段(i,j)则 $y_{ijk}=1$,否则 $y_{ijk}=0$

需要说明的是,时间 $t_o^{(w)}$、$t_e^{(w)}$、$t_l^{(w)}$、t_k、$t_{wk}^{(o)}$ 和 $t_{wk}^{(d)}$ 的表达形式均表示为距系统最早运营时刻 t_0 的分钟数,如 t_0 的值为 7:00,乘客的期望最早到达时间为 8:10 时,则 $t_e^{(w)}=70$。车辆 k 到达需求 w 上车站点和下车站点的时间 $t_{wk}^{(o)}$、$t_{wk}^{(d)}$ 可由最初发车时间 t_k,运营线路 R_k,路段距离 l_{ij},车辆行驶速度 V 以及站点停靠时间 P 推出。

3.2 模型建立

考虑多主体的需求以及各方面的约束限制,以服务的运营成本和乘客出行时间成本之和最小为目标,为通勤定制公交开行方案的规划问题建立了以下数学模型。

$$\min Z = F_0 \cdot K + F_1 \sum_{k=1}^{K} \sum_{i \in S} \sum_{j \in S, j \neq i} l_{ij} y_{ijk} + \partial \sum_{k=1}^{K} \sum_{w=1}^{W} z_{wk} \cdot \Delta T_{wk} \tag{1}$$

$$\sum_{k=1}^{K} z_{wk} = m_w \quad (w=1,2,\cdots,W) \tag{2}$$

$$\sum_{w=1}^{W} z_{wk} \leqslant C \quad (k=1,2,\cdots,K) \tag{3}$$

$$t_{wk}^{(o)} \geqslant t_o^{(w)} \quad (w=1,2,\cdots,W;k=1,2,\cdots,K) \tag{4}$$

$$t_e^{(w)} \leqslant t_{wk}^{(d)} \leqslant t_l^{(w)} \quad (w=1,2,\cdots,W;k=1,2,\cdots,K) \tag{5}$$

$$x_{wk} \cdot \sum_{j \in S, j \neq o_w} y_{o_w jk} \cdot \sum_{i \in S, i \neq d_w} y_{i d_w k} = 1 \quad (w=1,2,\cdots,W;k=1,2,\cdots,K) \tag{6}$$

$$z_{wk} \leqslant x_{wk} m_w \quad (w=1,2,\cdots,W;k=1,2,\cdots,K) \tag{7}$$

$$\sum_{i \in S \cup \{s'\}, i \neq j} y_{ijk} - \sum_{i \in S \cup \{s'\}, i \neq j} y_{jik} = 0 \quad (\forall j \in S;k=1,2,\cdots,K) \tag{8}$$

$$\sum_{j \in O} y_{s'jk} = \sum_{i \in D} y_{is'k} = 1 \quad (k=1,2,\cdots,K) \tag{9}$$

$$x_{wk}, y_{ijk} \in \{0,1\} \quad (w=1,2,\cdots W;k=1,2,\cdots,K) \tag{10}$$

$$z_{wk} \in N \quad (N\text{ 为自然数集合}) \tag{11}$$

式(1)表示模型的优化目标兼顾运营商的利益和乘客通勤对时间上的要求,将公交车辆的固定成本、车辆运行可变成本以及乘客出行时间成本三项加权求和;式(2)为需求分配约束,当乘客的需求过于集中在某一站点,并超过车容量时,可将其进行拆分,灵活进行分配安排,并保证所有乘客均能得到服务;式(3)为车辆客量约束,即每位乘客在享受到一人一座优质服务的同时,需确保车辆的服务人数不超过容量;式(4)和式(5)为出行时间约束,考虑到乘客通勤对于能按时到达目的地的要求很高,而对于出发时间的敏感性相对较小,约束上车站点的到达时间只需在乘客期望最早出发时间之后,下车站点的到达时间则需严格处于乘客期望最早到达时间和最晚到达时间的时间窗内;式(6)为行驶路径约束,即当车辆服务了需求 w 时,就必须经过其对应的上车站点和下车站点;式(7)为需求服务约束,即当车辆 k 服务了需求 w 时 x_{wk} 被置为 1;式(8)为避免车辆停留约束,即若车辆 k 通过某一路段到达站点

j,则该车辆一定还会从站点 j 离开前往下一站点;式(9)为起终点约束,保证了车辆行驶路径的起终点为仓库;式(10)为决策变量的 0-1 约束,表示需求分配变量 x_{wk} 以及车辆行驶路径变量 y_{ijk} 为二进制变量;式(11)表示决策变量 z_{wk} 为自然数的约束。

4 模型算法

4.1 算法策略

模型采用蚁群算法进行求解,求解的基本目标是使每一乘客需求均能得到满足,在整个求解过程中已被完全服务的需求集 *DS* 和未被完全服务的需求集 *NS* 不断更新。在蚁群算法中给出固定的迭代次数和蚁群数量,在每个蚁群中,不固定蚂蚁数量,每次增加 1 只蚂蚁,直至该蚂蚁完成路径搜索,形成一辆车的开行方案,若未被完全服务的需求集 *NS* 不为空,则继续增加蚂蚁数量,最终一个蚁群可生成一种通勤定制公交系统开行方案。

4.2 关键环节

模型的求解思路中涉及以下关键环节:

(1)初始站点选择

考虑到通勤定制公交到达乘客需求上车站点的时间不能早于其期望的最早出发时间,且乘客在统一平台上选择的出行时间窗是受起讫点间必要通行时间约束的,因而在设计一条新的车辆行驶线路时,为更好地满足乘客需求,除虚拟站点外,将初始站点直接设置在剩余未服务需求中,期望最早出发时间最早的需求所对应的上车站点,即初始站点为 o_w,其中需求 w 对应的 $t_o^{(w)}$ 值最小,且 $w \in NS$(若有多个,则随机选择一个)。

(2)可行需求集的确定

设蚂蚁 k 当前的服务站点为 i 点,蚂蚁要从 i 点转移到下一站点,需确定可以服务的需求的集合,即可行需求集 well_k。首先,可行需求集合应属于剩余未被服务的需求集合 *NS*;其次,应满足车容量约束,即车辆在加入该点需求后,车辆服务总人数不超过车容量;此外,还应考虑乘客出行需求对应的时间约束,需保证加入该点需求后,至少可以形成一条开行线路,既连接了服务需求对应的上下车站点,又满足各个需求对应出行时间窗的要求。按以下步骤对出行时间是否匹配进行判断:

①确定剩余未被服务的需求集合 NS 中的需求总数 nsl,检验需求 $j=1$;

②得到需求 j 对应的所有出行信息;

③在已生成的上车线路后直接加入需求 j 对应的上车站点 o_j,更新上车线路;

④对所有拟服务的需求对应的下车站点进行排列组合,生成多种下车线路;

⑤将多种下车线路同上车线路进行组合,生成多条可能的运营线路;

⑥对每一条运营线路,计算到达各站点应需的车辆行驶时间,同时结合各站点的期望最早出发时间、期望最早到达时间以及期望最晚到达时间,推导该线路的最早发车时间点 *T*-early和最晚发车时间点 *T*-late;若 *T*-early > *T*-late 或 *T*-late < 0,则说明该运营线路不可行;

⑦若存在至少一条可行的运营线路,则将该需求加入到可行需求集合中;

⑧若 $j \leqslant \mathrm{nsl}, j = j + 1$，转步骤②；否则，输出最终的可行需求集 well_k。

(3)转移规则

转移规则是应用于蚂蚁 k 选择下一可加入需求 j 对应的上车站点的过程中，采用完全随机选择与轮盘赌相结合的选择方式。

$$j = \begin{cases} \text{随机选择某一需求 } w, \textit{if } \mathrm{temp} < P_0 \\ p_{ij}^{(k)}(w) \quad \mathrm{else} \end{cases} \quad (j = o_w \text{ 且 } w \in \mathrm{well}_k) \tag{12}$$

其中，

$$p_{ij}^{(k)}(w) = \frac{\tau_{ij}^{\alpha}(w) \cdot \eta_{ij}^{\beta}(w) \cdot \mu_{ij}^{\gamma}(w)}{\sum_{w \in \mathrm{well}_k} \tau_{ij}^{\alpha}(w) \cdot \eta_{ij}^{\beta}(w) \cdot \mu_{ij}^{\gamma}(w)} \quad (w \in \mathrm{well}_k) \tag{13}$$

式中：τ_{ij}——信息素浓度函数；

η_{ij}——期望启发函数，$\eta_{ij} = 1/l_{ij}$；

μ_{ij}——载客率函数，$\mu_{ij} = (\mathrm{load}_i + q_j)/C$，$\mathrm{load}_i$ 表示蚂蚁 k 在站点 i 时的载客量，q_j 表示在站点 j 将要上车的需求量，C 为车容量，显然 μ_{ij} 越大，车辆的载客率越高；

α、β、γ——相应的启发因子；

$P_0(0 \leqslant P_0 \leqslant 1)$——设定的用来引入随机性的参数，temp 为(0,1)上均匀分布的随机数；

well_k——蚂蚁 k 下一步允许选择的可行需求集合。

(4)开行方案生成

整个开行方案的确定，是将上车规划和下车规划两个过程进行综合考虑得到的，但总体分成两个阶段。

在第一阶段，蚂蚁根据可行需求集合和转移规则，生成上车站点线路，一只蚂蚁搜索完毕后，更新需求集 *DS* 和 *NS*，蚂蚁数增加，继续搜索，直至所有乘客需求均被完全考虑，得到 K 只蚂蚁的 K 条上车线路。

在第二阶段，根据第一阶段生成的 K 条上车线路及对应的乘客需求，按照上述“可行需求集的确定”的④、⑤、⑥步骤，筛选得到每一条上车线路中各自可行的运营线路，计算各可行线路的目标函数值，将成本之和最小的可行线路确定为该蚂蚁最终生成的开行线路。对线路上各站点的上下车人数进行统计合并，并以推导得到的最晚发车时间点 *T*-late 作为最终发车时间 t_k，最终汇总得到整个系统的 K 辆通勤定制公交开行方案。

(5)信息素更新

信息素更新环节是在一次迭代中 G 个蚁群生成了 G 种开行方案后进行的，采用精英蚂蚁策略，对当次迭代中产生的最优、次优和第三优的解，以及迄今为止最优解的边进行信息素更新。更新规则如下：

$$\tau_{ij}^{(\mathrm{new})} = (1-\rho)\tau_{ij}^{(\mathrm{old})} + \lambda_1 \sum_{t=1}^{3} \Delta\tau_{ij}^{(t)} + \lambda_2 \Delta\tau_{ij}^{(*)} \quad (\forall i, j, i \neq j) \tag{14}$$

$$\Delta\tau_{ij}^{(t)} = \sum_{k=1}^{K} \Delta\tau_{ijk}^{(t)}, \text{其中 } \Delta\tau_{ijk}^{(t)} = \begin{cases} \dfrac{Q}{Z(R_k^{(t)})} & [(i,j) \in R_k^{(t)}] \\ 0 & (\mathrm{else}) \end{cases} \tag{15}$$

$$\Delta\tau_{ij}^{(*)} = \sum_{k=1}^{K} \Delta\tau_{ijk}^{(*)}, \text{其中 } \Delta\tau_{ijk}^{(*)} = \begin{cases} \dfrac{Q}{Z(R_k^{(*)})} & [(i,j) \in R_k^{(*)}] \\ 0 & (\mathrm{else}) \end{cases} \tag{16}$$

式中：ρ——信息素挥发系数；

Q——信息素常数；

$\tau_{ij}^{(\mathrm{old})}$——更新前路径$(i,j)$上残留的信息素浓度；

$\Delta\tau_{ij}^{(t)}$——当次迭代中目标值从优至劣，排名第 t 的开行方案中 K 个蚂蚁生成的运营线路 $R_k^{(t)}$，留在路径(i,j)上的信息素浓度之和；

$\Delta\tau_{ij}^{(*)}$——迄今为止最优开行方案中 K 个蚂蚁生成的运营线路 $R_k^{(*)}$，留在路径(i,j)上的信息素浓度之和；

λ_1、λ_2——相应信息素更新的比例系数，满足 $\lambda_1+\lambda_2=1$。

4.3 算法步骤

步骤 1：对乘客需求进行分析，当存在集中的需求已大于一辆车的车容量时，进行拆分，直接先安排整辆通勤定制公交进行一对一的服务，记录车辆开行方案并更新乘客需求信息。

步骤 2：初始化蚁群参数和全局信息素。设置蚁群总数 G 和算法总迭代次数 N，当前迭代次数 iter =1。

步骤 3：当前蚁群序号 $g=1$。

步骤 4：蚁群 g 中蚂蚁 $k=1$。已被完全服务的需求集 DS = ∅，未被完全服务的需求集 NS = [1,2,…,W]。

步骤 5：对于蚂蚁 k，首先置于 NS 中期望最早出发时间值最小的乘客需求对应的上车站点。更新需求集合 DS、NS，在集合 NS 中搜索所有需求点，确定可行需求集。

步骤 6：对于蚂蚁 k，按照转移规则选择下一上车站点，更新需求集合 DS、NS 以及上车线路状态。

步骤 7：对于蚂蚁 k，按照新的上车线路状态继续以转移规则选择下一上车站点，更新需求集合 DS、NS 以及上车线路状态，直至蚂蚁 k 最新的上车线路状态对应的可行需求集 well_k 为空，此时蚂蚁 k 对应的一条上车线路已经生成。

步骤 8：若 NS 不为空，则将蚁群 g 中的蚂蚁数量 $k=k+1$，返回步骤 5。

步骤 9：若 NS 为空，则蚁群 g 对应的 K 条上车线路已经生成，记录下对应的车辆行驶路径，按照上述开行方案生成的方法，可得到对应完整的 K 条车辆运营线路，此时蚁群 g 的一次迭代结束，记录该蚁群的解，即为通勤定制公交的开行方案，计算目标函数值，$g=g+1$。

步骤 10：若 $g\leqslant G$，返回步骤 4；否则，更新算法最优解，并更新信息素，iter = iter +1。

步骤 11：若 iter≤N，返回步骤 3；否则输出算法最优解，得到最终通勤定制公交的开行方案。

5 算例分析

已知在一定出行区域范围内，共设置有 10 个公交枢纽站，各站点间的距离矩阵表如表 2 所示，站点分布如图 2 所示。乘客的早间通勤出行需求共分为 23 组，详细信息如表 3 所示。

在此情况下,确定整个系统的通勤定制公交开行方案,包括采用的定制公交车辆数、车辆的行驶路线、到站时间及相应站点的上、下车人数。

公交枢纽站点距离矩阵(单位:km) 表2

站点	1	2	3	4	5	6	7	8	9	10
1	—	3	4	5	6	28	32	29	32	33
2	3	—	5	4	3	25	29	26	29	30
3	4	5	—	3	6	26	30	27	30	31
4	5	4	3	—	5	23	27	24	27	28
5	6	3	6	5	—	22	26	23	26	27
6	28	25	26	23	22	—	4	3	4	5
7	32	29	30	27	26	4	—	3	2	3
8	29	26	27	24	23	3	3	—	3	4
9	32	29	30	27	26	4	2	3	—	1
10	33	30	31	28	27	5	3	4	1	—

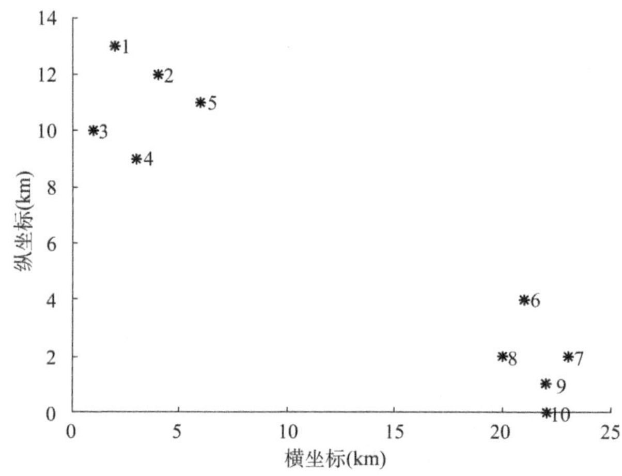

图2 公交枢纽站点分布示意图

乘客早间通勤出行需求 表3

序号	上车站点	下车站点	人数(人)	最早出发时间	最早到达时间	最晚到达时间
1	1	10	40	6:35	7:40	7:50
2	3	6	8	6:30	7:40	7:45
3	2	9	15	6:40	7:35	7:45
4	4	8	12	6:50	7:50	7:55
5	5	7	9	7:00	7:55	8:00
6	2	8	8	6:40	7:45	7:55
7	1	10	12	6:40	7:55	8:00
8	4	8	10	6:40	7:45	7:50

续上表

序号	上车站点	下车站点	人数(人)	最早出发时间	最早到达时间	最晚到达时间
9	5	9	8	6:50	7:50	7:55
10	8	3	9	6:35	7:50	7:55
11	4	7	14	6:50	7:50	8:00
12	9	4	7	6:40	7:40	7:45
13	6	4	11	6:35	7:45	7:55
14	7	2	18	6:45	7:45	7:50
15	7	4	5	6:45	7:50	7:55
16	8	3	10	6:40	7:55	8:00
17	6	5	6	6:30	7:40	7:45
18	10	1	13	6:45	7:50	8:00
19	7	1	6	6:45	7:55	8:00
20	9	3	12	6:45	7:50	8:00
21	7	5	6	6:45	7:35	7:40
22	10	4	13	6:40	7:40	7:45
23	10	3	15	6:40	7:45	7:50

算例中采用统一规格的大巴车辆,车容量 $C=30$ 人;车辆的行驶速度 $V=30\text{km/h}$;车辆站点停靠时间 $P=2\text{min}$,系统最早运营时刻定为 6:30。车辆固定成本 $F_0=600$ 元/辆,车辆运行可变成本 $F_1=3.154$ 元/km,时间成本系数 $\partial=0.78$ 元/(人·min)。

采用蚁群算法,利用 Matlab 进行编程求解,从算法的求解目标值、运行时间、收敛速度,以及算法的稳定性等方面进行考虑,对参数取值进行研究。蚁群总数 G 和总迭代次数 N 取值的增大对算法寻优和稳定性有一定帮助,但随着取值的增大,算法的运行时间也随之变长;信息素启发因子 α,启发函数启发因子 β,以及载客率函数启发因子 γ 取值的大小,分别表示了在算法转移规则中各影响因素的重要程度,相互间需匹配适当;信息素更新比例系数 λ_1、λ_2 对信息素更新环节产生影响,λ_2 取值过大,则容易很快陷入局部最优,而 λ_1 过大则无法体现精英蚂蚁的优势,算法收敛较慢;信息素挥发系数 ρ 决定了信息素挥发的速度,对残留的信息素和新产生信息素各自所发挥的作用进行调节;信息素常数 Q 对信息素积累产生影响,其取值越大,每次迭代后新增的信息素量越多;随机性参数 P_0 起到调节算法随机性的作用,若其取值适当,则利于扩大蚂蚁的搜索范围,避免陷入局部最优,但过大则会导致算法难以收敛,稳定性差。

通过反复多次尝试,最终确定的最佳参数组合如下:蚁群总数 $G=400$,算法总迭代次数 $N=100$,信息素启发因子 $\alpha=1$,启发函数启发因子 $\beta=6$,载客率函数启发因子 $\gamma=9$,信息素更新比例系数 $\lambda_1=0.2$、$\lambda_2=0.8$,信息素挥发系数 $\rho=0.3$,信息素常数 $Q=1500$,随机性参数 $P_0=0.1$。算法迭代结果如图 3 所示,可以看到,模型的最优解约在 40 代后趋于稳定,最终得到的最小总成本为 15163.07 元。

通勤定制公交的开行方案如表 4 所示,共开行 10 辆通勤定制公交,为 267 位乘客提供通勤出行服务,每辆车对应一条线路。例如,对于 2 号车辆而言,其应于 6:36 至站点 6 处为

6 位乘客提供上车服务，接着于 6:46 到达站点 7 处为 24 位乘客提供上车服务，然后继续行驶，于 7:40 到达站点 5 处为 12 位乘客提供下车服务，最后于 7:48 到达站点 2 处为 18 位乘客提供下车服务。

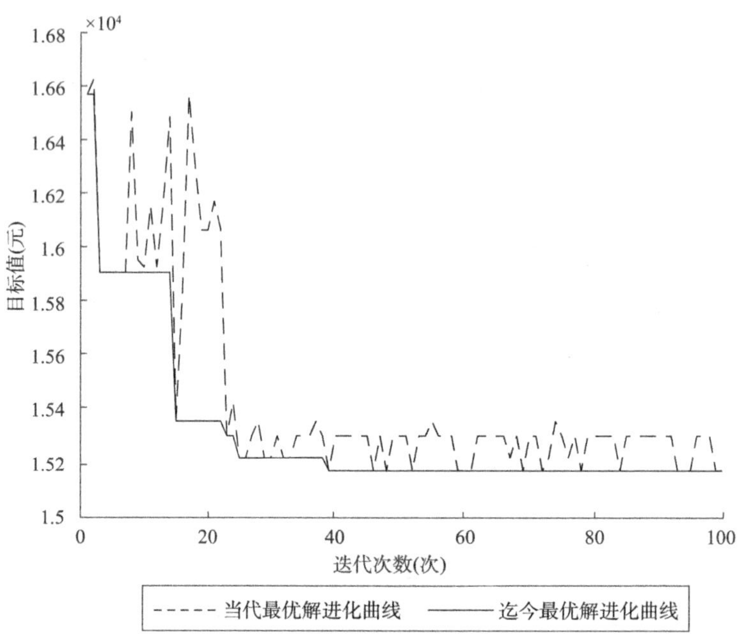

图 3 最佳参数组合时迭代收敛图

通勤定制公交开行方案 表 4

序号	途径上车站点(人数)	途径下车站点(人数)	各站点到达时刻
1	1(30)	10(30)	12—80
2	6(6)—7(24)	5(12)—2(18)	6—16—70—78
3	3(8)—4(22)	6(8)—8(22)	16—24—72—80
4	6(11)—8(10)—7(5)	4(16)—3(10)	10—18—26—82—90
5	8(9)—10(13)—9(7)	4(20)—3(9)	5—15—19—75—83
6	1(10)—2(15)	9(15)—10(10)	7—15—75—79
7	1(12)—2(8)—5(8)	8(8)—9(8)—10(12)	13—21—29—77—85—89
8	10(15)—9(12)	3(27)	14—18—80
9	10(13)—7(6)	1(19)	16—24—90
10	4(14)—5(9)	7(23)	24—36—90

注：表中括号内数字为站点上/下车人数(人)。

各车辆的在车人数变化大体呈现倒 U 形走势，在上车阶段人数由零增至最高点，在下车阶段又由最高点减至零，见图 4。从车辆的载客情况来看，在车容量为 30 人的前提下，有 3 辆车实现了满载，有 8 辆车的载客人数达到了 25 人及以上，上座率在保持在较高水平。

从车辆开行方案的类型来看，针对 23 组乘客通勤需求，共开行了“一对一”“多对一”和“多对多”三种类型的服务线路。其中，对第一组超过车容量的乘客需求进行拆分，安排 1 号车直接服务 30 位乘客，开行一个上车点对应一个下车点的“一对一”服务线路，剩下的 10 位乘客的通勤需求则同其余组的需求进行组合;8、9、10 号车辆属于多个上车点对应一个下车点的“多对一”服务线路,2 ~7 号车辆属于多个上车点对应多个下车点的“多对多”服务线路。

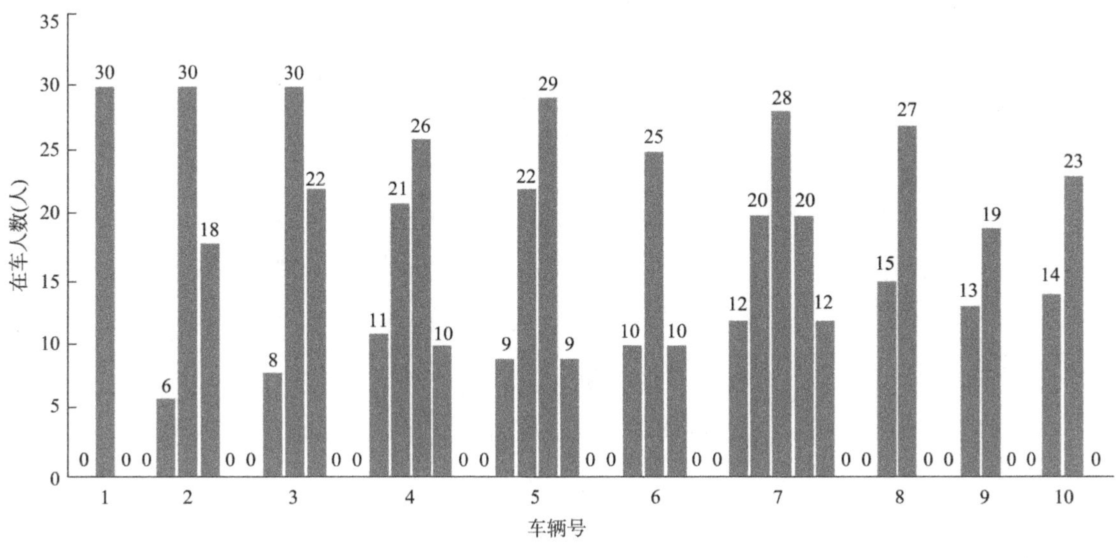

图 4　在车人数变化示意图

6　结语

本文在充分考虑乘客通勤出行需求特点的基础上,建立了通勤定制公交开行方案优化模型,并同时考虑定制公交上、下车两个阶段设计求解算法,针对不同的乘客需求,最终可生成一对一、一对多、多对一和多对多等不同类型的、响应需求的通勤定制公交开行方案,为通勤定制公交开行方案的制定提供了一种思路方法。采用此方法进行通勤交通组织,通过合理运营可为乘客通勤交通提供一个优质的出行选择,实现经济、安全、高效的出行。未来可进一步考虑根据具体客流情况对不同班次通行的车辆选择灵活的车型。

参 考 文 献

[1] KIRBY R F, BHATT K U. An analysis of subscription bus experience[J]. Traffic Quarterly, 1975, 29:403-425.

[2] BAUTZ J A. Subscription service in the United States[J]. Transportation, 1975, 4(4): 387-402.

[3] MCKNIGHT C E, Paaswell R E. The potential of private subscription bus to reduce public transit subsidies[J]. Cost Control, 1985.

[4] POTTS J F, MARSHALL M A, CROCKETT E C, et a1. A guide for planning and operating flexible public transportation services[J]. Tcrp Report, 2010.

[5] LIU T, CEDER A. Analysis of a new public- transport- service concept: Customized bus in China[J]. Transport Policy, 2015, 39:63-76.

[6] 李艳梅. 定制公交系统线网构建方法研究[D]. 成都:西南交通大学,2016.

[7] 涂文苑. 定制公交的线网规划研究[D]. 北京:北京交通大学,2016.
[8] 吴镇宇. 面向通勤需求的城市定制公交线网优化[D]. 合肥:合肥工业大学,2017.
[9] NAIR R,MILLER-HOOKs E. Equilibrium network design of shared-vehicle systems[J]. European Journal of Operational Research,2014,235(1):47-61.
[10] TONG L,ZHOU L,LIU J,et al. Customized bus service design for jointly optimizing passenger-to-vehicle assignment and vehicle routing[J]. Transportation Research Part C:Emerging Technologies,2017,85:451-475.
[11] YAN L,CHOW C Y,LEE V C S,et al. CB-Planner:A bus line planning framework for customized bus systems[J]. Transportation Research Part C:Emerging Technologies,2019,101:233-253.

作者简介

王睿捷,1995 年出生,女,湖北钟祥人,华中科技大学硕士研究生。
邹志云,1968 年出生,华中科技大学教授。

城际铁路列车开行方案对可达性的影响分析

Impact Analysis of Train Schedules on Accessibility of Intercity Railways

张伊然

北京交通大学 综合交通运输大数据应用技术交通运输行业重点实验室,北京 100044

摘　要　不同城际铁路列车开行方案造成线路站点间通达难易程度不同,研究开行方案对可达性的影响十分必要。本文定义了城际列车开行方案的可达性;从单一站点可达、可达的连接性、均衡性、损耗性考虑,选取站点平均最短可达时间、站点服务频率、站点 OD 服务频率、直达客流占比、各等级站点 OD 服务频率及乘客无用损耗时间作可达性评价指标;分析开行方案的运行时间、开行频率、停站方案、开行模式组合这四个要素对可达性的影响;结合长株潭城际铁路列车开行方案的实际案例,计算其可达性指标并分析其结果的形成原因。

关键词　可达性;开行方案;影响分析;城际铁路

1　引言

国内城际列车主要服务于城市群内部经济联系紧密、人口交往频繁的各中心城市间客流,其次也会承担一些铁路沿线次中心城镇区域间客流[1]。为适应旅客分散布局特征的同时提高运输效率,城际铁路列车通常采用高密度、小编组[2]的运输组织方式,也会开行部分速度高、停站少的城际列车,以满足客流量集中的点到点运输。能够提供快速便捷的运输服务是城际列车的特点,故研究城际列车站点间的可达性十分必要。城际列车是一种具有固定时间、固定站点的轨道交通方式,其开行方案与可达性密切相关。

本文提出了城际列车开行方案的可达性概念,构建了指标体系对城际列车开行方案的可达性进行描述。在研究城际列车开行方案可达性的过程中,考虑了列车开行方案中影响可达性的不同因素,又在满足旅客出行需求的条件下,分析了不同开行方案对可达性的影响。

2　城际列车开行方案可达性的定义

可达性是指在某一交通系统中,某一地点可达的难易程度[3]。当以城际铁路为研究对象时,可将城际铁路的可达性理解为线路各个站点及站点间的可达程度(通达的难易程度)。城际铁路列车开行方案是其运行组织的基础办法,列车开行方案中的列车运行时间、列车开行频率、停站方案等,都是影响城际铁路站点及站点间可达性的重要因素。所以本文需着重城际铁路列车开行方案连接客流起讫点的能力。

本文研究的城际铁路列车开行方案可达性,是指在不同城际铁路列车开行方案条件下,客流在城际铁路线路站点间实现空间位移的难易程度。

3 可达性评价指标的建立

本节先研究建立可达性评价指标体系,在评价指标体系的基础上选出相应的具体评价指标。

3.1 评价体系

多指标综合评价[4]一般适用于评价某个或者某些评价标准较为复杂抽象的特定事物,从多角度出发对这些特定事物进行的各种各样的评价。开行方案对可达性的影响方面较多,评价其可达性的指标也相对综合复杂,才能较全面地分析可达性。

本文所建开行方案可达性的评价体系分别从单一站点可达、可达的连接性、可达的均衡性和可达的损耗性对开行方案进行可达性评价,每个角度都有其相应的评价指标,如图1所示。

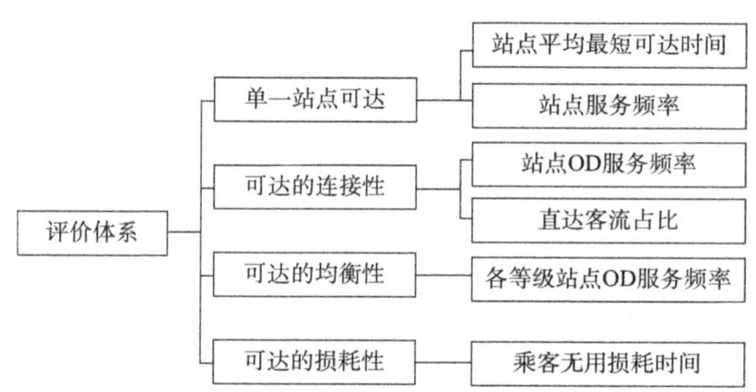

图1 开行方案可达性评价指标体系示意图

单一站点可达主要对某一站点的可达性进行评价;OD站点可达主要对路网中任意两站间可达性进行评价;可达的均衡性主要评价不同等级车站间的可达性;可达的损耗性则主要评价整个开行方案给乘客造成的无用时间损耗。

3.2 评价指标

根据城际列车开行特点,按照评价指标体系,建立如下反映城际列车开行方案可达性的多项评价指标。

(1)站点平均最短可达时间:指城际线路中站点 i 通过该线路到达该线路中其他各个可达站点的平均最短出行时间。计算方法见公式(1)。

$$\overline{T}_i = \frac{\sum_{j=1}^{d} T_{ij}}{d} \tag{1}$$

式中：T_{ij}——站点 i 通过该城际线路到达站点 j 的最短出行时间；

d——除 i 外的站点个数。

(2)站点服务频率：指在特定城际铁路站点始发、终到或经停的城际列车数。计算方法见公式(2)。

$$Z_j = \sum_p x_{pj} \tag{2}$$

式中：x_{pj}——列车 p 在站点 j 是否提供乘车服务，提供为1，否为0。

(3)站点 OD 服务频率：指城际列车于两个站点间提供客流运输的列车数。计算方法见公式(3)。

$$f_{ij} = \sum_p x_{pi} x_{pj} \tag{3}$$

式中：x_{pi}、x_{pj}——列车 p 在站点 i、站点 j 是否提供服务，提供为1，否为0。

(4)直达客流占比：指线路上无停站、直达目的地的客流量占总客流量的比例，计算方法见公式(4)。

$$\theta = 1 - \frac{\sum_i \sum_j M_{ij}}{M} \quad (f_{ij} = 0) \tag{4}$$

式中：M——该城际铁路总客流量；M_{ij}(包括 $i \to j$ 和 $j \to i$)为某一 OD 对间客流量。

(5)各等级站点 OD 服务频率：指在开行方案中，不同等级站点之间提供客流运输的平均 OD 服务频率。计算方法见公式(5)。

$$\bar{f}_{lm} = \frac{\sum_i \sum_j f_{ij}\theta_{ij}}{\sum_i \sum_j \theta_{ij}} \quad \theta_{ij} = \begin{cases} 1 & (L_i = l、L_j = m) \\ 0 & (\text{否则}) \end{cases} \tag{5}$$

式中：l、m——站点的等级；θ_{ij}在 i 站点属于 l 级站点且 j 站点属于 m 级站点时值为1，否则值为0；

f_{ij}——站点 i 和 j 间的服务频率。

(6)乘客无用损耗时间：指乘客因列车中途停站或换乘而产生的损耗时间总和，计算方法见公式(6)。

$$T = \sum_p \sum_i \sum_j \left[Q_{pij} \sum_{i<v<j} (x_{pv} t_{停} + t_{换}) \right] \tag{6}$$

式中：Q_{pij}——列车 p 上从车站 i 到车站 j 的客流量；

x_{pv}——列车 p 在站点 v 是否提供服务；

$t_{停}$——停站时间；

$t_{换}$——因无法直达所需的换乘时间。

4 影响因素分析

本节从开行方案的运行时间、开行频率、停站方案及开行模式组合四个方面研究其对可达性的影响。

4.1 运行时间

假设城际线路 X 共有 n 个站点，任意两个相邻站点间的运行时间均为定值 $t_{运}$，列车在任一站点的停站时间为定值 $t_{停}$，则站点 i 平均最短可达时间为：

$$\overline{T}_i = \frac{at_{运} + bt_{停}}{n-1} \tag{7}$$

式中：a——该站点到其他各站点的单位距离累计总数；

b——该站点到其他各站点的最少停站累计总数。

a、b 均为常数值，取决于站点 i 在线路中位置。当只改变运行时间时，站点平均最短可达时间与其成正比关系。故提高列车运行速度、缩短运行时间可减小各个站点与其他站点之间的平均最短可达时间。

4.2 开行频率

在开行方案其他影响条件不变的前提下，开行频率改变会影响站点服务频率、OD 站点服务频率、各等级站点平均 OD 服务频率，并与三者成正比。

列车开行频率越高，可实现各 OD 对间联通的选择越多，也可为实现多种模式组合开行提供条件；若开行频率低，对每列车的停站数量要求就多，从而降低运行速度，增大运行时间，间接影响可达性。

4.3 停站方案

根据城际线路上站点划分的等级[5]以及城际列车的停站数量，一般可将城际列车分为直达城际列车、大站停城际列车、择站停城际列车、站站停城际列车[6]，这四种停站方式会逐渐增加列车在城际线路上的停站数量，如图 2 所示。

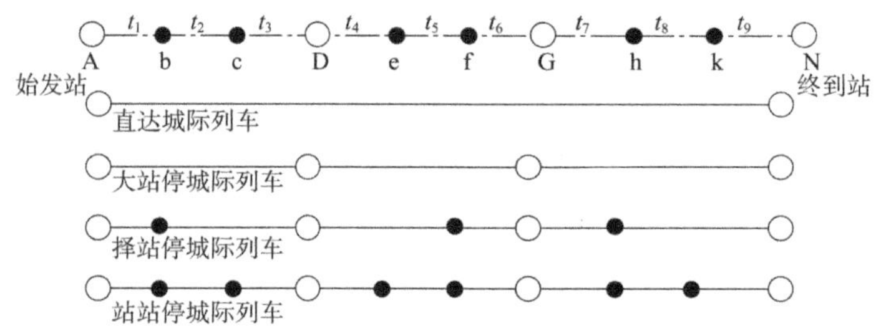

图 2 城际列车开行方案示意图

如图 2 中，假设 A 到 N 站间的一条城际线路 X，线路相邻站点间运行时间 5min，列车在各站停车时间（含起停附加时分）1min。并假设该城际铁路有一定的客流需求（下行）。根据城际铁路 X 的客流需求，设线路 X 中 A、N 站为一级站点，D、G 站为二级站点，b、c、e、f、h、k 站为三级站点。

这四种列车停站方案的停站数量依次增多，可达 OD 站点数量不断增多，根据本文建立的可达性指标，对其具体影响分析如下：

在站点平均最短可达时间的平均值上，大站停比直达缩短了 42.96%，择站停站点比大站停缩短了 15.58%，站站停比择站停缩短了 3.09%；不同停站方案下的站点服务频率与不同种类列车开行的列数相关，与站点的停站数量成正比；各种停站方案的平均 OD 站点服务频率随列车停站数量增多而逐渐增多，四种停站方案的平均 OD 站点服务频率比例为 1:6:21:45；一般大站间平均 OD 服务频率随停站数量增多保持稳定，小站间平均 OD 服务频率随停站数量增多而增大；在不考虑客流量的情况下，四种停站方案乘客无用损耗时间的比例为 0:2:5:8，四者列车平均无用损耗时间的差值之比为四种列车停站数量间的差值之比。

4.4 开行模式组合

除运行时间、开行频率及停站方案等因素外，城际铁路往往会根据需求开行不同模式的组合列车。

4.4.1 四种开行模式组合

设定城际线路 X 的四种开行模式组合，并根据线路 *X* 的客流需求（下行）确定其开行列数。

图 3、图 4、图 5、图 6 分别为线路 X 上交错停、分区停、快慢车、组合停四种开行模式组合，根据客流确定每种开行组合中开行列车种类的列数，每种开行组合均总共开行 7 列车。

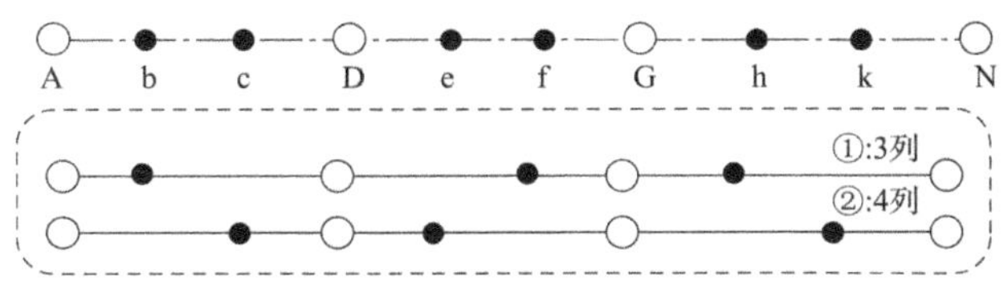

图 3 交错停开行模式组合的开行方案

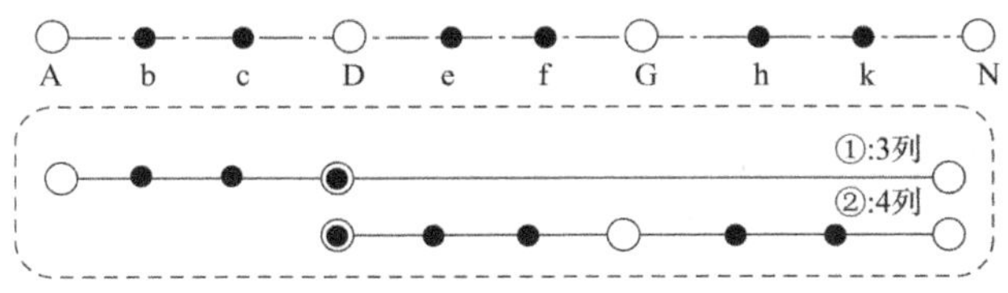

图 4 分区停开行模式组合的开行方案

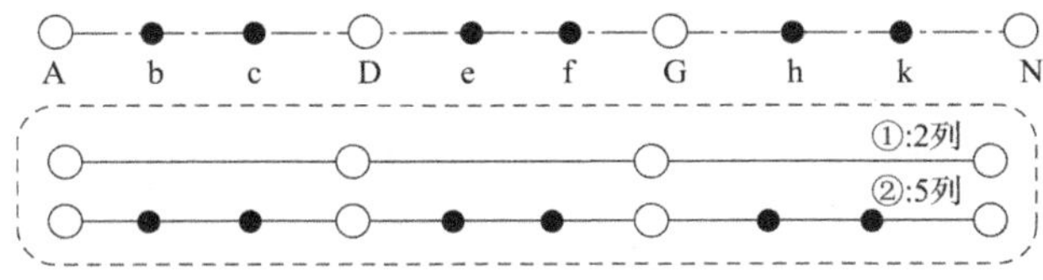

图 5 快慢车开行模式组合的开行方案

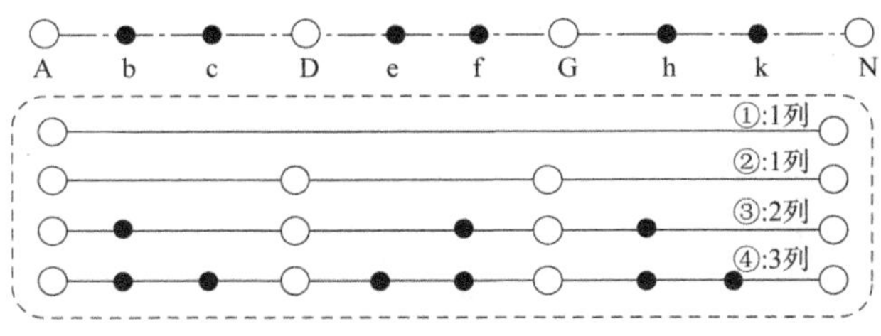

图 6 组合停开行模式组合的开行方案

4.4.2 不同模式组合对比分析

(1)站点平均最短可达时间

由图7可知,分区停模式组合中各站点平均最短可达时间的平均值最大,为31.556min;组合停模式组合中各站点平均最短可达时间的平均值最小,为20.113min。快慢车模式组合与组合停模式组合在各站的站点平均最短可达时间大致相近,均较少;分区停模式组合中,除换乘站D外,其他站的站点平均最短可达时间均较多;交错停模式组合中,由于交错停小站点间连通需换乘,所以小站平均最短可达时间均较多。

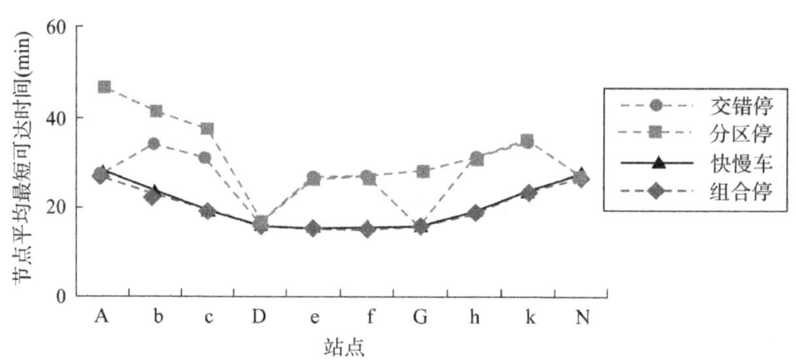

图7 各开行模式组合的站点平均最短可达时间对比图

(2)站点服务频率

由图8可知,快慢车开行模式组合下的平均站点服务频率最高,为5.8;分区停开行模式组合下的平均站点服务频率最低,为4.3。除分区停开行模式组合外,其他三种模式组合在各站点的服务频率走势基本相似,而组合停开行模式组合除了换乘站D与终到站N以外,其他车站的站点服务频率均较小。

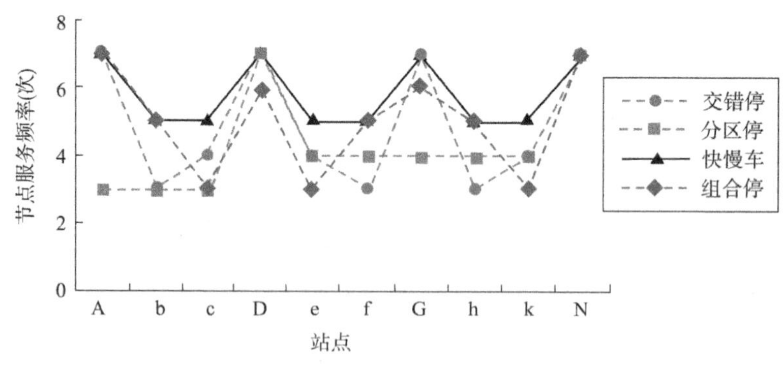

图8 各开行模式组合站点服务频率对比图

(3)OD站点服务频率

由表1可知,分区停开行模式组合中的不可达OD对数最多,为15对;交错停开行模式组合中的不可达OD对数次之,为9对。计算得到在客流高峰4h内,所有OD对平均服务频率最多为快慢车开行模式组合5.27,最少为分区停开行模式组合2.53。故存在不可达OD对(OD服务频率为0)时,会大大降低了所以OD对平均服务频率。

各开行模式组合的 OD 站点平均服务频率　　表1

项目	交错停	分区停	快慢车	组合停
不可达 OD 对数量(对)	9	15	0	0
OD 对平均服务频率(次)	3.27	2.53	5.27	4.09

(4)各等级站点平均服务频率

由图9可知,快慢车开行模式组合下的各等级站点平均服务频率普遍较高,而分区停开行模式组合下的普遍较低,但两者在不同等级站点间服务频率较为均衡。交错停和组合停这两种开行模式组合中高等级站点间服务频率明显高于低等级站点间服务频率,且差异较大。

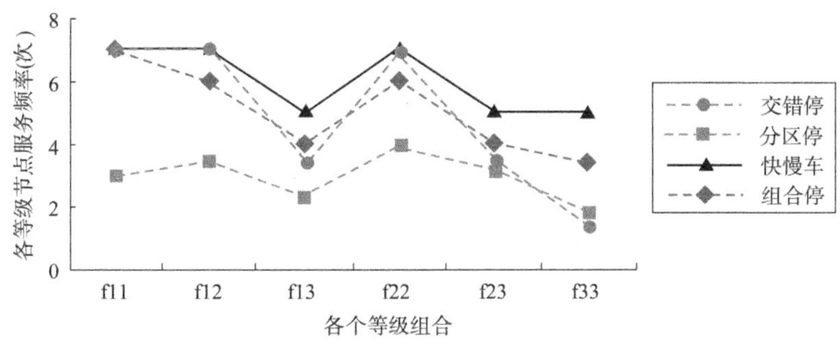

图9　各开行模式组合各等级站点平均服务频率对比图

(5)直达客流占比及乘客无用损耗时间

由图10可知,组合停开行模式组合中的可直达 OD 对数占所有 OD 对数最多,为36%;高峰4h内可直达人数也最多,为2617,占总人数约41%;且人均损耗时间最少,约为1.76min。分区停开行模式组合中的可直达 OD 对数占所有 OD 对数最少,为22%;高峰4h内可直达人数也最少,为996,占总人数约16%;且人均损耗时间最多,约为11.72min。在不同开行模式组合中,直达 OD 占比越高,可直达的人数越多,模式组合下的人均损耗时间越多。

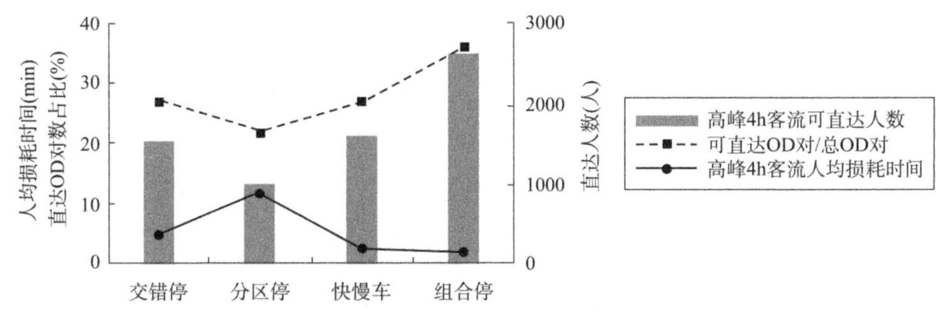

图10　各开行模式组合直达及损耗情况对比图

5　长株潭城际铁路案例分析

经过上述分析,结合长株潭城际铁路的实际案例再次对开行方案的可达性进行分析。

5.1 城际铁路站点等级划分

根据长株潭城际线路各站点服务频率及客流规模,将其站点分为三个等级。一级站点包括长沙站、先锋站、田心东站、大丰站、板塘站、湘潭站;二级站点包括开福寺站、香樟路站、株洲南站;三级站点包括长沙西、麓谷、尖山、谷山、八方山、观沙岭、树木岭、湘府路、洞井、芙蓉南、暮云、九郎山、昭山、荷塘。

5.2 开行方案可达性分析

(1)平均最短可达时间

根据指标公式计算得到,长株潭城际线路上所有站点平均最短可达时间见图11,均值为44.40min。由于各站点在线路上的位置关系,呈现出越靠近两端的站点的平均最短可达时间越高;若站点存在不可达的OD对,其平均最短可达时间由于累计了换乘时间而在一定程度上增大,例如洞井站、九郎山站;长株潭城际所有列车均服务于长沙西站,两条分支线路上的站点不能互通,增加了两条分支线路上站点的平均最短可达时间。

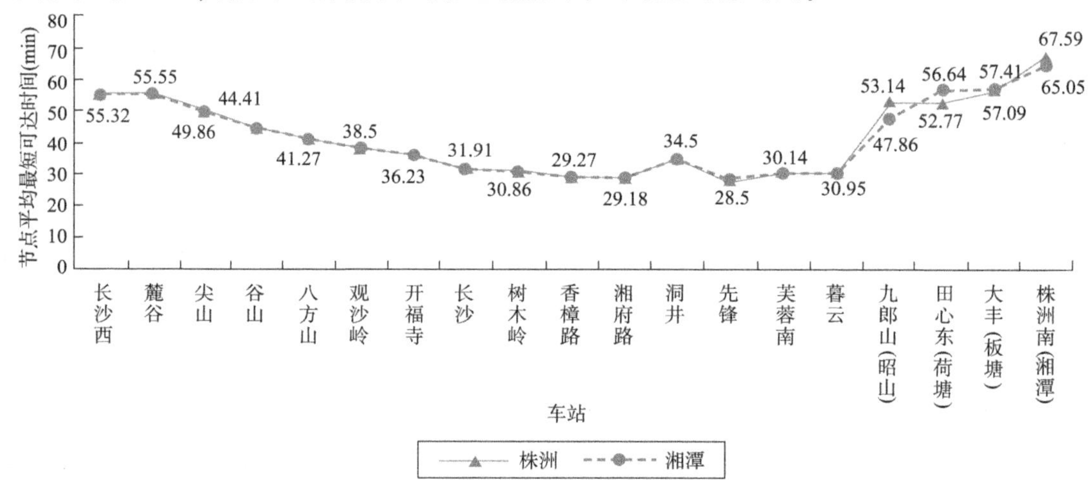

图11 长株潭城际铁路各站点平均最短可达时间统计图

(2)站点服务频率

根据图12统计,长沙西开往株洲南方向列车平均每站服务频率为10.68次,开往湘潭方向列车平均每站服务频率为9.68次。在全部23个站中,最小服务频率为九郎山站和荷塘站各7次,最大服务频率为长沙西站和长沙站各33次,33列长株潭城际列车均服务于这两站。

长株潭城际铁路全线23个站点,一天内平均每个站点服务频率为16.83次,取长株潭城际每日运行时间约为16h,则4h内平均每个站点服务频率约为4.21次。根据图12,各站的站点服务频率参差不齐、差异较大,且线路中间存在服务频率较高的站点,在趋势上与交错停开行模式组合相似。

(3)OD站点服务频率

从OD服务频率统计中可以得到,这条线路上,麓谷—洞井、麓谷—荷塘、尖山—九郎山、洞井—九郎山4个OD对之间不可达。

根据测算,长株潭城际铁路上每天每个 OD 平均服务频率为 8.92 次,则 4h 内每个 OD 平均服务频率为 2.23 次。由于长株潭城际铁路上站点较多,OD 对数也相应增多,所以其 OD 平均服务频率与各种开行模式组合下高峰 4h 内 OD 平均服务频率相比较低。

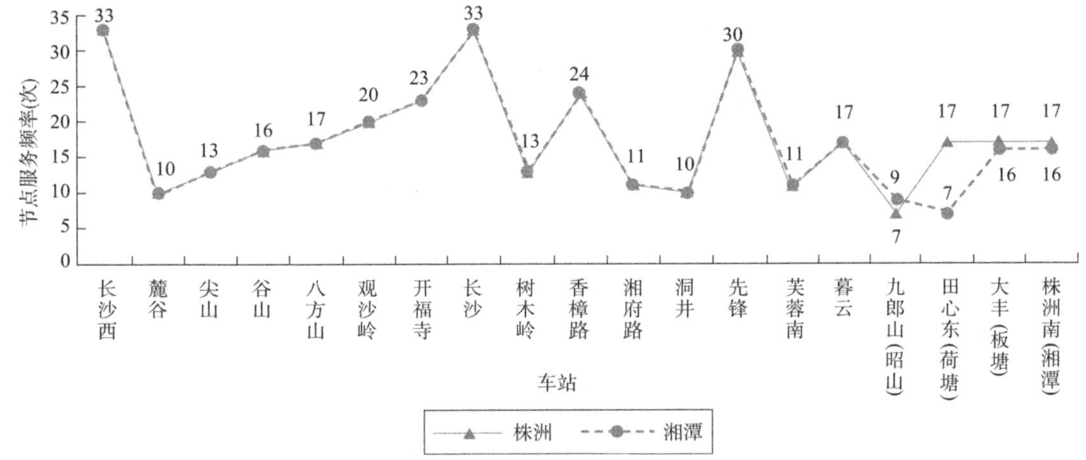

图 12　长株潭城际铁路各站点服务频率统计图

(4)各等级站点服务频率

由图 13 可知,长株潭城际一级站点间、一级站点与二级站点间、一级站点与三级站点间、二级站点间、二级站点与三级站点间、三级站点间 OD 服务频率的比例为 1:0.91:0.57:0.83:0.53:0.34。其他四种模式组合的比例分别为 1:1:0.5:1:0.5:0.2;1:1.17:0.78:1.33:1.06:0.6;1:1:0.71:1:0.71:0.71;1:0.86:0.57:0.86:0.57:0.49。

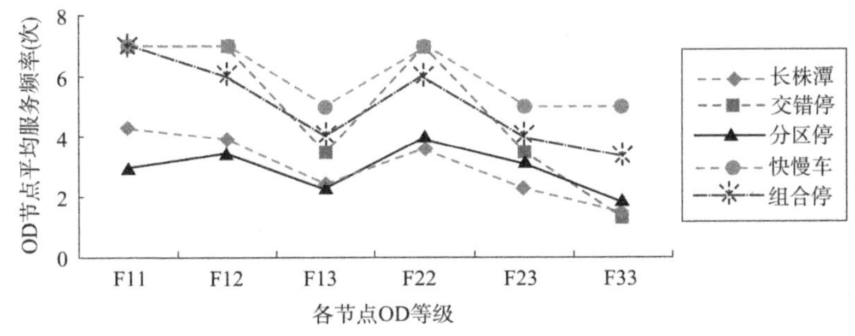

图 13　长株潭城际等级 OD 站点平均服务频率统计对比图

从三级站点间平均 OD 服务频率的角度看,长株潭城际列车开行方案在小站站点间服务频率较小,可能由于线路中小站较多且小站客流分散。长株潭城际开行方案与其他四种模式组合的各等级站点平均 OD 服务频率相比,差异不是很大,与组合停的比例最相近。

(5)直达客流占比及乘客无用损耗时间

由表 2 计算结果可知,长株潭城际铁路的列车开行方案与四种开行模式组合相比,其直达 OD 对数占比相当,但直达总客流占比较低,主要原因是长株潭城际的开行方案中直达 OD 对主要分布在邻近站间,而临近站间的客流相对较少,即短途客流相对与长途客流较少,导致总直达客流相对较少。

长株潭城际直达及损耗情况 表2

各个参数	长株潭城际指标数值	各个参数	长株潭城际指标数值
可直达 OD 对数量(对)	57	可直达人数/总人数	9.73%
可直达 OD 对/总 OD 对	24%	全天客流 OD 对损耗时间(min)	21672(361h)
全天客流可直达人数(人)	1020	4h 客流 OD 对损耗时间(h)	90
4h 客流可直达人数(人)	255	人均损耗时间(min)	2.07

长株潭城际人均损耗时间为 2.07min,相比四种开行模式组合下的人均损耗时间也较少,主要因为长株潭城际铁路列车开行方案下模式组合种类繁多,绝大部分 OD 站点已经沟通,且沟通方式多样,大大减少了换乘时间和中途停站时间,故人均损耗时间较少。

6 结语

本文以城际列车为研究对象,分析其开行方案对可达性的影响。提出一套评价城际铁路开行方案可达性的方法,从开行方案的连接性、均衡性、损耗性等多方面评价其可达性。并从城际列车开行方案的运行时间、开行频率、停站方案及开行模式组合多因素分析对可达性的影响。通过对长株潭城际铁路列车开行方案可达性的评价分析,验证了本文评价模型的直观性与准确性。

参考文献

[1] 王婉莹. 城际铁路功能定位及特性研究[J]. 铁道工程学报,2017,34(6):74-77.

[2] 徐行方,忻铁朕,项宝余. 城际列车的概念及其开行条件[J]. 同济大学学报(自然科学版). 2003 (04):432-436.

[3] 杨家文,周一星. 通达性:概念,度量及应用[J]. 地理学与国土研究,1999(02):62-67.

[4] 李乐乐,白建军,宋冰洁. 西安市交通网络综合通达性研究[J]. 人文地理,2014,29(5).

[5] 戴子文,谭国威,戴子龙. 城市轨道交通车站分类及等级划分研究[J]. 都市快轨交通,2016,29(4):38-42. DOI:10.3969/j. issn. 1672-6073. 2016. 04. 008.

[6] 张安英. 城际铁路列车停站方案研究[D]. 北京:北京交通大学,2015.

作者简介

张伊然,1996 年出生,女,安徽淮南人,北京交通大学交通运输学院硕士研究生。

基于 Tropos-SWOT 模型的道路客运发展战略分析

Tropos-SWOT based Strategic Analysis on Passenger transport on Road

左博睿　帅　斌　吴贞瑶　赏珂祺

西南交通大学 交通运输与物流学院,成都 611756

摘　要　为寻求综合交通体系革新下的道路客运发展策略,构建 Tropos-SWOT 战略分析模型对道路客运业进行战略分析。Tropos-SWOT 模型结合 Tropos 建模手段,将 SWOT 分析过程拓展为目标层、外因层、内因层及决策层四个层次,通过逐层分析,层次化展现战略决策过程、明确决策与分析之间的相互关系,进而获得有效战略决策。模型对道路客运业的分析结果显示:交通强国等国家政策的提出与潜在客流的变动是道路客运业急需积极应对的主要机遇与挑战,在信息平台的支撑下完成跨区域部门的建立可有效支持行业改革。此外,通过实例验证了 Tropos-SWOT 模型能有效应用于战略分析中,可为管理者进行战略决策提供一定的技术支持。

关键字　道路客运;Tropos-SWOT 分析;战略分析;交通强国

1　引言

道路客运是我国交通运输事业重要组成部分之一,一直以来灵活、高效地承担着最广泛地域内的国民出行重任。然而在历经多年的发展后,由于自身管理弊端、外部交通方式冲击等内外因素共同作用,道路客运发展呈现“断崖式”走低,运营指数屡创新低[1]。随着交通强国纲要的提出,如何深化道路客运改革,及时调整战略发展方向,在协调配合其他运输方式共同建立综合一体化交通运输体系的同时有效促进行业自身发展成为道路客运管理者关注的焦点问题之一。

有效的战略分析对于推动行业战略变革至关重要。SWOT 法是目前应用范围最广的战略分析方法之一,通过分析企业在运营过程中存在的内部优势(Strength)、劣势(Weakness),外部的机遇(Opportunity)、威胁(Threats)及互相交叉结合情况(SO 分析、ST 分析、WO 分析、WT 分析),获得有效战略措施以指导企业生产发展。An 等[2]基于 SWOT 法对北京旅游咨询公司进行了分析,提出了提高旅游企业竞争力的相关战略。黄文成等[3]基于 SWOT 法分析了自驾游汽车专列,提出了改善运输组织方式、构建信息化平台等建议。于波等[4]将 PEST 法嵌入 SWOT 法中,构建了 PEST-SWOT 分析方法,在政治、经济、社会、技术等领域分析了先进制造业现阶段存在的优势与劣势及外部的机会与威胁,同时提出了进攻型、偏重防守型、防守型和适度进攻型四种战略类型。唐热情等[5]基于 SWOT 法分析了成渝公路客运在高铁竞争条件下的发展战略，提出及时战略转移等防御性对策。

上述研究基于SWOT法分析了外部条件与内在能力在生产过程中的可能结合途径，以此提出的各类型的发展战略可为产业发展提供一定思路。然而，该方法目前仍然存在一定的不足之处：

(1)分析过于粗略。交互分析中，外因作用于内因进而影响分析对象途径不明确。

(2)决策对应关系不明。决策的提出是源于何种内外条件交互分析，作用于哪些机构部门等未能清晰展现。

(3)孤立的决策提出。对于决策与对策之间存在的互相关系缺乏合理探讨。

为有效弥补上述缺陷，本文构建了Tropos-SWOT战略分析模型，基于层次化建模手段更为系统性地对道路客运业进行战略分析。在分析过程中明确道路客运行业现状、提出具体对策建议、并根据对策讨论提出具有实践意义的战略对策实施方针，以期为道路客运行业发展提供一定的借鉴参考。

2 Tropos-SWOT 分析模型

Tropos模型是应用于面向对象的软件需求开发阶段的模型方法。模型以目标为导向，基于依赖、缓和、任务描述等方法层次化的完成系统建模工作[6]。Tropos-SWOT模型借鉴Tropos模型的层次化建模理念，依据战略分析思路将分析结构划分为目标层、对策层、内部因素层、外部因素层四个层次。目标层中基于Tropos模型目标为导向的系统建模方式，完整的构建系统运行框架，在保证分析对象完整性的同时也保证了内因层能力分析的完整性，此外，对于对策影响子系统进而影响整体对象的具体途径也起到明确作用。对策层中探讨对于不同的交叉分析结果可以提出的战略对策及对策间的互相联系。内、外因素层中在SWOT法的指导下完成优势、劣势、机遇、威胁的梳理，并在此基础上完成内外因素的交叉分析，模型如图1所示。

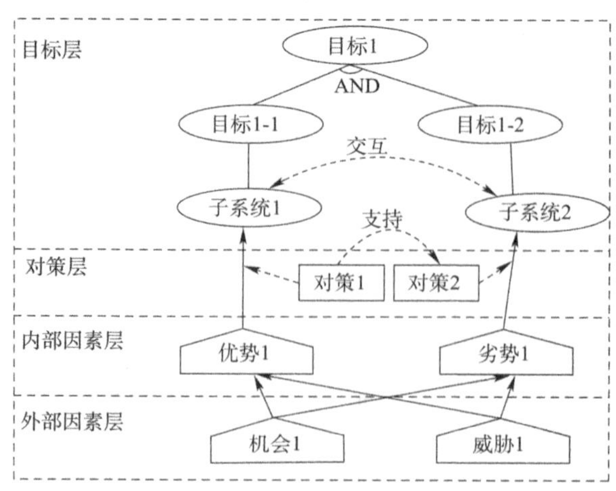

图1 Tropos-SWOT模型

具体建模步骤如下：

(1)基于目标导向的完成分析对象的系统整体运行框架的建立，明确划分子系统及辨析各子系统的交互关系。

(2)依据各子系统的构建完成对应的优势(S)、劣势(W)分析,构建内部因素层;依据目前外部环境完成机会(O)、威胁(T)分析,构建外部因素层。

(3)内外因素层交互分析。明确内外因素可能的结合途径,进行 SO 分析、ST 分析、WO 分析、WT 分析,因素作用关系由外因层指向内因层,分析完成后由内因层指向对应子系统。

(4)在对策层中,针对具备战略实施空间的分析结论采取对策,对策作用途径以箭头指向对应的分析路径。

(5)对策层构建完成后分析对策互相之间可能存在的互相联系,进而提出合理的决策实施方针。

Tropos-SWOT 模型可在 SWOT 法基础上更为直观地展现对象运行方式、决策作用过程、因素作用途径及决策依赖关系,较好弥补传统 SWOT 法分析粗略、对策探讨缺失的不足。

具体模型实施过程将在道路客运战略分析中展现。

3 道路客运的 Tropos-SWOT 分析

3.1 系统框架建立

本文将道路客运系统粗粒化至要素层面分析,在进一步的研究中可依据 Tropos 目标导向的将各子系统分解建模。在要素层面上,道路客运系统划分为运营主体(运输公司)、车站、道路、乘客,其中运营主体、车站构成了道路客运的核心[7],此外由于在我国政府部门对于道路客运有较强的影响及监管作用,故将政府部门也纳入系统内部考虑。子系统划分完成后,分析各子系统相互联系,完成目标层构建,见表 1。

基于目标导向的道路客运系统划分 表 1

(子)系统	(子)系统目标	(子)系统	(子)系统目标
道路客运系统	可持续发展的道路运输系统 M1	车站	车站接发、组织有序(M1.3)
政府	政府对客运服务流程有效监管(M1.1)	乘客	获得最具效用的出行服务(M1.4)
运营主体	运营主体营收良好(M1.2)	道路	良好的道路状况(M1.5)

3.2 内部因素分析

3.2.1 优势(S)分析

S1:道路客运运营市场化,运营主体拥有自主的定价权。

S2:客运班列设置相对灵活,基础建设投入较小,运营成本低。道路客运运营中仅考虑车辆、人员、站场建设,基础投资小,即投即用,资金周转快速;汽车调度方便,班列调整灵活,客观限制较小,可有效替代、衔接、转运其他运输方式。

S3:与其他运输方式比较,道路客运价格相对低廉。

S4:道路基础设施建设完善。我国道路发展迅速,路网密度大,覆盖范围广,可通达性极强,全面覆盖的道路网络为道路客运服务提供了有效支撑。

3.2.2 劣势(W)分析

W1:行政干预企业,行政许可程序复杂,政府影响程度大。政府部门对道路客运的管理着重依赖于线路资源的核实与审批,然而过多的审批流程及事前管控导致了道路客运行业脱离市场、滞后于市场及道路运输主体地位不明确等现象。由于线路资源由地方政府管控,企业竞争关系集中于线路资源竞争,为适应地方管理与获取线路资源,大型运输企业多实行子公司制度,以线路资源获取为公司盈利最大依凭,对乘客出行的主观感受并不重视。此外,部分行政干预也客观上促进了诸多有利政策的落实,对道路客运业的发展也起到一定推动作用。

W2:环境污染严重,能耗高,易造成拥堵。道路运输客观条件不佳,在同等运输距离条件下,道路运输能耗远大于铁路运输,环境污染也大于铁路运输,且易造成拥堵现象[8]。

W3:道路客运安全性较差,事故率、伤亡人数等指标远高于同期其他运输方式[9]。

W4:产业结构单一,管理散乱,效益不佳。在呈现地域化、区域性的道路客运运营中,运营主体混杂,分散运营、独立运营、私营车主加盟等情况散乱存在,车站也缺乏合理的监督管控,总体呈“弱小散乱”的态势,客流来源也仅依赖线路资源分配,整体生产效率、经营效益不佳,缺乏合理的全局性指导及多元化的盈利手段。班次缩减、人员裁撤、服务下降与营收亏损成为不断恶性循环的常态现象。

W5:企业整体信息化水平不佳。目前部分车站已有网络查票、购票服务,然而仍然存在较大的局限性与零散性,总体信息资源的整合程度、大数据的应用程度、信息化作业程度都不高,未能有效对已有出行数据进行整理,分析旅客出行的需求和趋势,存在较为严重的信息孤岛现象,乘客综合性信息查询与购票服务也存在较大困难。

W6:无整体性机构,集约化程度低下。由于缺乏统一的组织管理,道路运输企业机构臃肿,每一个运营主体都有自己的行政机构,各主体呈竞争关系,企业之间的资源、信息整合程度低下,以此造成运输线路的供需不平衡,运输资源的分配与优化难度大,更难以形成规模效益。此外,由于无统一机构管理,缺乏塑造核心价值认同,道路客运人员在缺乏统一服务培训的同时人员流动性也较其他交通方式更大。

W7:车站收取站务费,抑制客运盈利。道路运输企业中,车站与运营主体为合作关系,车站主要收入来源为车辆站务费、旅客站务费及附属业务收入。然而随着客运收益降低,车站盈利导向下,收费标准却随着市场化进程不断提高,主体运营成本进一步攀升。

3.3 外部因素分析

3.3.1 威胁(T)分析

T1:部门区域公路客运补贴政策缩减。由于道路客运在资源消耗、环境污染等方面较铁路处于劣势,政府对行业的支撑远小于对高铁的支持力度,公路客运补贴政策大体处于缩减、维持原状或缓慢增长的状态,行业发展情况不容乐观。

T2:为有效促进城市发展,缓解市区拥堵,多个城市同时期出台主城区内部的汽车客货运站场搬迁方案,部分车站搬离城市中心。

T3:其他交通方式冲击。随着综合交通运输体系的发展,高铁、线上平台对道路客运传统优势区间造成了强烈的冲击,传统道路旅客运输客流被大量分流。此外由于道路客运服务具有一定的滞后性,对乘客需求不敏感,伴生出诸多依托人流聚集区域的站外客运服务,此类服务灵活高效,但非法运营情况同样突出且难以监管,对道路客运服务也造成了强有力的冲击。

T4:运输成本增长。为提高服务水平,运营主体需购置服务特性较好的运输车辆,增加人员培训费用、车站需要完善并提升基础设施建设,同时燃油费等也在不断增长,运输成本的增加对营收普遍下降的道路客运行业有着较大的威胁。

3.3.2 机会(O)分析

O1:国家层面的“精准扶贫”“乡村振兴”等一系列强农惠农战略实施,为农村客运科学、精准发展提供有力保障,为道路客运优势区间的进一步发展提供了政策支持。

O2:新能源汽车市场兴起。新能源汽车具有能耗低、污染小、舒适度高等特性,受到政府与大众的广泛关注。

O3:主要城市群客流潜力。我国主力建设京津冀、长三角、粤港澳大湾区等世界级现代化城市群,城市群内部有巨大的出行潜力,交通强国发展纲要也指出未来我国将大力推广城际道路客运的公交化运行模式。

O4:高铁及枢纽场站运营带来了新的诱增客流和集散客流。高铁站及机场一般建于城市边缘地带,诱增大量城市中心与站场的接驳客运量。

O5:网络平台成熟,互联网技术高速发展。目前,铁路,航空票务服务皆可在网络平台上进行,信息透明,操作简易;互联网平台相继推出网络约车、租车等服务,信息平台与交通运输行业的深入交互取得极大成效。同时我国交通强国纲要也指出要大力发展智慧交通,推动大数据、互联网、人工智能、区块链、超级计算等新技术与交通行业深度融合。

O6:经济稳定增长,人员在不同地域流动明显。随着经济的发展,人们多样化、快速化、个体化的出行需求不断增长,旅游业的快速繁荣,城乡人员交互的密集也为道路客运产业的发展提供了新的活力。

O7:道路基础建设未来进一步发展。我国交通强国建设纲要特别提出在 2035 年之前,我国将建成发达的快速网、完善的干线网、广泛的基础网,城乡区域交通协调发展达到新高度。交通基础设施的不断完善,为道路客运发展提供基础保障。

3.4 对策(C)提出

基于 SO 分析、ST 分析、WO 分析、WT 分析详细分析外部因素、内部因素互相之间可能的结合途径。由图 2 分析可知,目前外因与内因关系集中对应于 W1、W4,即交通强国等国家战略的提出与外界潜在客流变动是目前道路客运系统急需重视的挑战,同时也是道路客运改革发展的契机所在。此外,W2 也是决策考虑要点之一,改变道路客运高能耗、高污染的现状是目前行业亟待解决的关键问题。将分析结果与目标层中子系统进行对应,针对具备战略实施空间的分析结果,提出 9 条具有建设性的对策建议,对策应对途径如图 2 所示。

C1:道路客运管理部门推进经营许可、线路审批、运输变更等方面的改革工作,安全监管变事前控制为运输中监管,推进企业自主经营权,对于违规现象从重处罚,通过法律、经济和行政手段,对汽车运输市场实行严格的管理和积极的引导,促进运输企业“以乘客为中心”的服务观念的形成,面向市场,积极服务,为乘客提供更灵活、人本化的道路客运服务。

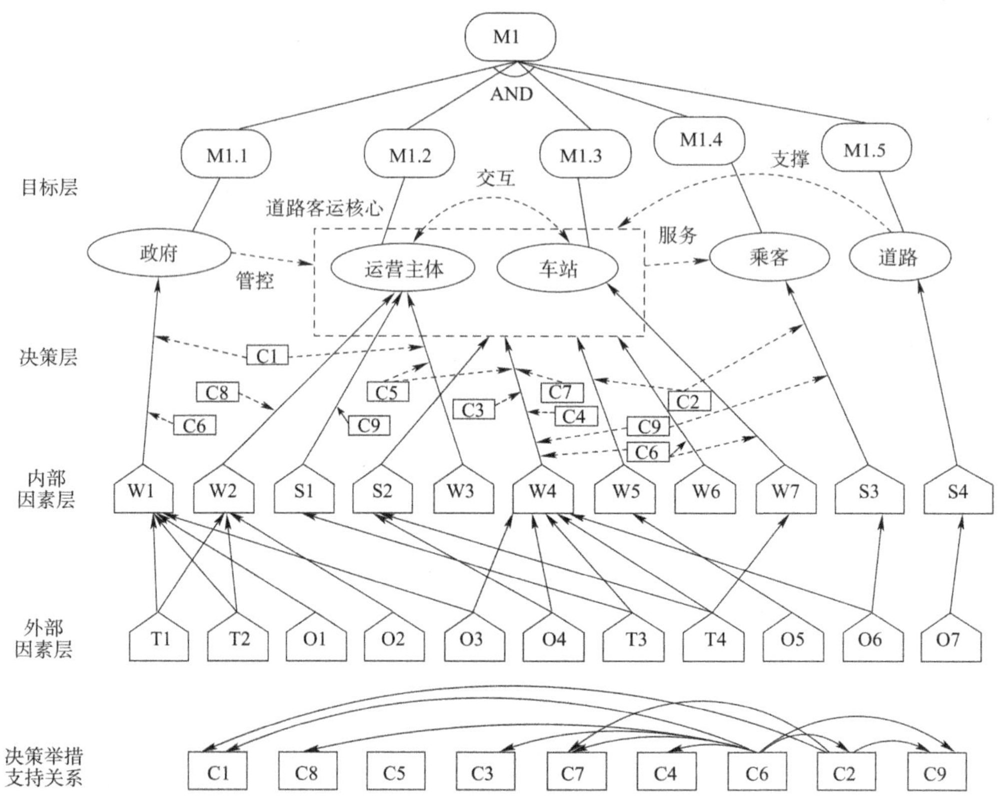

图2　道路客运系统战略分析

C2:依托网络平台和大数据处理技术,建立全国性的乘客信息化平台及客运业务处理平台,乘客通过平台选择车次与车站,此后平台依据乘客出行信息,科学布局车站选址,合理推算客流及其分布规律,做到供需合理,运力配置相宜。此外,工作人员依托网络平台进行业务办理,简化流程,规范操作。

C3:积极拓展其他业务,增强自身盈利能力。具有战略规划与开拓性思维,综合运用运力,与学校机构、旅游公司、大型企业达成定时定点的运输协议,在降低合作企业成本的同时增加自身盈利。

C4:开拓旅游市场。为应对庞大的旅游群体带来了大量的运输需求,道路客运服务应统筹规划,整体性推出高品质的旅游运输服务,积极推行短线旅游、市内接送一日游、景区班列等业务。

C5:优化衔接工作。通过衔接关系发挥道路客运的技术经济特性、引导竞争方向,变竞争为协作,积极争取城际铁路辐射区域外的客源,中间客源,吸引末端、支线客流,积极探索高铁接驳服务,协调高铁发车时间,积极发挥替代作用,真正推动实现综合交通体系的系统效应。

C6:整合现有政府资源与企业资源,建立跨区域,统一的部门机构。机构依托现代化技术更为合理地配置资源和协调各方合作,突破地域限制的系统性推动道路客运由“弱小散乱”向集约化、信息化发展,形成规模效益,综合调度资源,控制成本。同时统一的管理有助于形成良好的品牌效应,通过规范化的员工培训,统一的服务标准、服装配饰,增强员工凝聚力的同时增强乘客服务体验。

C7:响应交通强国号召,在我国主要城市群积极探索城际公交车,推动城市群内部人员互通,促进区域性经济发展。

C8:根据具体情况综合考虑合理配置电动大巴车,有助于改善政府部门与公众对道路客运能耗高,污染大的固有形象,对于提升乘客体验,提高品牌形象也具有一定的价值。

C9:面对不同的地区、时期及消费人群提供多样化、差异化服务。建立票价差异化服务体系,如与高铁线平行的班线客运,主动降低利润,出售特价车票、团购优惠车票、往返折扣车票等。此外,可建立班车车型差异化服务,根据具体客流推测,线路属性选用不同规格、客员的车型。

3.5 决策支持关系分析

9 条举措建议一定程度上都能对道路客运业起到促进作用。然而举措的实施往往并非孤立,互相之间存在一定支持联系,进一步分析举措建议获得决策支持关系(图 2)。C6 建立跨区域的统一部门对诸多举措都有支持作用,应是道路客运系统组织改革的核心,也是应首先实行的重点基础工作。C2 信息平台的建立受到了 C6 的支持,同时也对 C1、C7、C9 决策起到了一定支持作用,是需要优先发展的举措之一。由此,在统一部门及信息平台支持下,诸多举措并进的实施方略应是道路客运业的重要发展方向。

基于上述分析,本文提出构建新型道路客运系统的综合性对策实施方案,如图 3 所示。在国家宏观调整下,运营主体、车站、审批管理等监管部门集合为统一的大型跨区域部门,在信息化平台支撑下完成资源分配,运力调度,手续办理等业务流程,引导竞争为分工,变控制为指导;此外,基于平台完成乘客全国性票务服务,方便乘客的同时有效收集数据进行客流预测与统计,为运输生产的生产排班、差异化票价等业务提供技术支持。在统一机构建立的基础上,巩固与调整主营业务,契合客流变化、对接国家战略、统筹性优化与其他交通方式衔接工作;综合拓展多元业务,与公司、学校等达成战略合作协议;强化附属业务,积极探索车站商业化服务及物流集散服务;建立统一服务标准,员工培训、服务流程、设施配置标准化以提高服务质量,最终达到行业的良性发展。

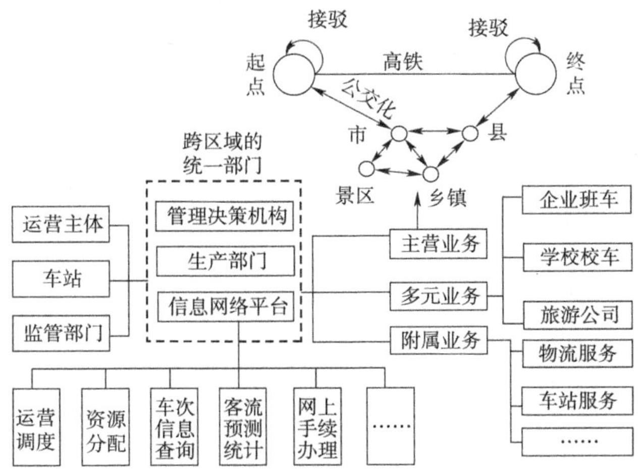

图 3 新型道路客运系统概念图

4 结语

道路客运业正处于行业变革的关键时期,清晰明确的发展战略对于道路客运业的生存发展至关重要。本文提出了一种新的 Tropos-SWOT 战略分析模型更为系统性地对道路客运业进行战略分析,分析过程中明确了交通强国等政策的提出与潜在客流的变化是现阶段道路客运业面临的最大机遇与挑战,并由此提出了管理改革、建立信息平台等九条具有实践意义的对策建议。此后剖析对策相互关系,进一步提出了在跨区域的部门统一领导下、依托信息化平台建立新型道路客运系统的综合性战略实施方针。该方针可推动道路客运业战略变革,为道路客运业发展提供一定的参考建议。

参 考 文 献

[1] 道路客运屡创新低[EB/OL]. [2019-05-15]. http://www.crtm.cn/ezine/25334.html.

[2] AN Y ,MA X ,CHEN W . Research on the development strategy of tourism consulting companies based on SWOT model[C]// 2014 IEEE Workshop on Advanced Research and Technology in Industry Applications (WARTIA). IEEE,2014.

[3] 黄文成,帅斌,李林卿. 我国开行自驾游汽车运输专列的 SWOT 分析[J]. 铁道经济研究,2017(06):38-42.

[4] 于波,范从来. 我国先进制造业发展战略的 PEST 嵌入式 SWOT 分析[J]. 南京社会科学,2011(07):34-40.

[5] 唐热情,黄伟宏,郭良久. 成渝两地高速公路客运经营策略研究[J]. 重庆交通大学学报(自然科学版),2007(06):148-152.

[6] DENG XQ,et al. Risk propagation mechanisms and risk management strategies for a sustainable perishable products supply chain. Computers & Industrial Engineering,2019.

[7] 王思桥. 重庆市道路客运管理优化研究[D]. 重庆大学,2018.

[8] 韩佳琦. 公路客运班线运营安全风险耦合分析及管理策略[D]. 吉林:吉林大学,2017.

[9] 周新军. 高速铁路助推中国低碳经济效应[J]. 中国科学院院刊,2011,26(04):452-461.

作者简介

左博睿,1996 年出生,男,四川乐山人,西南交通大学交通运输与物流学院硕士研究生,专业是运输规划与管理。

帅斌,1967 年出生,男,四川乐山人,西南交通大学教授,博士生导师,研究方向为交通运输经济,技术经济学。

吴贞瑶,1993 年出生,女,贵州贵阳人,西南交通大学交通运输与物流学院博士研究生,专业是交通运输经济。

城市轨道交通沿线二手房价格的空间异质性估计
——以北京为例

Spatial heterogeneity estimation of housing values for second-hand houses alone urban rail line: A case study of Beijing

李明高　吴一迪　续　岩　陈　叶

珠海市规划设计研究院 交通规划设计分院,珠海 519001

摘　要　特征价格模型是研究城市轨道交通对其沿线房地产市场影响程度的重要方法。然而,既有研究没有充分考虑城市轨道交通沿线房地产市场的空间异质性特征,导致对其基础设施投资效果的评价不够全面。本文采信链家网(lianjia.com)北京市二手房交易数据,基于特征价格模型及其空间分析技术,研究城市轨道交通沿线二手房价格及其影响因素的空间异质特征。案例研究表明:2011—2016 年北京市轨道交通沿线二手房价格及其地理区位与建成环境影响因素存在显著的空间异质性,但建筑特征中的时间变量的空间异质性高度相似,表明自 2011 年线网形态基本定型后,缺乏层次结构的北京市轨道交通发展体系与网络化建设较难适应新型城镇化时期的都市圈或城市群通勤交通需求,对调整城市空间布局,优化提升首都核心功能收效并不显著。

关键词　城市轨道交通;住房价格;空间异质;特征价格模型;空间分析;北京

1　引言

随着我国城镇化进程的不断加快,特大城市所面临的人口无序膨胀、土地资源短缺、交通拥堵加剧、居住环境恶化等问题愈加突出。作为城市综合交通的骨干网络,城市轨道交通网络的发展能有效地带动土地开发模式的转变,提高开发强度,进而提升城市功能,优化空间格局,为解决城市病提供新的路径。在此背景下,我国城市轨道交通网络化建设正处于方兴未艾的发展阶段,“十三五”规划运营里程将比 2015 年增长近一倍,达到 6600km[1]。然而,政府主导的交通基础设施建设与市场导向的城市土地开发的协同发展关系难以有效地建立和维系,影响 TOD(Transit-oriented Development)模式的实施效果[2-3]。另外,TOD 发展模式的本质是城市发展模式和交通发展模式的融合,仅采用《公交都市考核评价指标体系》[4]评价城市轨道交通基础设施巨额投资的社会经济效果具有一定局限性。鉴于此,研究北京市轨道交通沿线二手房价格的空间异质性及其成因,将有助于分析城市空间结构演化与交通发展的互动规律,为城市轨道交通网络建设的发展评估提供理论依据。

局部范围内住宅区位特征的相似性与公共设施溢出效应的差异性将导致房地产价格具有显著的空间效应[5]。对于轨道交通而言,其周边房地产市场具有显著的区域特征,表现为相同区域的房地产价格基本趋同,但不同区域的房地产价格差异显著。既有研究[6-7]主要关注轨道交通车站周边不同距离范围内房地产价格的增值效应。例如,叶霞飞[8]和冯长春[9]采用多元回归方法针对上海和北京的研究表明城市轨道交通对车站2000m范围内房地产价格的增值效果显著;而庄焰[10]采用局部回归方法针对香港的研究表明城市轨道交通车站对周边房地产价格的影响半径为350~550m。基于特征价格模型(Hedonic Price Model,HPM)[11],郑捷奋[12]和聂冲[13]针对深圳地铁1号线的研究表明其空间效应的辐射范围为400~700m,梁青槐[14]针对北京地铁13号线的研究表明其空间效应的辐射范围为2000m。随着空间计量经济学的发展[15],越来越多的学者放宽传统方法中空间独立的基本假设,通过对车站周边房地产市场空间相似性的定量研究以研究城市轨道交通空间效应的辐射范围[16-20]。

上述关于城市轨道交通周边房地产市场空间相似性的研究取得了大量有价值成果。然而,既有研究对城市轨道交通对其周边房地产市场空间效应的另一重要特征——空间异质的考虑并不充分[21-26],其原因是基于实地调研获取的样本在数量、空间、时间等三方面均不能较好地满足房地产市场空间异质性分析的数据需求,且调研成本无法有效控制。基于此,既有研究的局限将导致对城市轨道交通车站局部区域内房地产增值效应的过度关注,而对城市轨道交通发展对城市空间结构影响的研究不够充分,进而导致对城市轨道交通建设投资的评价失真。鉴于此,在大数据环境下,利用互联网数据抓取技术获取二手房交易数据,采用HPM和空间分析技术研究城市轨道交通沿线二手房市场的空间效应及其成因,并分析城市轨道交通建设对城市空间结构的影响。研究结论可用于分析城市轨道交通基础设施投资对城市空间结构发展的引导作用,为TOD模式下的城市轨道交通发展评估提供理论依据。

2 数据和模型

2.1 研究区域与数据

以北京为例,研究北京市轨道交通沿线二手房价格的空间异质性。对于北京市轨道交通系统,采用2016年5月的线网基础设施数据,即全网共计18条线路,334座车站。对于二手房价格信息,采信链家网(lianjia.com)二手房交易数据,进行数据预处理,筛选得到城市轨道交通车站1000m范围内的二手房交易数据,并剔除信息不完整的数据后,最终得到有效样本275091份。其中,2011年为5796份(为链家二手房交易总量的77%),2012年为39748份(77%),2013年为55041份(77%),2014年为49915份(79%),2015年为104468份(75%),2016年为20123份(72%)。特别指出,2016年数据仅包含第1季度3个月的交易数据。在所获取数据的基础上,基于百度地图提供的位置服务功能(Location-based Service),可视化北京市轨道交通沿线二手房价格的空间分布,如图1所示。图中,车站颜色为价格信息,车站大小为二手房交易次数。

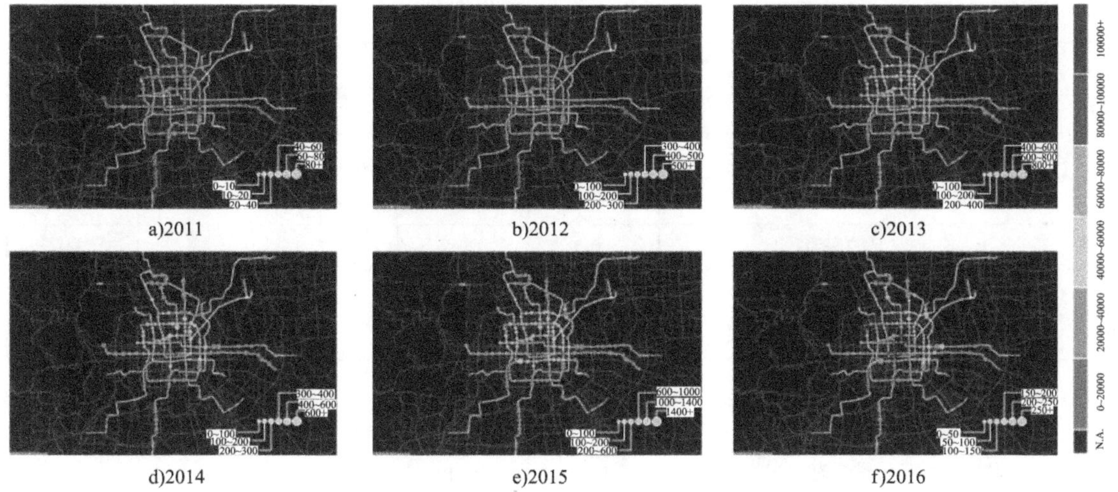

图 1　2011—2016 年北京城市轨道交通沿线二手房价格空间分布

2.2　特征价格模型

HPM 是研究轨道交通沿线周边房地产价格的重要方法[12-14,16-20]，其理论基础为新消费者理论和市场供需均衡理论[11]。HPM 将房地产价格分解为其区位特征、建筑特征和邻里特征等三类特征因素隐含价格的总和。据此，城市轨道交通沿线二手房价格 $\boldsymbol{P}$ 与其三类特征因素的关系可表示为：

$$\boldsymbol{P}=f(\boldsymbol{L},\boldsymbol{A},\boldsymbol{N}) \tag{1}$$

式中：$\boldsymbol{L}$、$\boldsymbol{A}$、$\boldsymbol{N}$——二手房区位特征、建筑特征、邻里特征的特征向量。

借鉴既有研究对变量选择的考量[11-14,16-20]，以及结合已获取数据的情况，将影响城市轨道交通沿线二手房价格的因素划分为三类特征共计 19 个特征变量，变量定义及其统计特征如表 1 所示。为控制因时间而变的随机因素对二手房价格的影响程度，根据二手房交易时间，共计提取 x_{13} ~ x_{18} 6 个时间虚拟变量。

变量定义及统计特征　　　　表 1

变　　量	单位	均值	标准差	最小值	最大值
$\boldsymbol{P}$：二手房价格					
y：住宅单价	元/m^2	3.91	1.40	1.12	8.53
$\boldsymbol{L}$：区位特征					
x_1：住宅到城市地理中心的距离①	m	11584	7391	351	34589
x_2：住宅交易次数	—	596	173	237	949
x_3：住宅到最近轨道交通车站的距离	m	1079	913	1	4458
$\boldsymbol{A}$：建筑特征					
x_4：面积	m^2	84.1	25.5	38	348
x_5：住宅中室的数目	—	2.0	0.3	0.8	5
x_6：住宅中厅的数目	—	1.2	0.2	0.2	2

续上表

变　量	单位	均值	标准差	最小值	最大值
x_7:住宅朝向是否为南向②	1/0	0.75	0.14	0	1
x_8:住宅是否位于中低楼层③	1/0	0.67	0.07	0.25	1
x_9:住宅建筑的楼层高度	—	12.9	4.8	3	28
x_{10}:住宅建筑的房龄④	年	14.5	6.2	1	31
x_{11}:住宅交易是否缴纳低税费⑤	1/0	0.73	0.18	0	1
住宅交易年份⑥:$x_{12}-x_{17}$					
x_{12}:住宅交易年份是否为 2011 年	1/0	0.02	0.03	0	0.5
x_{13}:住宅交易年份是否为 2012 年	1/0	0.13	0.08	0	1
x_{14}:住宅交易年份是否为 2013 年	1/0	0.18	0.07	0	0.5
x_{15}:住宅交易年份是否为 2014 年	1/0	0.17	0.06	0	0.33
x_{16}:住宅交易年份是否为 2015 年	1/0	0.41	0.12	0	1
x_{17}:住宅交易年份是否为 2016 年	1/0	0.09	0.08	0	0.8
N:邻里特征					
x_{18}:住宅是否为重点小学学区房⑦	1/0	0.25	0.33	0	1
x_{19}:住宅周边是否有超市或商场⑧	1/0	0.30	0.46	0	1

注:①以天安门为城市地理中心,计算住宅单元与城市中心的空间距离;

②虚拟变量,如果住宅朝向为南、东南或西南方向,$x_7=1$,否则,$x_7=0$;

③虚拟变量,如果住宅位于中低楼层,$x_8=1$,否则,$x_8=0$;

④以交易年为当前年计算;

⑤虚拟变量,如果住宅满五唯一或满两年,$x_{11}=1$,否则,$x_{11}=0$;

⑥虚拟变量,如果住宅交易年份为相应年份,$x_{12}\sim x_{17}=1$,否则,$x_{12}\sim x_{17}=0$;

⑦虚拟变量,如果住宅附近有重点小学,$x_{18}=1$,否则,$x_{18}=0$;

⑧虚拟变量,如果住宅周边是否有超市或商场,$x_{19}=1$,否则,$x_{19}=0$。

特别说明的是为分析城市轨道交通沿线二手房价格的空间效应以及提高计算效率,将2011—2016 年间 275091 份北京市轨道交通沿线二手房交易数据,以车站为圆心、1000m 为半径进行集计,共获取有效样本 305 份(334 个车站中有 29 个车站无交易信息)。集计后的19 个变量取值均为车站周边 1000m 范围内所有已交易二手房特征属性的平均值。特别指出,集计后虚拟变量 x_2,$x_8\sim x_9$,$x_{12}\sim x_{19}$的取值不再表示住宅单元是否具有某种特征,而是表示具有某种特征属性的住宅占车站 1000m 范围内所有住宅数量的比例。另外,对于 x_1、x_3、x_4、x_5等 4 个变量,取自然对数值。

2.3 价格估计模型

本文采用集计后的 305 份样本分别估计 HPM 的五组回归模型。第一组模型是健壮普通最小二乘回归模型(Robust Ordinary Least Squares,健壮 OLS),其 HPM 形式为:

$$y_i=\sum_{k=1}^{K=19}\beta_k\cdot x_{ik}+\varepsilon_i \tag{2}$$

式中：y_i——第 i 份样本的二手房平均单价，$i=1,2,..,n$；

x_{ik}——第 i 份样本的第 k 个特征变量；

β_k——待估系数，表示二手房价格的特征弹性系数，即二手房住宅单元第 k 个特征变量变化 1% 而导致其价格变化 $\beta_k\%$；

ε_i——随机误差项。

城市轨道交通沿线房地产市场具有显著的空间效应[8-26]。鉴于此，考虑空间相关性对回归模型估计结果的影响，第二、三、四组模型均采用空间计量经济模型，包括空间滞后模型(Spatial Lag Model, SLM)，空间误差模型(Spatial Error Model, SEM)和空间杜宾模型(Spatial Dubin Model, SDM)，其 HPM 形式分别为：

$$y=\rho \boldsymbol{W}y+\boldsymbol{X}\beta+\varepsilon \tag{3}$$

$$y=\boldsymbol{X}\beta+\lambda \boldsymbol{W}u+\varepsilon \tag{4}$$

$$y=\rho \boldsymbol{W}y+\boldsymbol{X}\beta+\boldsymbol{WX}\gamma+\varepsilon \tag{5}$$

式中：y——$n\times 1$ 阶向量，为 n 份样本的二手房平均单价；

$\boldsymbol{X}$——$n\times k$ 阶解释变量矩阵，为样本的特征变量；

$\boldsymbol{W}$——空间权重矩阵，由样本的空间经纬度坐标确定；

ρ——空间滞后项 $\boldsymbol{W}y$ 系数；

λ——空间相关误差项 $\boldsymbol{W}u$ 系数，β 和 γ 均为待估参数。

空间计量经济模型是全局常参数回归模型，其通过回归系数不随样本空间位置的变化而改变的假设，将对空间相关性的解释体现在滞后项或误差中。然而，上述局限性导致空间计量经济模型对城市房地产价格的空间异质性特征刻画不够精确。鉴于此，第五组模型采用地理加权回归模型(Geographically Weighted Regression, GWR)，该模型利用基于空间距离加权的局部样本估计每份样本的模型参数，是局部变参数回归模型，其 HPM 形式为：

$$y_i=\sum_{k=1}^{K=19}\beta_k(u_i,v_i)\cdot x_{ik}+\varepsilon_i \tag{6}$$

式中：(u_i,v_i)——第 i 份样本的空间经纬度坐标；

$\beta_k(u_i,v_i)$——待估系数，是样本空间位置的函数。

根据文献[15]，GWR 模型参数估计值为：

$$\hat{\beta}(u_i,v_i)=[\boldsymbol{X'W}(u_i,v_i)\boldsymbol{X}]^{-1}[\boldsymbol{X'}^T\boldsymbol{W}(u_i,v_i)\boldsymbol{y}] \tag{7}$$

式中：$\boldsymbol{W}(u_i,v_i)$——空间权重矩阵，其权重函数采用 Gaussian 函数。

$$\boldsymbol{W}(u_i,v_i)^2=\phi\frac{d_i}{\sigma\theta} \tag{8}$$

式中：ϕ——标准正态分布的密度函数；

d_i——各样本的距离向量；

σ——d_i的标准差；

θ——最优带宽，其数值由交叉确认方法(Cross-validation procedure, CV)计算，如式(9)所示。

$$\min\ \sum_{i=1}^{n}[y_i-\hat{y}_{\neq i}(\theta)]^2 \tag{9}$$

3 模型估计结果

3.1 估计结果比较

第一组 HPM 模型采用健壮 OLS 方法估计;第二、三、四组 HPM 模型由于考虑空间相关性,若采用 OLS 估计不再具有无偏性和渐进一致性,故采用极大似然估计[15]。HPM 的五组回归模型估计结果如表 2 所示,其中 GWR 估计参数为所有样本估计结果的平均值。

回归模型的估计结果 表 2

变　量	健壮 OLS	SLM	SEM	SDM	GWR
x_1	-0.7230***	-0.0797	-0.6119***	-0.2074	-0.8213***
x_2	-0.0391	-0.0342	-0.0165	-0.0312	-0.0468
x_3	-0.2176	-0.2007**	-0.2338**	-0.1914*	-0.4002**
x_4	0.4968	0.0573	-0.0677	0.1120	1.5771**
x_5	0.3226	0.0520	0.1017	0.1321	-0.0934
x_6	0.6058	0.8397***	0.6996***	0.6237**	-0.4776
x_7	-2.0718***	-1.1425***	-0.7937**	-0.8613**	-1.5434**
x_8	-0.2184	0.1916	-0.1161	0.1452	2.3329**
x_9	-0.0178	-0.0144*	-0.0177*	-0.0120	-0.0510***
x_{10}	0.0750***	0.0221**	-0.0050	0.0039	0.0444**
x_{11}	-0.7915*	-0.4923**	-0.4193	-0.4675*	-1.3243*
x_{12}	11.1263***	1.4028	10.9757***	1.8799	11.7479***
x_{13}	9.3434***	1.3534	10.6359***	1.5175	7.7544***
x_{14}	6.2529***	1.0785	10.1651***	1.1997	6.2516**
x_{15}	15.5338***	6.1124***	15.3649***	6.4327***	11.9040***
x_{16}	9.4035***	2.1369	11.3220***	2.3856*	9.1443***
x_{17}	8.8910***	2.3665	12.4206***	2.5575*	5.5483*
x_{18}	0.7265***	0.2360**	0.0506	0.1088	0.3790**
x_{19}	0.1757	-0.0573	-0.0801	-0.0991	0.1930
—	—	ρ:0.8200***	λ:0.9300***	ρ:0.6370***	—
Adjust R^2	0.7304	0.7949	0.8978	0.8715	0.9490

注:*,**,***分别表示在 10%,5%和 1%水平上显著。

从表 2 中可以看出,在健壮 OLS 的估计结果中,10 个解释变量对城市轨道交通沿线二手房价格的影响在 1%水平上显著,1 个解释变量的影响作用在 10%水平上显著,8 个解释变量的估计参数未通过显著性检验。SLM、SEM、SDM 三组空间计量经济模型考虑了北京市轨道交通沿线二手房价格的空间相关性,其模型的解释能力从健壮 OLS 估计的 73.04% 分别提高到 SLM 的 79.49%、SEM 的 89.78%、SDM 的 87.15%。然而,在基于空间计量经济模型的 HPM 估计结果中,仅有 SEM 的估计结果较好,8 个解释变量对城市轨道交通沿线二手价格的影响在 1% 水平上显著,3 个解释变量的影响作用至少在 10% 水平上显著,仍有 8 个解释变量的估计参数未通过显著性检验。与健壮 OLS 和空间计量经济模型相比,GWR 是局部变参数回归模型,其模型解释能力在五组模型中最好,达到了 94.90%,且 6 个解释变量对城市轨道交通沿线二手房价格的影响在 1% 水平上显著,9 个解释变量的影响作用至少在 10% 水平上显著,仅有 4 个解释变量的估计参数未通过显著性检验。

上述结果与文献[21]的既有研究结论相符,即 GWR 的估计结果要优于 OLS 和空间计量经济模型,但与既有研究结论[16-20]存在差异,即 SLM、SEM、SDM 的估计结果要显著优于 OLS 的估计结果。导致上述结果的可能原因是局部空间范围内房地产特征的相似性使得其价格中存在空间相关性,故采用空间计量经济模型较优;但通过集计处理后的城市轨道交通车站周边 1000m 范围内二手房特征更多地表现为空间异质性,故采用 GWR 模型较优。导致城市轨道交通沿线二手房价格空间异质性的原因:一是城市住房供给与需求的空间不匹配,二是二手房有效供给缺乏弹性,三是车站周边土地利用溢出效应的差异。综上,由于 GWR 对房地产市场空间异质性的离散性、突变性和跳跃性刻画较为精确[21],故本研究采用 GWR 估计北京市轨道交通沿线二手房价格的空间异质性。

3.2 GWR 的估计结果

采用 CV 交互有效性检验,计算 GWR 的最优带宽 θ 为 0.6985。GWR 在扩展 OLS 的基础上,考虑样本的空间异质性,放宽常参数全局估计的假设,采用加权最小二乘法(Weighted Least Squares)对第 i 份样本的 θ 局域加权估计模型参数。GWR 的模型解释能力为 94.90%,比健壮 OLS 提高 29.93%,且如表 3 所示的方差分析结果说明 GWR 的统计性能要显著优于健壮 OLS。

健壮 OLS 和 GWR 的方差分析检验及统计性能对比 表 3

模　型	残差平方和	自　由　度	均　方　差	F　值
健壮 OLS 残差	123.742	236.000	—	—
GWR 改善	80.266	71.332	1.125	—
GWR 残差	46.477	164.668	0.282	3.9868

HPM 的 GWR 估计结果如表 4 所示。一方面,从 GWR 估计系数四分位数的差异中可以看出,特征变量 x_2、x_5、x_6、x_{14}、x_{17}对城市轨道交通沿线二手房价格影响的 25% 分位数和 75% 分位数存在方向性差异。例如,车站 1000m 范围内二手房的交易次数(x_2)对二手房价格的影响从 -0.0783 变化为 0.0279,表明车站周边二手房交易次数增加 1%,北京市轨道交通某一车站周边二手房价格将下降 0.0783%,而另一车站周边二手房价格将增加 0.0279%。另一方面,尽管 x_1、x_3、x_4、x_7、x_8、x_{11}、x_{12}、x_{13}、x_{15}、x_{16}、x_{18}、x_{19}等 12 个特征变量对二手房价格的影响不存在方向性变化,但其作用强度差异显著(标准偏差较大)。例如,住宅到城市地理中心的距离(x_1)对车站周边二手房价格影响强度的 75% 分位数和 25% 分位数的将增加 61.45%。特别是 x_9和 x_{10}对车站周边二手房价格影响作用的差异不显著。综上,城市轨道交

通车站 1000m 范围内二手房各类特征因素对其价格影响强度是空间不平稳的，3.3 节将进一步讨论影响城市轨道交通沿线二手房价格的特征因素的空间模式。

地理加权回归模型的估计结果 表 4

变量	系数	t	标准偏差	25%分位数	中位数	75%分位数
x_1	-0.8213***	-5.8384	0.5775	-1.1830	-0.7245	-0.4561
x_2	-0.0468	-0.5136	0.1453	-0.0783	-0.0429	0.0279
x_3	-0.4002**	-2.3145	0.2754	-0.5867	-0.4443	-0.2849
x_4	1.5771**	2.2402	1.8589	0.2022	1.5346	3.0027
x_5	-0.0934	-0.2474	0.5535	-0.4070	-0.1312	0.2446
x_6	-0.4776	-0.4197	1.6142	-1.5009	-0.2797	0.5341
x_7	-1.5434**	-2.5518	1.3349	-2.2338	-1.4098	-0.7109
x_8	2.3329**	2.4291	2.4659	0.9371	2.0240	3.7015
x_9	-0.0510***	-3.4634	0.0471	-0.0931	-0.0493	-0.0137
x_{10}	0.0444**	2.0455	0.0502	0.0079	0.0394	0.0784
x_{11}	-1.3243*	-1.9451	1.3140	-2.2546	-1.3698	-0.3658
x_{12}	11.7479***	3.1244	13.3920	3.2343	9.6942	14.7884
x_{13}	7.7544***	2.8704	8.8464	1.4137	7.3639	12.4615
x_{14}	6.2516**	2.3423	9.8870	-0.1983	4.9464	9.8246
x_{15}	11.9040***	4.2554	10.0125	4.0088	11.8536	17.4875
x_{16}	9.1443***	3.4880	9.7166	2.3028	8.7624	13.3485
x_{17}	5.5483*	1.8968	11.1301	-1.5996	5.9439	11.3839
x_{18}	0.3790**	2.5084	0.2867	0.3245	0.4278	0.5270
x_{19}	0.1930	1.4225	0.2581	0.0179	0.1561	0.3267

3.3 空间异质性分析

北京市轨道交通沿线房地产市场具有显著的区域特征，表现为城市轨道交通沿线二手房市场呈现圈层结构，价格由城市中心向郊区递减，如图 1 所示。上述城市轨道交通车站 1000m 范围内二手房价格空间分异[21-26]的现象表明北京市轨道交沿线二手房价格存在显著的空间异质特征，表现为相同区域的房地产价格基本趋同，但不同区域的房地产价格差异显著。另外，基于 GWR 的北京市轨道交通沿线二手房价格及其残差的空间分布如图 2 所示。从图 2 中可以看出，随着二手房到北京地理中心的距离（x_1）越远，GWR 的回归效果越好，残差变化幅度越小。具体而言，当二手房位于二环附近（$0 < x_1 \leqslant 0.5 \times 10^4$m）时，GWR 的残差变化幅度较大；当位于三—四环半路之间（$0.5 \times 10^4\text{m} < x_1 \leqslant 1.0 \times 10^4$m）时，GWR 的残差变化幅度降低；当位于五环路附近（$1.0 \times 10^4\text{m} < x_1 \leqslant 1.5 \times 10^4$m）时，GWR 的残差逐渐减小；当位于五环路外（$x_1 > 1.5 \times 10^4$m）时，GWR 的残差趋近于 0。综上，HPM 的 GWR 估计存在显著的异方差现象，表明北京市轨道交通沿线二手房价格存在显著的空间异质性，其空间异质性是城市化模式以及社会经济资源分布不均衡性的表征。

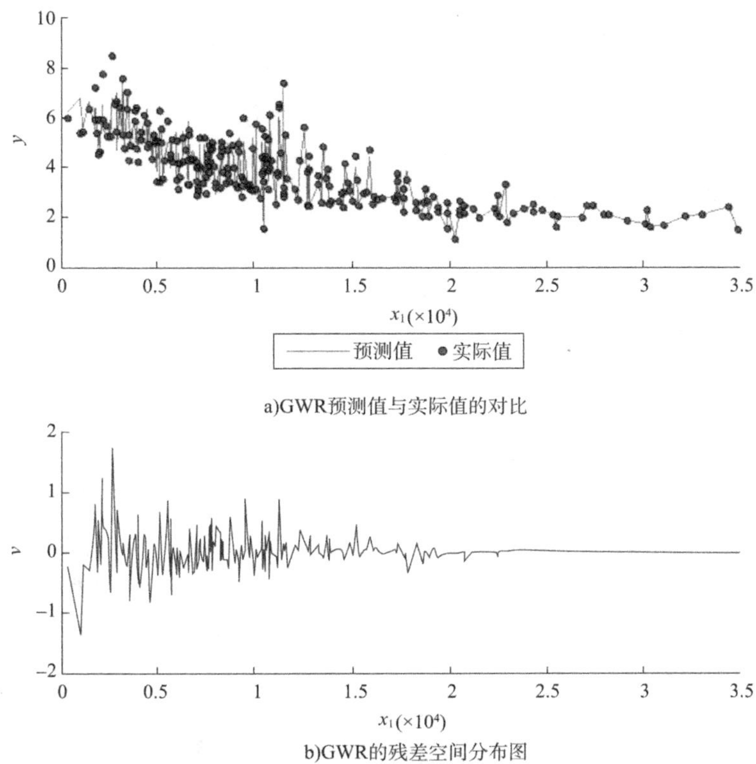

a)GWR预测值与实际值的对比

b)GWR的残差空间分布图

图2　GWR预测结果及其残差的空间分布图

北京市轨道交通沿线二手房价格影响因素存在显著的空间异质性，表现为同一特征变量对二手房价格作用强度的空间差异性显著。具体而言，与北京市轨道交通沿线二手房价格递远递减的空间模式相比，其特征因素对价格影响强度的空间异质性呈现显著的差异。区位特征因素 L 对其价格影响强度的空间模式如图3所示。

从图3中可以看出，区位特征因素 x_1、x_2、x_3 均呈现显著的空间异质性。与二手房价格异质性的空间模式相反，住宅地理位置因素（x_1）对价格影响强度的空间模式是递远递增，如图3a）所示，其反映的是北京城市布局基本形态和功能区分布的空间差异，而二手房交易热点区域（x_2）的空间异质性[图3b）]反映的则是购房者在有限资源的约束下对住宅地理位置选择的差异。城市轨道交通便利性（x_3）对二手房价格影响显著的区域主要为其半径线和直径线位于郊区大型居住社区（如望京、天通苑、回龙观，通州、良乡、大兴、亦庄等）的区域，而对中心城区的影响则呈现为负作用[图3c）]，其反映的是北京职住分离显著的背景下，作为长距离主要通勤方式的城市轨道交通对交通设施相对完善的中心城区的影响作用要远小于郊区的大型高密度居住社区。

综上所述，影响城市轨道交通沿线二手房价格的区位特征因素呈现显著的空间异质性，而这种空间不均衡特征与城市空间布局及建成环境具有紧密的关联。建成环境是包括土地利用、交通系统和城市设计等部分在内的人类社会环境，其空间布局、结构形态、功能结构是复杂的社会经济因素长时间作用下的综合产物。随着城市化进程的推进，城市轨道交通车站周边建成环境溢出效应呈现显著差异，其正是导致区位特征因素空间异质性的根本原因。

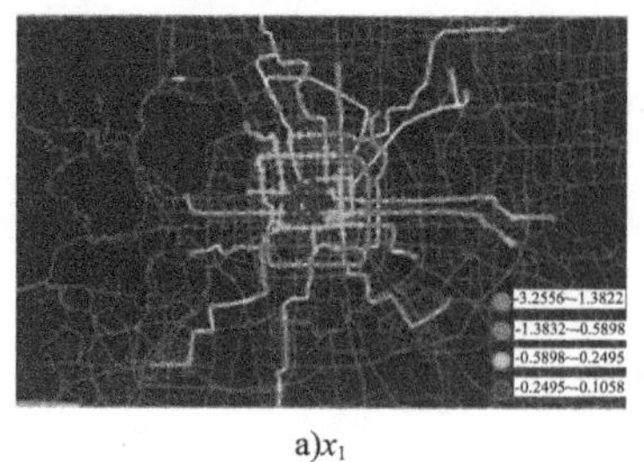

a) x_1

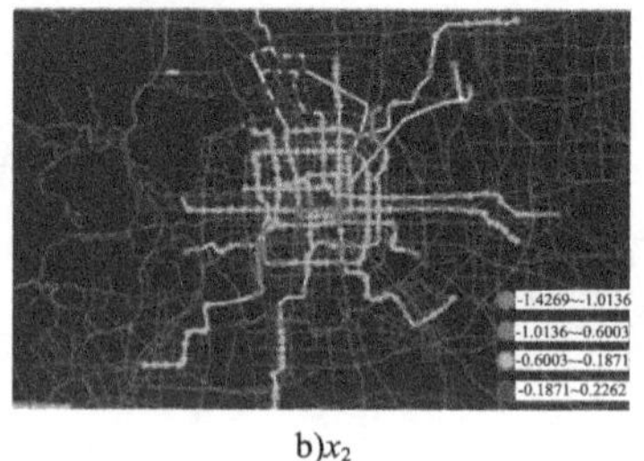

b) x_2

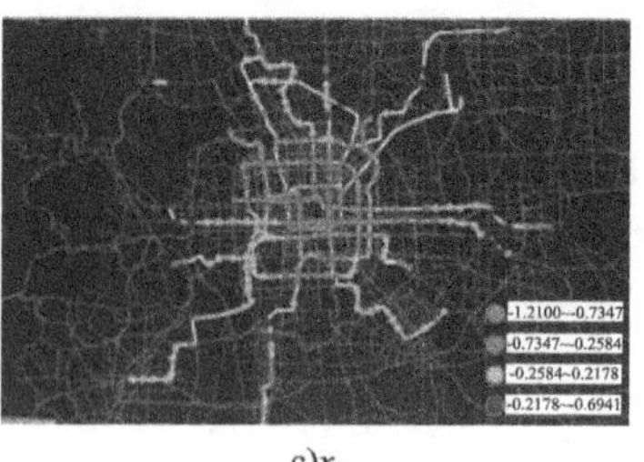

c) x_3

图3　GWR 估计参数(x_1,x_2,x_3)的空间分布

4　结语

城市轨道交通发展对城市功能提升和空间格局优化具有引导作用,如何评估其基础设施的投资效果是协调政府主导的交通设施建设与市场导向的城市土地开发二者关系的关键。本文基于链家网二手房交易数据分析了北京市轨道交通沿线二手房价格的空间异质性及其成因,探讨了城市轨道交通建设对城市空间结构的影响,主要结论如下:

(1)采用健壮 OLS、SLM、SEM、SDM 和 GWR 估计 HPM 的调整 R^2 分别为 0.7304、0.7949、0.8978、0.8715 和 0.9490;显著水平在 10% 以上的解释变量个数分别为 11、8、11、7、和 15。GWR 的估计效果在解释能力和精度方面均要显著优于其余四组模型。

(2)北京市轨道交通沿线二手房市场具有显著的空间异质性,表现为城市轨道交通车站 1000m 范围内的价格呈现圈层结构,价格由城市中心向郊区递减。导致上述价格空间分异的主要原因是北京市商品房供给与需求的空间不匹配,二手房有效供给缺乏弹性以及城市轨道交通车站周边土地利用溢出效应差异的综合结果。

(3)基于 GWR 的北京市轨道交通沿线二手房价格影响因素存在显著的空间异质性,例如区位特征和邻里特征。然而,二手房住宅特征的时间变量对价格影响强度的空间异质性高度相似,表明自 2011 年线网形态基本定型后,北京市轨道交通的网络化建设较难适应新型城镇化时期的都市圈或城市群通勤交通需求,对调整城市空间布局,优化提升首都核心功能收效并不显著。因此,通过建设市域或市郊轨道交通网络,强化中心城区与周边功能区的交通联系,是提升北京城市竞争力以及培育国际化的京津冀城市群的关键问题之一。

参 考 文 献

[1] 中华人民共和国国务院. “十三五”现代综合交通运输体系发展规划. 2017-02-03.

[2] YANG J, QUAN J, YAN B, et al. Urban rail investment and transit-oriented development in Beijing: Can it reach a higher potential? Transportation Research Part A, 2016, 89: 140-150.

[3] 全永燊. 城市交通若干问题的思考与辨识[R]. 中国城市交通规划年会, 2017-06-10.

[4] 中华人民共和国交通运输部. 公交都市考核评价指标体系. 2013-06-24.

[5] RAYMOND Y C T. Estimating neighborhood effects in house prices: Towards a new hedonic model approach. Urban Studies, 2002, 39(7): 1165-1180.

[6] RYAN S. Property values and transportation facilities: Finding the transportation-land use connection. Journal of Planning Literature, 1999, 13(4): 412-427.

[7] SMITH J,GIHRING T,LITMAN T. Financing transit systems through value capture:An annotated bibliography. American Journal of Economics and Sociology,2006,65(3):751-786.

[8] 叶霞飞,蔡蔚. 城市轨道交通开发利益还原方法的基础研究[J]. 铁道学报,2002,24(1):97-103.

[9] 冯长春,李维瑄,赵蕃蕃. 轨道交通对其沿线商品住宅价格的影响分析[J]:以北京地铁5号线为例. 地理学报,2011,66(8):1055-1062.

[10] 庄焰,郑贤. 轨道交通对站点周边商业地价的影响[J]. 中国土地科学,2007,21(4):38-43.

[11] ROSEN S. Hedonic prices and implicit markets:Product differentiation in pure competition. Journal of Political Economy,1974,82(1):34-55.

[12] 郑捷奋,刘洪玉. 深圳地铁建设对站点周边住宅价值的影响[J]. 铁道学报,2005,27(5):11-18.

[13] 聂冲,温海珍,樊晓锋. 城市轨道交通对房地产增值的时空效应[J]. 地理研究,2010,29(5):801-810.

[14] 梁青槐,孔令洋,邓文斌. 城市轨道交通对沿线住宅价值影响定量计算实例研究[J]. 土木工程学报,2007,40(4):283-283.

[15] LESAGE J P, PACE R K. Introduction to spatial econometrics. Boca Raton: CRC Press,2009.

[16] ÁNGEL I,CORDERA R,DELL O L,et al. Modelling transport and real-estate values interactions in urban systems. Journal of Transport Geography,2012,24(3):370-382.

[17] KAY A I,NOLAND R B,DIPETRILLO S. Residential property valuations near transit stations with transit-oriented development. Journal of Transport Geography,2014,39(39):131-140.

[18] 王福良,冯长春,甘霖. 轨道交通对沿线住宅价格影响的分市场研究——以深圳市龙岗线为例[J]. 地理科学进展,2014,33(6):765-772.

[19] MACFARLANE G S,GARROW L A,M C J. Do Atlanta residents value MARTA? Selecting an autoregressive model to recover willingness to pay. Transportation Research Part A,2015,78:214-230.

[20] XU T,ZHANG M,ADITJANDRA P T. The impact of urban rail transit on commercial property value: New evidence from Wuhan, China. Transportation Research Part A,2016,91:223-235.

[21] 董冠鹏,张文忠,武文杰,等. 北京城市住宅土地市场空间异质性模拟与预测[J]. 地理学报,2011,66(6):750-760.

[22] 隋雪艳,吴巍,周生路,等. 都市新区住宅地价空间异质性驱动因素研究——基于空间扩展模型和 GWR 模型的对比[J]. 地理科学,2015,35(6):683-689.

[23] DZIAUDDIN M F, POWE N, ALVANIDES S. Estimating the effects of light rail transit (LRT) system on residential property values using geographically weighted regression (GWR). Applied Spatial Analysis & Policy,2015,8(1):1-25.

[24] HEWITT C M, HEWITT W E. The effect of proximity to urban rail on housing prices in Ottawa. Journal of Public Transportation, 2012, 15(4):43-65.
[25] CRESPO R, GRÊT R A. Local hedonic house-price modelling for urban planners: Advantages of using local regression techniques. Environment and Planning B, 2013, 40:664-682.
[26] MULLEY C. Accessibility and land value uplift: Identifying spatial variations in the accessibility impacts of a bus transitway. Urban Studies, 2014, 51(8):1707-1724.
[27] 北京交通发展研究院. 北京市交通发展年度报告(2011—2016)[R].

作者简介

李明高,1989 年出生,男,江西抚州人,博士,高级工程师,主要研究方向为城市轨道交通规划与运营组织。

吴一迪,1993 年出生,女,本科,工程师。

续岩,1991 年出生,男,硕士,工程师。

陈叶,1992 年出生,男,硕士,工程师。

城市轨道交通对商业房地产价值的影响分析

Impact Analysis of Urban Rail Transit on Value of Commercial Property

姚 晴[1] 杜 鹏[*1,2]

1. 北京交通大学 交通运输学院;

2. 综合交通运输大数据应用技术交通运输行业重点实验室,北京 100044

摘 要 本研究考察了城市轨道交通对周边商业房地产价值的影响。基于传统的特征价格模型和空间经济学模型,本文确定了城市轨道交通对商业房地产价值的积极影响,并进一步探究了具体的交通溢价范围与溢价规模。结果表明,轨道交通的溢价作用主要集中在地铁站800m范围内。100～200m半径范围内的商业房地产享有最高的交通溢价,达到58.90%,0～100m范围内的溢价为48.92%,200～800m范围内的溢价维持在20%～30%。这里的研究结论有助于更好地认识城市轨道交通的正外部性,从而制定合理的溢价回收策略以实现城市轨道交通的可持续发展。

关键词 城市轨道交通;商业房地产;交通溢价;正外部性;可持续发展

1 引言

我国城市轨道交通建设已进入蓬勃发展期,交通可持续发展问题也得到了广泛关注。为了充分认识轨道交通外部性对周围房地产价值的影响,很多学者对不同功能类型的房地产展开了交通溢价方面的研究。然而,绝大多数研究集中在住宅物业。即便如此,一些早期研究发现轨道交通对商业房地产的溢价作用更为显著。例如,Weinstein和Clower[1]研究表明,美国达拉斯市DART沿线的零售业土地出现了29.7%的溢价,办公地产的溢价为10.1%,而住宅用地的溢价规模仅为7.7%。Cervero[2]在美国圣地亚哥县的轻轨和通勤铁路沿线发现多种用途的土地均存在可观的交通溢价,站点800m以内的多户、单户住宅溢价为17.6%、17%,公寓溢价为6.4%,而商业土地的溢价规模达到71.9%～91.7%。随着轨道交通沿线商业房地产市场的不断繁荣,有关城市轨道交通对商业房地产价值影响的实证分析显得尤为重要。

本文选取我国上海市这一案例,在特征价格模型的基础上进行空间自相关性分析,依据测定的误差来源选取合适的空间经济学模型,更为准确地量化出城市轨道交通对商业房地产价值的全域平均影响。在定义若干描述房地产位置的地铁站邻近性变量后,使用空间自回归模型进一步评估城市轨道交通对商业房地产价值的显著影响范围以及该范围内的具体溢价规模。

2 文献综述

国际上很多学者研究了轨道交通对房地产价值的影响,绝大多数研究证明了轨道交通能够显著提高沿线的房地产价值,尤其是商业房地产。美国联邦交通管路局(FTA)[3]在特征价格模型中创建了描述车站邻近性的连续型距离变量,对华盛顿的轨道交通溢价作用展开研究,结果表明商业房地产每远离地铁 1000ft(1ft = 0.3048m),其价格下降约 2.109%。Ko 和 Cao[4]利用特征价格模型发现了美国明尼苏达州的海华沙轻轨铁路可以为附近的房产带来巨大的溢价,这种影响延伸到距离轻轨车站约 0.9mile(1mile = 1609m)的地方。Mohammad 等人[5]在地铁站周边建立不同距离的同心圆环,并将虚拟的二元变量引入到双重差分模型与特征价格模型中来,证明了地铁对住宅和商业地产价值的积极影响在距离车站 701 ~ 900m 范围内最大,分别为 13% 和 76%。

随着轨道交通建设在我国多个城市的迅速发展,国内学者也展开了关于交通溢价方面的广泛研究。这些研究大多采用特征价格模型,发现了接近轨道交通站点可为土地价值带来积极影响。Xu 等人[6]在距离武汉地铁 2 号线站点 400m 的路网半径范围内发现了商业房地产价值增值,并将交通溢价分为两层:0 ~ 100m 核心区域的溢价为 16.7%,100 ~ 400m 半径范围内约为 8.0%。谷一桢等人[7]在对北京地铁 13 号线周边住宅价格的研究中发现,站点半径 1km 内的房价比 1km 外房价高 20%。张沈生等人[8]研究发现沈阳地铁 1 号线 400m 半径范围内的住宅溢价 27.4%,800m 半径范围内的溢价为 20.1%。

3 方法和数据

3.1 特征价格模型

特征价格模型(Hedonic price model,HPM)的基本假设是房地产价格可由它的一组属性的隐含价格所估计。在对城市轨道交通站点周围进行的房地产增值方面的大量实例研究中,HPM 是最常采用的方法。HPM 有三种功能形式:线性形式、双对数形式和半对数形式。其中,非线性模型可为研究案例带来更具代表性的结果。同时,考虑到我们设定的初始自变量存在赋值变量,故该研究最终选择了半对数模型,只对因变量进行对数变换,以数学形式表示为公式(1)。

$$\ln(P_i) = \alpha + \sum_k \beta_k \chi_{ik} + \varepsilon_i \tag{1}$$

式中:P_i——第 i 处商业房地产的价格;

α——常数;

χ_{ik}——第 i 处商业房地产的第 k 个属性值;

β_k——待估系数;

ε_i——随机误差项。

3.2 空间经济学模型

考虑到HPM模型忽略了空间数据中普遍存在的空间自相关性问题，这可能会导致系数的显著性检验不可靠、估计效率低下。因此，我们通过空间回归技术来校准特征价格模型，从而获得更可靠的统计参数。空间经济学模型根据对"空间"体现方法的不同分为两种：空间自回归模型(Spatial Autoregressive model, SAR)和空间误差模型(Spatial Errors model, SEM)。SAR反映了因变量的影响会通过空间传导机制作用于其他地区，SEM反映了区域外溢是随机产出的结果。SAR和SEM模型如公式(2)、公式(3)和公式(4)所示。

$$\ln(P_i) = \alpha + \rho W \ln(P_i) + \sum_k \beta_k \chi_{ik} + \varepsilon_i \tag{2}$$

$$\ln(P_i) = \alpha + \sum_k \beta_k \chi_{ik} + \varepsilon_i \tag{3}$$

$$\varepsilon_i = \lambda W \varepsilon_i + \upsilon \tag{4}$$

式中：ρ 和 λ——空间相关参数，衡量观测值之间的空间相互作用程度；

W——空间权重矩阵；

υ——残差。

为了测定特定误差是由因变量的空间传导效应引起的，还是由模型中的误差项引起的，我们使用拉格朗日乘数测试(Lagrange Multiplier Test, LM)和稳健拉格朗日乘数测试(Robust Lagrange Multiplier Test, RLM)对特征价格模型进行检验。依据测定的误差来源选择相应的空间经济学模型来进行城市轨道交通对商业房地产的交通溢价分析。

3.3 数据来源

在HPM模型中对每个样本均考虑以下四组解释变量：第一组变量描述了商业的结构信息，包括面积、所在楼层、建筑功能以及商业类型；第二组变量描述了商业的位置属性，包括样本到最近公交站、高速路、城市快速路、主路和普通道路的距离，均采用欧几里得距离来度量，并设置"市中心"变量来衡量样本在上海市内分区中的区位信息，另有五大商圈变量可以衡量商区的投资偏好；第三组变量描述了商业的邻域属性，表征其获得公共便利设施(如学校、医院、药店、绿地、水域、公园等)的情况；第四组是地铁站邻近性属性，既可以采用连续型的距离变量来描述车站邻近性，亦可以采用离散型的虚拟变量将所考虑的区域划分成若干的圈层，该属性也是本研究的重点评估目标。

通过设计网络爬虫程序，从一个专业的房地产信息网站(www.fang.com)上爬取关于商业房地产的要价、结构特征和详细地址等信息，爬取过程严格遵守了网站的Robots协议，按规定的爬取策略执行。考虑到有些商业的属性信息并未在互联网上充分反映，或者信息存在矛盾与不统一之处，我们通过设计一份问卷进行了现场调查，并基于地址信息将收集到的商业房地产样本添加到Arcgis中。图1展示了上海市商业房地产销售样本的空间分布。

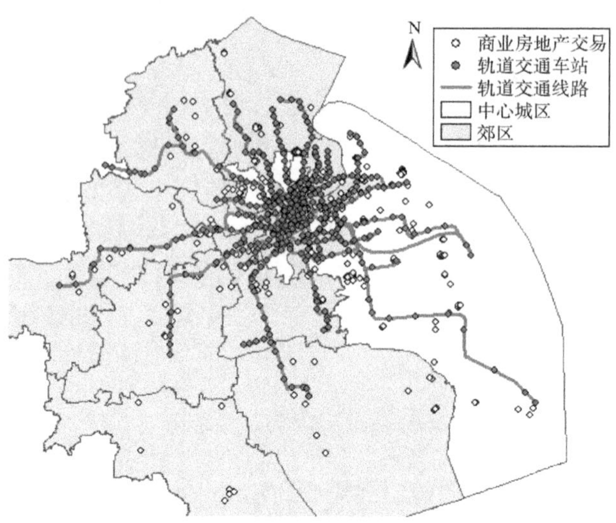

图1　上海市轨道交通线路、车站以及商业房地产交易

4　实证分析

分析分为两部分:第一部分,基于不同的空间权重矩阵对 HPM 模型进行 LM 和 RLM 测试,选择相应的空间经济模型对城市轨道交通的全域平均影响进行估计与分析;第二部分,定义描述地铁站影响范围的圈层,使用空间经济学模型来估计轨道交通对商业房地产价值的具体影响范围与溢价规模。

4.1　全域平均溢价分析

首先,将 4.2 节中要介绍的影响商业房地产价值的所有变量引入初始的特征价格模型,共计 24 个变量。对该初始的特征价格模型进行系数的显著性检验与多重共线性检验后,得到表 1 中的 HPM。模型中最终保留下的 19 个变量均通过了 10% 水平的显著性检验。

各模型的回归结果　　表1

模　型	HPM		SEM	SAR(1)	SAR(2)	SAR(3)
	Coef.	VIF	Coef.	Coef.	Coef.	Coef.
结构属性						
所在楼层	-0.077**	1.050	-0.076**	-0.083***	-0.091***	-0.088***
住宅底商 (0,1)	0.153*	2.822	0.139*	0.148*	0.175**	0.172**
写字楼底商(0,1)	0.230*	1.534	0.191	0.183	0.221*	0.182
商业街商铺 (0,1)	0.190**	2.895	0.177**	0.161**	0.161**	0.160**
购物中心商铺 (0,1)	0.230**	2.564	0.225**	0.205**	0.274***	0.271***
位置属性						
与最近公交站的距离 (m)	-1.057E-4**	1.558	-1.046E-4**	-7.71E-5*	-1.029E-4**	-1.019E-4**

续上表

模　　型	HPM		SEM	SAR(1)	SAR(2)	SAR(3)
	Coef.	VIF	Coef.	Coef.	Coef.	Coef.
与最近高速路的距离(m)	1.787E-5**	1.773	1.82E-5**	1.64E-5**	-1.55E-6	-9.79E-7
与最近城市快速路的距离(m)	-8.467E-6***	2.270	-7.62E-6**	-8.83E-6***	-6.98E-6**	-5.91E-6**
与最近城市主路的距离(m)	-9.569E-5***	1.360	-9.35E-5***	-9.34E-5***	-6.29E-5***	-6.15E-5***
与最近城市支路的距离(m)	-4.094E-4**	1.449	-4.073E-4**	-4.657E-4***	-4.318E-4***	-4.222E-4***
市中心(0,1)	0.115*	2.208	0.098	0.115*	0.073	0.054
徐家汇商圈(0,1)	0.316*	1.166	1.321	0.306*	0.271	0.295*
南京路商圈(0,1)	0.657**	1.071	0.646**	0.654**	0.554*	0.570*
陆家嘴商圈(0,1)	0.324*	1.249	0.372**	0.343**	0.429***	0.437***
五角场商圈(0,1)	0.744***	1.104	0.748***	0.748***	0.606**	0.600**
邻域属性						
与最近公园的距离(m)	2.748E-5**	2.110	2.64E-5*	2.6E-5**	-6.99E-7	-1.54E-6
与最近药店的距离(m)	8.417E-5*	2.067	8.22E-5	1.075E-4**	8.28E-5*	8.34E-5*
与最近水域的距离(m)	-2.186E-4**	1.424	-2.266E-4**	-2.29E-4***	-2.735E-4***	-2.819E-4***
地铁站邻近性						
与最近地铁站的距离(m)	-4.351E-5***	1.773	-4.61E-5***	-3.9E-5***	—	—
地铁站0~100m内(0,1)	—	—	—	—	0.466***	0.489***
地铁站100~200m内(0,1)	—	—	—	—	0.565***	0.589***
地铁站200~300m内(0,1)	—	—	—	—	0.269**	0.288***
地铁站300~400m内(0,1)	—	—	—	—	0.266**	0.286***
地铁站400~500m内(0,1)	—	—	—	—	0.226**	0.243**
地铁站500~600m内(0,1)	—	—	—	—	0.261**	0.285***
地铁站600~700m内(0,1)	—	—	—	—	0.274***	0.302***
地铁站700~800m内(0,1)	—	—	—	—	0.222**	0.242***
地铁站800~900m内(0,1)	—	—	—	—	-0.003	—

续上表

模　型	HPM		SEM	SAR(1)	SAR(2)	SAR(3)
	Coef.	VIF	Coef.	Coef.	Coef.	Coef.
地铁站 900~1000m 内(0,1)	—	—	—	—	0.029	—
ρ	—	—	—	0.032***	0.036***	0.037***
λ	—	—	0.135*	—	—	—
_cons	10.612***	10.651***	10.304***	10.193***	10.162***	—
R^2	0.326	0.325	0.339	0.385	0.379	—
AIC	470.905	469.414	464.359	455.353	455.144	—
Dependent variable: ln(*p*)						

注：*** $p<0.01$，** $p<0.05$，* $p<0.1$。

接下来，8个不同阈值距离的空间权重矩阵 *W* 被创建用来实现空间自相关分析——LM和RLM检验。结果如表2所示：LM-lag指标值几乎均高于LM-error值，且RLM的补充验证表明R-LMlag值亦高于*R*-LMerror值。因此，SAR是恰当的空间自回归表达形式。基于不同 *W* 矩阵所构建的SAR模型的性能统计指标推荐阈值距离为3km的 *W* 矩阵。进一步地，将HPM分别转化为阈值距离为3km的SAR和SEM模型，表1中SAR(1)模型的拟合优度指标(R^2、AIC)亦优于HPM与SEM模型，且该模型的回归结果表明：当其他条件相同时，每靠近地铁站1km，商业房地产价格平均增加约3.825%($e^{-0.039}-1$)，并通过了1%水平的显著性检验。

空间相关性诊断检验(基于HPM)　　表2

测　试	$W_{d=1000m}$	$W_{d=1500m}$	$W_{d=2000m}$	$W_{d=2500m}$	$W_{d=3000m}$	$W_{d=3500m}$	$W_{d=4000m}$	$W_{d=4500m}$
空间误差								
英兰指数	2.539**	1.254	1.510	2.333**	2.885***	2.734***	3.083***	2.808***
拉格朗日乘数	1.604	0.156	0.429	1.919	3.596*	3.120*	4.346**	3.221*
稳健拉格朗日乘数	1.446	0.063	0.207	1.000	2.162	1.726	2.945*	2.016
空间滞后								
拉格朗日乘数	0.754	2.964*	3.624**	8.713***	8.973***	8.531***	4.886**	4.756**
稳健拉格朗日乘数	0.596	2.871*	3.401	7.794***	7.539***	7.137***	3.485*	3.551*
性能统计(SAR)								
对数似然	-213.019	-212.304	-210.653	-210.490	-210.180	-212.048	-212.294	-211.647
AIC	470.037	468.609	465.306	464.980	464.359	468.097	468.587	467.293
BIC	556.547	555.118	551.815	551.490	550.869	554.606	555.097	553.803
瓦尔德空间项检验	2.88*	4.32**	7.68***	8.01***	8.65***	4.84**	4.34**	5.66**

注：*** $p<0.01$；** $p<0.05$；* $p<0.1$。

4.2 轨道交通邻近溢价分析

为了进一步探究城市轨道交通对房地产价值的影响范围,本文在SAR(2)模型中引入描述地铁站邻近性的虚拟变量,即在地铁站周围绘制若干100m宽的同心圆环。表1中SAR(2)模型的回归结果表明,城市轨道交通对商业房地产价值的影响主要集中在距离地铁站800m半径范围内,约为车站的合理步行范围。继而,保留800m内的二元邻近性变量,得到表1中SAR(3)的回归结果:最高溢价出现在距离地铁站100~200m范围内,达到58.90%;其次,0~100m范围内的商业房地产溢价规模为48.92%;从200m到800m,商业房地产的溢价规模维持在20%~30%。

其他因素对商业房地产价值也表现出了不同程度的影响。在结构属性中,与"路边零售"等其他商业类型相比,"商业街"和"购物中心"均表现出积极影响,溢价分别为16.0%、27.1%。住宅底商也会相应地提高商业房地产的价值。正如"楼层价值级差"原理,研究表明随着楼层的上升其商业价值是趋减的,每升高一层房地产价格将下降8.8%左右。对于位置信息,"与最近公交站距离"的负系数代表每靠近公交站点100m将为商业房地产带来平均1.02%的交通溢价;靠近城市快速路、主路和支路均能为商业房地产带来不同程度的溢价;四大商圈均获得了正系数,这在一定程度上反映了商圈对商业房地产市场的带动作用。就邻域变量而言,靠近水域能够赋予商业一定的位置优势,从而提高周边商业房地产的价值,而靠近药店等医疗场所虽可为人们提供便利,但却不利于商业市场的发展。

5 结语

本文运用特征价格模型、空间经济学模型以及相关的空间回归技术,证明了靠近轨道交通车站将为商业房地产价值带来积极影响,并进一步确定了地铁对站点800m半径范围内的商业房地产具有显著的溢价效应。其中,距离地铁站100~200m半径范围内的交通溢价最高,达到58.90%;其次是0~100m范围内的交通溢价,约为48.92%。这些发现将有助于地方政府更好地理解轨道交通正外部性对房地产价值的影响,制定更为合理的溢价回收策略,实现轨道交通正外部性的内在化与交通的可持续发展。

参考文献

[1] WEINSTEIN B L, CLOWER T L. The initial economic impacts of the DART LRT System [R]. University of North Texas Centre for Economic Development and Research: Dallas Area Rapid Transit, 1999.

[2] CERVERO R. Effects of light and commuter rail transit on land prices: Experience in san deigo county[R]. University of California, 2003.

[3] FTA. Transit benefits 2000 working papers-A public choice policy analysis. In: U. S. Department of Transportation (ed.), Washington D. C, 2000.

[4] K K, CAO X. The impact of Hiawatha Light Rail on commercial and industrial property values in Minneapolis [J]. Journal of Public Transportation, 2013, 16(1): 47-66.

[5] MOHAMMAD S I,GRAHAM D J,MELO P C. The effect of the Dubai Metro on the value of residential and commercial properties[J]. Journal of Transport and Land Use,2017,10(2):1-25.

[6] Xu T,ZHANG M,ADITJANDRA P T. The impact of urban rail transit on commercial property value:New evidence from Wuhan, China [J]. Transportation Research Part A, 2016, 91: 223-235

[7] 谷一桢,郑思齐.轨道交通对住宅价格和土地开发强度的影响——以北京市 13 号线为例[J]. 地理学报,2010,65(02):213-223.

[8] 张沈生,张卫,张文芳.地铁对沿线住房价格的空间性影响及建议——以沈阳市地铁 1 号线为例[J]. 建筑经济,2013(08):83-85.

作者简介

姚晴,1996 年出生,女,山东济宁人,北京交通大学交通运输规划与管理专业硕士研究生,研究方向为以公交为导向的城市开发模式(TOD)。

杜鹏,1974 年出生,男,河南焦作人,2005 年博士毕业于北京交通大学交通运输规划与管理专业,北京交通大学交通运输学院副教授,研究方向为城市轨道交通系统运营管理。

无信号控制行人过街交通模型研究

Pedestrian Behavior Model on Unsignalized Crossing Road

程仁辉　贾顺平
北京交通大学 城市轨道交通系,北京 100044

摘　要　行人是城市道路上易受伤害的弱势群体。本文结合人工调查和视频摄像技术,对徐州市典型的无信号控制人行横道进行了行人交通调查。该文首先分析了行人的到达规律,得出行人的到达服从负二项分布。建立了行人过街可穿越间隙模型,综合实际与模型计算得出行人可穿越间隙的时间约为4.8s。计算行人过街延误时间后发现,行人人均延误时间约为8.7s。在对行人过街场景进行仿真后,得到了行人延误时间和车流量之间的关系。结果显示,当道路交通量达到2000辆/h时,行人和车辆之间会形成严重堵塞。

关键词　城市交通;无信号控制人行横道;可穿越间隙;延误时间

1　引言

行人交通是城市道路交通中的重要组成部分。在城市人口和车流量不断增长、交通愈发错综复杂的环境里,行人的安全经常遭到威胁。在无信号控制路段,行人流、非机动车流和机动车流之间的冲突问题尤其严重。在加纳,每年行人伤亡人数占所有道路事故死亡人数的40%以上,占城市道路事故死亡人数的60%[1]。

关于行人交通的研究,人们主要是在调查的基础上,通过大量数据建立交通模型来分析行人交通特性和过街安全问题[2]。Lyons等[3]基于人工神经网络的方法,从精度和处理要求两方面建立了行人的可接受间隙模型素。彭勇[4]通过交通调查和数据分析确定了人车冲突严重程度的影响因素,建立了基于Odered probit回归分析的人车冲突量化模型。Marisamynathan等[5]建立了混合交通条件下信号交叉口人行横道行人安全指标模型,并对信号交叉口行人安全改进措施进行了理论分析和应用。Ojo等[6]采用自然探索和描述性研究相结合的方法,对开普敦市斑马线处行人行为和安全性进行了评估。

本文通过对过街行人进行交通调查,统计数据分析了行人的到达规律。然后采用二元Logistic回归建立了行人可穿越间隙模型,求出了由于人车冲突导致的行人过街时间延误,并使用仿真软件进行验证和比较,得到了行人平均延误时间受交通量变化影响的结果。

2 行人到达规律

本文数据调查于 2018 年 4 月 14 日，选取的无信号控制人行横道位置处于中国矿业大学文昌校区和大学科技园之间，路段两侧来往人数很多，因此路段上的行人交通具有普遍性。调查分析行人交通特性和到达规律，可以为道路解决混合交通流提供有效根据，对改善行人过街现状具有重要意义。

行人的到达是随机的，所以考虑泊松分布、二项分布以及负二项分布等离散型随机变量分布进行拟合。它们之间的主要区别是样本的均值和方差的大小关系。

步骤 1：分布模型的确定。

对视频数据进行统计，每 10s 记录一次行人的到达人数，最终测算出了有效的行人到达频数 400 个，总人数 1265 人。得到行人到达频数分布，如图 1 所示。

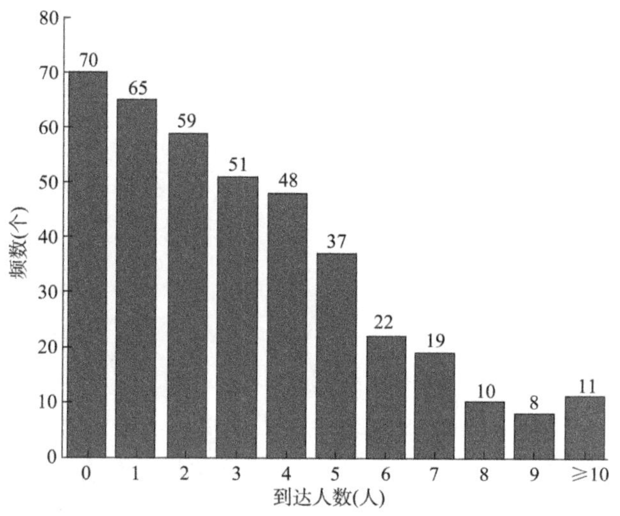

图 1 行人到达频数分布直方图

经计算，求得样本的均值 $\bar{x}=3.15$，方差 $S^2=7.640$，$S^2>\bar{x}$，符合负二项分布要求，因此可以采用负二项分布来进行拟合。

已知了样本的均值和方差，就可以求出 p 和 r 的估计值：

$$p=\frac{\bar{x}}{s^2}=\frac{3.15}{7.640}=0.412 \tag{1}$$

$$r=\frac{(\bar{x})^2}{s^2-\bar{x}}=\frac{3.15^2}{7.640-3.15}=2.210 \tag{2}$$

r 取整数为 2，则 $r-1=1$，$p^r=0.412^2=0.1697$，所以行人到达分布模型为：

$$P_k=0.1697C_{k+1}^{1}0.588^k \quad (k=0,1,2,\cdots,n) \tag{3}$$

步骤 2：模型的验证。

在交通工程学的假设检验中，我们一般采用 χ^2 检验，来对模型理论上的分布和样本实际数据进行拟合优度检验。

(1)建立原假设 H_0

H_0:行人到达规律服从 $p=0.412, r=2.210$ 的负二项分布,模型为:

$$P_k = 0.1697C_{k+1}^{1}0.588^k \quad (k=0,1,2,\cdots,n)$$

(2)确定统计量

将行人到达人数 k 分成 11 组后,根据每组的实际频数 n_k,求出理论概率 p_k,理论频数 np_k,那么可以建立统计量χ^2:

$$\chi^2 = \sum_{k=0}^{n} \frac{(n_k - np_k)^2}{np_k} \tag{4}$$

(3)确定统计量临界值

取显著性水平 $\alpha=0.05$,自由度 $DF=n-r-1=8$,查χ^2 分布表可知,临界值$\chi_\alpha{}^2=15.507$。

(4)计算统计量

统计量计算值如表 1 所示。

实际和理论计算值表 表 1

到达人数 k	实际频数 n_k	理论概率 p_k	理论频数 np_k	$\frac{(n_k-np_k)^2}{np_k}$
0	70	0.1697	67.88	0.06
1	65	0.1996	79.83	3.38
2	59	0.1760	70.41	2.21
3	51	0.1380	55.20	0.35
4	48	0.1014	40.58	1.15
5	37	0.0716	28.64	1.89
6	22	0.0491	19.64	0.25
7	19	0.0330	13.20	1.77
8	10	0.0218	8.73	0.16
9	8	0.0143	5.70	0.66
> =10	11	0.0255	10.20	0.06
总计	400	1.0000	400	11.95

由表 1 所得出计算结果,计算值$\chi^2=11.95$,知$\chi^2<\chi_\alpha{}^2$,所以接受 H_0,即认为行人的到达分布服从 $P_k=0.1697C_{k+1}^{1}0.588^k$ 的负二项分布。

3 行人可穿越间隙模型

在无信号控制路段,行人过人行横道会和机动车的通行产生冲突,行人和机动车都会自动地寻找安全的可穿越间隙穿过。车流量很大时,行人出于安全考虑,会等候车流变小直到有可穿越的安全间隙才会快速通过人行横道。本文以行人为分析对象,寻求建立行人的可穿越间隙模型。

行人在过人行横道与机动车冲突过程中,行人在一定的穿越间隙内是否选择通过有两种情况:当车头时距 > 可穿越间隙时,行人选择通过;当车头时距 < 可穿越间隙时,行人选择不通过。由此可知行人是否过街是一种二元选择,因此采用二元 Logistic 回归模型对行人过街的选择行为进行分析。

假设行人过街事件是具有 n 个独立变量的向量 $X=(X_1,X_2,\cdots,X_n)$,设因变量为 y,$y=1$ 表示行人选择通过,$y=0$ 则表示行人选择不通过。设条件概率 $P(y=1|x)=p_i$ 表示事件发生的概率。则 Logistic 回归模型可以表示为:

$$p_i=\pi(x)=\frac{1}{1+\mathrm{e}^{-g(x)}} \tag{5}$$

式中,$g(x)=w_0+w_1x_1+\cdots+w_nx_n$,代表的是影响行人过街事件发生的自变量的线性函数。

3.1 建立模型

通过实际观察和过去的相关研究,对行人是否选择通过车流间隙,主要考虑三个因素:车头时距、行人数量、行人等待时间。

从视频中共提取了 150 组有效数据,每组数据包括“行人的选择”“车头时距”“行人等待时间”“行人数量”,经过 SPSS 相关性分析后,得出表 2 的相关性分析结果。

相关性分析结果 表 2

相关系数的选择	参 数	车头时距(s)	行人等待时间(s)	行人数量(人)
Kendall 的 tau _b	相关系数	0.467**	-0.204**	0.214**
	Sig.(双侧)	0.000	0.003	0.003
	N	150	150	150
Spearman 的 rho	相关系数	0.564**	-0.247**	0.242**
	Sig.(双侧)	0.000	0.002	0.003
	N	150	150	150

注:**——在置信度(双测)为 0.01 时,是显著相关的。

从表 2 中可以看出,在置信度(双侧)为 0.01 时,车头时距、行人等待时间以及行人数量与行人选择的相关性都是显著的。所以,在建立模型时,应该综合考虑这三项的影响。设置行人对车流间隙的选择为因变量,且定义二元因变量 $y=1$ 为行人通过,$y=0$ 为行人不通过。因此,影响行人选择的自变量的线性函数用式(6)表示。

$$g=\alpha+\beta_1h_t+\beta_2t+\beta_3n \tag{6}$$

式中:α——常数项;

h_t——车头时距(s);

t——行人等待时间(s);

n——行人数量(人)。

由此,对行人可穿越间隙概率建立的 Logistic 回归模型为:

$$\rho=\frac{1}{\mathrm{e}^{-(\alpha+\beta_1h_t+\beta_2t+\beta_3n)}} \tag{7}$$

接下来需要得出各参数的值,应用 SPSS 中“二元 Logistic”对调查数据进行回归分析,在经过六次迭代后,得到表 3 回归分析结果表。

回归分析最终结果表　　表3

参数	B	S.E	Wals	df	Sig.	Exp (B)
车头时距(s)	1.424	0.249	32.830	1	0.000	4.154
行人等待时间(s)	0.599	0.139	18.484	1	0.000	1.821
行人数量(人)	0.146	0.058	6.469	1	0.011	1.158
常量	-6.864	1.227	31.275	1	0.000	0.001

从结果中的 Wals、Sig 参数可以得知，车头时距、行人等待时间以及行人数量的显著性都很明显，都需要作为模型的自变量。

表中 B 为各自变量的回归系数，车头时距为 1.424，行人等待时间为 0.599，行人数量为 0.146，常量为 -6.864。所以，行人可穿越间隙概率模型为：

$$\rho = \frac{1}{e^{-(-6.864+1.424h_t+0.599t+0.146n)}} \tag{8}$$

利用此模型，在给出车头时距、行人等待时间以及行人数量的情况下，就可以对行人是否选择穿越车流间隙作出估计。当 $\rho>0.5$ 时，可以预测行人会选择通过；当 $\rho<0.5$，可以预计行人不会选择通过。

3.2 模型检验

Logistic 回归模型可以使用 Hosmer-Lemeshow 统计量进行模型拟合优度 HL 检验。把样本数据根据预测概率分为 n 组，n 取 10，自由度 $df=n-2=8$，然后观测频数和计算卡方统计量，比较统计值和标准卡方值的大小。

使用 SPSS 软件中的"Hosmer-Lemeshow 拟合度(H)"，输出 Hosmer-Lemeshow 检验的随机性和结果两张表，结果如表 4、表 5 所示。计算结果 $\chi^2=10.064$，小于标准值 $\chi_\alpha{}^2=15.507$，显著性水平 $Sig=0.261>0.05$，所以可以证明所建立的行人可穿越间隙模型能比较好的拟合样本数据。

Hosmer 和 Lemeshow 检验的随机性表　　表4

步　骤	行人选择=不通过		行人选择=通过		总　计
	已观测	期望值	已观测	期望值	
1	15	13.898	0	1.102	15
2	14	12.798	1	2.202	15
3	10	10.465	5	4.535	15
4	7	8.686	8	6.314	15
5	5	5.857	10	9.143	15
6	4	3.837	11	11.163	15
7	1	1.959	14	13.041	15
8	1	1.060	14	13.940	15
9	2	0.405	13	14.595	15
10	0	0.035	15	14.965	15

Hosmer 和 Lemeshow 检验结果表 表 5

= Hosmer 和 Lemeshow 检验 =			
步骤	卡方	df	Sig.
1	10.064	8	0.261

模型的正确率如表 6 观测量分类表所示。从表中可以读出，在行人选择不通过的 59 组数据中，模型预测有 46 组会选择不通过，正确率为 78.0%；在行人选择通过的 91 组数据中，模型预测有 78 组选择通过，正确率为 85.7%，总正确率为 82.7%，说明了模型所做的估计比较准确。

观 测 量 分 类 表 表 6

已 观 测		已 预 测		
		行人选择		百分比校正(%)
		不通过(人)	通过(人)	
行人选择	不通过	46	13	78.0
	通过	13	78	85.7
总计百分比(%)				82.7

3.3 行人可接受的穿越间隙

用车头时距来近似表示行人的可接受穿越间隙。首先统计调查数据中所有行人选择通过的车头时距，接着统计使用模型公式(8)计算出来的行人选择通过的车头时距，统计结果见表 7 实测和模型计算车头时距统计表。

实测和模型计算车头时距统计表 表 7

车 头 时 距	样本量 N(个)	最大值(s)	最小值(s)	均值(s)
实际统计	91	11.2	1.5	4.70
模型计算	91	11.2	1.9	4.87

从表 7 可以看出，模型计算估计的行人选择通过个数和实测个数都是 91，再次说明模型比较准确。实际统计的行人可接受间隙均值为 4.70s，模型计算得出的结果是 4.87s，所以认为在矿大北门这条无信号控制人行横道，行人可接受的穿越间隙约为 4.8s。

4 行人延误分析

4.1 行人延误时间计算

在无信号控制的路段，行人的延误主要来自和机动车的冲突，也就是因为车流间隙小于行人的可接受穿越间隙，导致行人等待密集车流通过的时间损失。本文对矿大北门人行道处的行人延误时间进行计算分析，计算的公式是：

$$T = t_y - t_z \tag{9}$$

式中：T——行人的延误时间(s)；

t_y——有延误的过街时间(s);

t_z——正常的过街时间(s)。

通过对视频中行人正常过街时间和有延误过街时间的计算统计,得出行人正常过街和有延误的过街时间统计表8。

行人正常过街和有延误过街时间统计表　　表8

过街时间	样本量N(个)	最大值(s)	最小值(s)	均值(s)
正常过街时间	92	26.1	11.4	19.0
有延误过街时间	112	60.3	19.9	27.7

从表8可以计算出,人均延误时间为8.7s,最大的延误时间高达41.3s。人均延误时间较长,表明行人在过人行道时受到机动车的影响比较严重。

4.2 行人延误 Vissim 仿真

使用Vissim软件对中国矿业大学北门人行横道处建立仿真模型,模拟行人在不同车流量下穿越车流间隙过街,从而得出行人的平均延误时间。

设置好路网、车辆和行人的参数后,在人行道两头设置检测器用以检测行人的平均延误时间。每运行一次仿真都会得出一次对应的结果,改变车流量的大小后多次运行,就可以得出不同交通量下的行人延误时间。实际调查的交通量约为1700辆/h,在此交通量下仿真出的行人平均延误为8.8s,上一节调查计算的结果是8.7s,两者比较接近,可以说明仿真参数的设置比较符合实际交通情况。因此,可以在此基础上继续进行仿真模拟,最终得出如图2所示的行人平均延误时间折线图。

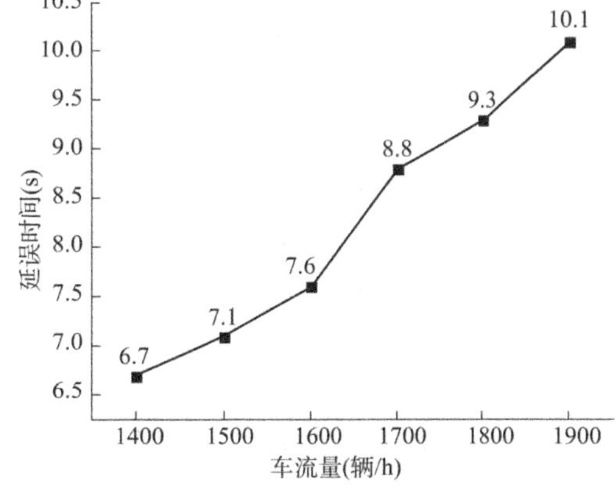

图2　行人平均延误折线图

从折线图中可以很容易的看出随着车流量的增大行人延误时间也随之增大,其中延误时间变化率最大的区间在1600~1700辆/h,延误时间增加了1.2s。在交通量为1900辆/h,行人平均延误时间长达10.1s,会让行人过街等待很长的时间。继续增加车流量达到2000辆/h时,仿真出现了车辆和行人拥堵的情况,行人和车辆都将排起很长的队伍而都无法通过人行横道。

在主要考虑行人的情况下,根据此仿真结果,可以得出在交通量超过了2000辆/h的时候,需要采用一定的措施来解决行人和机动车的严重冲突。常用的对策有束流和分离两种,例如可以采用信号控制、设置路侧栏栅、交警管控等束流方法。

5　结语

本文对无信号控制路段人行横道处的行人交通一般规律和交通模型进行了研究,分析了人车冲突以及由此带来的行人的延误。为研究行人可接受的穿越间隙的大小,对行人的过街选择行为建立了二项 Logistic 回归模型，并通过实际和模型计算得出行人可穿越的间隙约为 4.8s，行人平均延误时间为 8.7s。文章最后对研究路段进行了 Vissim 仿真，得到了不同交通量下行人的平均延误时间，并得出在车流量超过 2000 辆/h 的时候，建议采取一定的措施来缓解人车冲突问题。

参 考 文 献

[1] DAMSERE D J,EBEL B E ,MOCK C N ,et al. Evaluation of the effectiveness of traffic calming measures on vehicle speeds and pedestrian injury severity in Ghana[J]. Traffic Injury Prevention,2019:1-7.

[2] LEDEN L. Pedestrian risk decrease with pedestrian flow. A case study based on data from signalized intersections in Hamilton,Ontario[J]. Accid Anal Prev,2002,34(4):457-464.

[3] LYONS G,HUNT J,MCLEOD F. A neural network model for enhanced operation of midblock signalled pedestrian crossings[J]. European Journal of Operational Research,2001,129(2):346-354.

[4] 彭勇，蒋沛，沙晓宇，等. 行人过街人车冲突等级评价及影响分析[J]. 交通运输系统工程与信息，2019，19(02)：175-181+188.

[5] MARISAMYNATHAN S ,VDEAGIRI P . Estimation of Pedestrian Safety Index Value at Signalized Intersections Under Mixed Traffic Conditions[J]. Transportation in Developing Economies,2018,4(1):5.

[6] OJO T,ADETONA C O,AGYEMANG W,et al. Pedestrian risky behavior and safety at zebra crossings in a Ghanaian metropolitan area[J]. Traffic Injury Prevention,2019:1-4.

作者简介

程仁辉，1995 年出生，男，安徽黄山市人，北京交通大学交通运输学院硕士研究生，研究方向为城市交通理论与方法。

贾顺平，1963 年出生，男，北京交通大学教授，博士生导师。

城市轨道交通换乘效率评价研究

On Evaluation of Transfer Efficiency of Urban Rail Transit

张朝阳　许得杰

兰州交通大学 交通运输学院,兰州 730070

摘　要　换乘站作为城市轨道交通网络的重要节点,其换乘效率对网络运行效率具有重要影响。从换乘客流量、换乘客流密度、换乘设施及服务水平三个方面提出城市轨道交通换乘效率的评价指标体系,并运用灰色关联度分析方法,得到不同评价指标的权重及综合评价值。以北京地铁东直门站为例,验证了该方法的适用性。结果表明:在东直门站地铁13号线的换乘优于2号线的换乘,且换乘通道利用是关键指标。该研究可为换乘站运营组织改善提供参考。

关键词　城市轨道交通;换乘效率;评价指标;灰色关联度分析; 综合评价值

1　引言

换乘站作为城市轨道交通网络的重要节点,是城市轨道交通和其他交通方式换乘的重要基础设施,其换乘效率直接影响着轨道交通系统的吸引力和网络运行效率。然而,在轨道交通规划建设阶段,对运营阶段换乘站运行效率考虑不充分,降低了公共交通的吸引力。因此,对城市轨道交通换乘站的运行效率进行评价显得尤为重要。

目前,针对城市轨道交通换乘效率的研究主要从基础设施的利用、线网规划设计研究、客流组织和服务水平等几方面开展。李明高等[1]通过对换乘节点和网络运行效率建模,对线网换乘便捷性和线网客流负荷均衡性进行评价研究。王悦欣等[2]从换乘效率效用角度出发,提出有效换乘和无效换乘概念,从数量和效用两方面对乘客的换乘行为进行全面评价。汪明艳等[3]建立数据包络分析(DEA)模型,得出换乘站可接受的最大换乘客流量。闫冬梅等[4]从基础设施、运营、信息化三方面出发,结合灰色系统论对重庆轨道交通换乘站进行评价研究。彭金栓[5]利用突变模型对重庆市轨道交通两路口站评价,并提出改进措施。邵毅明等[6]从快速性、便捷性、舒适性和安全性入手,对重庆轨道交通2号线5个车站的换乘效率进行评价,并验证了评价指标的有效性。

本文考虑换乘站的换乘客流量、换乘客流密度、换乘设施及服务水平,将换乘客流密度分为站台密度、站厅密度和换乘通道密度,构建了城市轨道交通换乘效率的评价指标体系,为城市轨道交通换乘效率的评价提供参考。

2 换乘效率评价指标选取

城市轨道交通换乘效率评价包含换乘客流量、换乘客流密度和换乘设施及服务水平三个方面。其中换乘客流密度包括站台密度、站厅密度和换乘通道密度;换乘设施及服务水平评价包括换乘时间、换乘通道利用率两个方面。具体如下:

(1)换乘客流量对换乘站固定设施的面积和旅客换乘时间的影响较大,在同一换乘站不同方向的换乘客流也不相同,换乘客流的时间不均衡性和方向不均衡性比较明显。

(2)站台密度是站台上换乘客流量与站台面积的比值。站台密度对旅客换乘速度、换乘安全性和换乘舒适性都有一定的影响。站台密度的计算公式为:

$$c_l = \frac{p_l}{s_1} \tag{1}$$

式中:c_l——站台密度(人/m^2);

p_l——站台换乘客流量(人次);

s_1——站台的面积(m^2)。

(3)站厅密度是站厅内换乘客流量与站厅面积的比值。站厅内客流主要是换乘客流或者在站厅内办理购票、进出站检票的客流。站厅密度对旅客换乘的安全性、便捷性、舒适性和高效性都有影响。计算公式为:

$$c_2 = \frac{p_2}{s_2} \tag{2}$$

式中:c_2——站厅密度(人/m^2);

p_2——站厅换乘客流量(人次);

s_2——站厅面积(m^2)。

(4)换乘通道密度是换乘通道总的换乘客流量与换乘通道面积的比值。换乘通道密度主要影响换乘走行时间。计算公式为:

$$c_3 = \frac{p_3}{s_3} \tag{3}$$

式中:c_3——换乘通道密度(人/m^2);

p_3——换乘通道换乘客流量(人次);

s_3——换乘通道面积(m^2)。

(5)换乘时间是通过各个换乘区域的总时间,具体包括楼梯、站厅、通道、中厅和站厅的走行时间,能体现出换乘的高效性和便捷性。

(6)换乘通道利用率与最大通过能力和通道换乘客流量有关,具体计算公式为:

$$a = \frac{p_3}{p_m} \tag{4}$$

式中:a——换乘通道利用率;

p_m——换乘通道最大通过能力(人次);

p_3——通道内换乘客流量(人次)。

3 换乘效率评价模型及算法

城市轨道交通换乘效率的评价采用灰色关联度分析方法,该方法易于操作,不会出现定性结果与定量结果不符的现象。对城市轨道交通而言,如旅客换乘时间在不同时间和不同方向均不同,采用灰色关联度分析方法对于研究者而言在采集数据方面更加方便,同时计算结果与实际情况更加接近。

3.1 基本概念

(1)序列:设 X_i为系统因素,$x_i(k)(k=1,2,3,\cdots,n)$为序号 k 上的数据,则称:

$$X_i=[x_i(1),x_i(2),\cdots,x_i(n)]$$

为系统因素 X_i的序列。

(2)初值化算子和初值像:设 $X_i=[x_i(1),x_i(2),\cdots,x_i(n)]$为系统因素 X_i的序列,D 为序列算子,并且

$$X_iD=[x_i(1)d,x_i(2)d,\cdots,x_i(n)d]$$

式中:$x_i(k)d=x_i(k)/x_i(1),x_i(1)\neq 0(k=1,2,3,\cdots,n)$称 D 为初值化算子,X_iD 为初值像。

(3)灰色关联度:设系统序列。

$$X_0=[x_0(1),x_0(2),\cdots,x_0(n)]$$
$$X_1=[x_1(1),x_1(2),\cdots,x_1(n)]$$
$$\cdots\cdots$$
$$X_i=[x_i(1),x_i(2),\cdots,x_i(n)]$$
$$\cdots\cdots$$
$$X_m=[x_m(1),x_m(2),\cdots,x_m(n)]$$

对于 $\varepsilon\in(0,1)$,有:

$$r(x_0(k),x_i(k))=\frac{\min\limits_i\min\limits_k|x_0(k)-x_i(k)|+\varepsilon\max\limits_i\max\limits_k|x_0(k)-x_i(k)|}{|x_0(k)-x_i(k)|+\varepsilon\max\limits_i\max\limits_k|x_0(k)-x_i(k)|}$$

$$r(X_0,X_i)=\frac{1}{n}\sum_{k=1}^{n}r[x_0(k),x_i(k)]$$

则 ε 称为分辨系数,$r(X_0,X_i)$为 X_0与 X_i的灰色关联度。

3.2 灰色关联度分析方法

(1)求各序列的初值像

$$X_i'=X_i/x_i(1)=[x_i'(1),x_2'(2),\cdots,x_i'(n)]\quad(i=0,1,2,3,\cdots,m)\tag{5}$$

(2) 求序列差

$$\Delta_i(k)=|x_0'(k)-x_i'(k)|\tag{6}$$

$$\Delta_i = [\Delta_i(1), \Delta_i(2), \cdots, \Delta_i(n)] \quad (i = 1,2,3,\cdots,m)$$

(3)求两极最大差与最小差

$$M = \max_i \max_k \Delta_i(k), m = \min_i \min_k \Delta_i(k) \tag{7}$$

(4)求关联系数

$$r_{oi}(k) = \frac{m + \varepsilon M}{\Delta_i(k) + \varepsilon M} \tag{8}$$

其中 $k = 1,2,3,\cdots,n; i = 1,2,3,\cdots,m; \varepsilon \in (0,1)$。

(5)计算关联度

$$r_{oi} = \frac{1}{n}\sum_{k=1}^{n} r_{oi}(k) \quad (i = 1,2,3,\cdots,m) \tag{9}$$

(6)计算各指标的权重

在关联度的基础上构建关联度矩阵 $R = (r_{ij})_{n\times n}(i,j = 1,2,3,\cdots n)$,则各指标的权重计算为:

$$w_j = \frac{\sum_{i=1}^{n} r_{ij}}{\sum_{j=1}^{n}\sum_{i=1}^{n} r_{ij}} \tag{10}$$

(7)计算综合评价值

首先将初始值写成矩阵的形式,记为 $S = (s_{ij})_{n\times n}$,再对评价指标的初始值作标准化处理,得到标准化矩阵 $T = (t_{ij})_{n\times n}$,对于正向和中性指标:

$$t_{ij} = \frac{s_{ij}}{s_{ik}} \quad (i,j,k = 1,2,3,\cdots,n) \tag{11}$$

对于负向指标:

$$t_{ij} = \frac{s_{ik}}{s_{ij}} \quad (i,j,k = 1,2,3,\cdots,n) \tag{12}$$

式中 s_{ij}为初始矩阵的元素。利用权重 w_j对标准化矩阵 $T = (t_{ij})_{n\times n}$进行加权,最终得到综合评价值:

$$T_i = \sum_{j=1}^{n} w_j t_{ij} \tag{13}$$

3.3 实例分析

以北京地铁东直门站为例进行分析,该站可实现北京地铁 2 号线、13 号线和机场线三线之间的换乘。其换乘如图 1 所示。

在东直门站首层是集散大厅、公交场站和设备用房以及配套设施,地下一层和二层为地铁换乘区。乘客在东直门站换乘时不仅要经过通道、楼梯和扶梯,同时要在不同的站厅换乘。由于机场线与 2 号、13 号线之间的换乘客流量主要为往返机场的乘客,客流特征不明显,乘客到达和出发都比较随机,因此在分析时只计算 2 号和 13 号线换乘的相关数据。

(1)数据的采集和处理

根据北京地铁换乘站客流调研分析报告,得到 7:00—9:00 早高峰时段内的有效数据,如表 1 所示。经计算得到东直门站评价指标的初始值,评价指标的初始值如表 2 所示。表中 2→13 为 2 号线换乘 13 号线,13→2 为 13 号线换乘 2 号线。

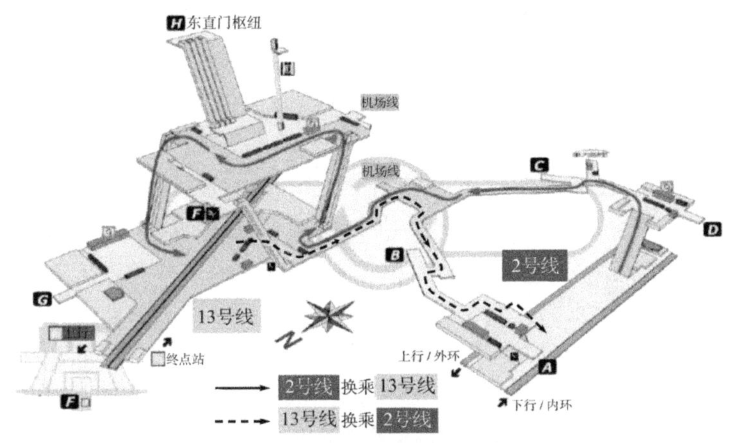

图1　东直门站换乘示意图

评价指标的原始数据　　表1

<table>
<tr><td colspan="12">东直门站早高峰换乘客流量(单位:人次)</td></tr>
<tr><td>时间</td><td>7:00—7:15</td><td>7:15—7:30</td><td>7:30—7:45</td><td>7:45—8:00</td><td>8:00—8:15</td><td>8:5—8:30</td><td>8:30—8:45</td><td>8:45—9:00</td><td>平均值</td></tr>
<tr><td>2→13</td><td>551</td><td>863</td><td>1003</td><td>1192</td><td>1280</td><td>1166</td><td>1226</td><td>1017</td><td>1038</td></tr>
<tr><td>13→2</td><td>1143</td><td>2179</td><td>2469</td><td>3760</td><td>3803</td><td>4591</td><td>4609</td><td>3557</td><td>3264</td></tr>
<tr><td colspan="12">东直门站早高峰站台、站厅和换乘通道密度(单位:人/m²)</td></tr>
<tr><td colspan="2">时间</td><td>7:00</td><td>7:15</td><td>7:30</td><td>7:45</td><td>8:00</td><td>8:15</td><td>8:30</td><td>8:45</td><td>9:00</td><td>平均值</td></tr>
<tr><td rowspan="2">站台密度</td><td>2号</td><td>1.62</td><td>1.68</td><td>1.88</td><td>1.94</td><td>2.19</td><td>2.13</td><td>1.83</td><td>1.76</td><td>1.35</td><td>1.82</td></tr>
<tr><td>13号</td><td>0.12</td><td>0.06</td><td>0.13</td><td>0.15</td><td>0.34</td><td>0.15</td><td>0.22</td><td>0.1</td><td>0.05</td><td>0.146</td></tr>
<tr><td rowspan="2">站厅2密度</td><td>2号</td><td>0.71</td><td>0.79</td><td>0.82</td><td>0.83</td><td>0.89</td><td>0.88</td><td>0.78</td><td>0.71</td><td>0.58</td><td>0.78</td></tr>
<tr><td>13号</td><td>0.12</td><td>0.08</td><td>0.17</td><td>0.26</td><td>0.22</td><td>0.24</td><td>0.1</td><td>0.07</td><td>0.05</td><td>0.145</td></tr>
<tr><td rowspan="2">换乘通道密度</td><td>2号</td><td>0.44</td><td>0.46</td><td>0.48</td><td>0.56</td><td>0.59</td><td>0.63</td><td>0.57</td><td>0.6</td><td>0.52</td><td>0.54</td></tr>
<tr><td>13号</td><td>0.87</td><td>0.92</td><td>0.97</td><td>1.11</td><td>1.19</td><td>1.25</td><td>1.15</td><td>1.19</td><td>1.03</td><td>1.08</td></tr>
<tr><td colspan="12">2号线换乘13号线换乘时间</td></tr>
<tr><td>1
00:15</td><td>2
00:18</td><td>3
01:21</td><td>4
00:32</td><td>5
01:13</td><td>6
00:17</td><td>7
00:28</td><td>8
01:42</td><td>9
00:33</td><td>10
00:22</td></tr>
<tr><td colspan="12">13号线换乘2号线换乘时间</td></tr>
<tr><td>1
00:22</td><td>2
01:05</td><td>3
00:18</td><td>4
01:13</td><td>5
00:12</td><td>6
00:12</td><td>7
00:09</td><td></td><td></td><td></td></tr>
</table>

注:2→13为2号线换乘13号线;13→2为13号线换乘2号线。

评价指标的初始值　　表2

评价指标	换乘客流量(人次)	站台密度(人/m²)	站厅密度(人/m²)	换乘通道密度(人/m²)	换乘时间(min)	换乘通道利用率
2→13	1038	1.82	0.78	0.54	7	0.205
13→2	3264	0.146	0.145	1.08	3.22	0.654

注:2→13,13→2同上表。

由表2 可知,13 号线换乘2 号线的换乘客流远大于2 号线换乘13 号线;2 号线的站台密度为1.82 人/m^2,站台处于拥挤状态,由于13 号线站台较大,进站人数不是很多,站台并不拥挤;13 号线的换乘通道密度为1.08 人/m^2,该换乘通道密度较高,相应的换乘通道利用率较高。

在表2 中计2→13 和13→2 分别为系统因素 X_1 和 X_2,换乘客流、站台密度、站厅密度、换乘通道密度、换乘时间和换乘通道利用率分别为各系统因素的序列值,分别记作 $X_i(1)$、$X_i(2)$、$X_i(3)$、$X_i(4)$、$X_i(5)$、$X_i(6)$,其中 $i=1,2$。故 $X_1=(1038,1.82,0.78,0.54,7,0.205)$,$X_2=(3264,0.146,0.145,1.08,3.22,0.654)$。

(2)灰色关联度的计算

由色关联度计算方法,根据式(5)~式(9)得到评价指标两两间的关联度(表3)。

评价指标两两间的关联度 表3

评价指标	换乘客流	站台密度	站厅密度	换乘通道密度	换乘时间	换乘通道利用率
换乘客流量	1.000	0.334	0.333	0.333	0.334	0.333
站台密度	0.334	1.000	0.999	0.998	0.994	0.998
站厅密度	0.333	0.999	1.000	0.999	0.993	0.999
换乘通道密度	0.333	0.998	0.999	1.000	0.993	1.000
换乘时间	0.334	0.994	0.993	0.993	1.000	0.993
换乘通道利用率	0.333	0.998	0.999	1.000	0.993	1.000

(3)计算各指标的权重

根据式(10)得到各指标的权重,如表4 所示。

评价指标的权重 表4

评价指标	换乘客流	站台密度	站厅密度	换乘通道密度	换乘时间	换乘通道利用率
权重	0.091	0.182	0.182	0.182	0.181	0.182

由表4 可以得到站台密度、站厅密度、换乘通道密度和换乘通道利用率是影响换乘效率的重要指标。

(4)计算综合评价值

由表2 可以得到只有换乘通道利用率为正向指标,其余指标都为负向指标,根据式(11)和式(12)得到标准化矩阵,如表5 所示。

标 准 化 矩 阵 表5

评价指标	换乘客流	站台密度	站厅密度	换乘通道密度	换乘时间	换乘通道利用率
2→13	3.145	0.080	0.186	2.000	0.460	1.000
13→2	1.000	1.000	1.000	1.000	1.000	3.190

注:2→13,13→2 同上表。

利用式(13)得到评价指标的综合评价值和综合评价值排序,如表6 所示。

综合评价值及排序　　表6

综合评价参数	2→13	13→2
综合评价值	1.21	1.39
综合评价值排序	2	1

注:2→13,13→2 同上表。

通过对城市轨道交通换乘站进行全面分析,运用综合灰色关联度加权法评价模型进行计算,得出评价指标的综合评价值,并对综合评价值进行排序。由表6得到在东直门站,综合评价值高的是13→2号线,综合评价值低的是2→13号线。在表2中,虽然13→2号线的换乘通道密度大于2→13号线的换乘通道密度,但是在该站13号线的换乘客流量、站台密度、站厅密度、换乘时间和换乘通道利用率都优于2号线。

4 结语

在轨道交通网络化运营不断深化的背景下,从换乘客流量、换乘客流密度和换乘设施及服务水平三个方面出发,提出了城市轨道交通换乘站评价指标体系,利用灰色关联度分析方法,得出各评价指标的关联度及不同评价指标的权重及综合评价值,并运用实例验证了该方法的可行性。研究有助于城市轨道交通换乘站运营组织改善和换乘效率的评价研究。

参 考 文 献

[1] 李明高,杜鹏,朱宇婷,等.城市轨道交通换乘节点与网络运行效率关系研究[J].交通运输系统工程与信息,2015,15(2):48-53.

[2] 王悦欣,韩宝明.城市轨道交通换乘站换乘效率研究[J].山东科学,2014,27(06):86-90.

[3] 汪明艳,汪泓,刘志纲,等.面向运营方的城市轨道交通换乘效率评价研究[J].上海管理科学,2014,36(2):87-90.

[4] 闫冬梅,向红艳,邵毅明.城市轨道交通换乘站运行效率评价[J].重庆交通大学学报:自然科学版,2013,32(1)99-102.

[5] 彭金栓,方媛,徐磊.基于突变模型的轨道换乘效率评价[J].都市快轨交通,2017,30(04):50-54+118.

[6] 邵毅明,闫冬梅,向红艳.城市轨道交通车站旅客换乘效率评价模型研究[J].铁道运输与经济,2012,34(06):78-81.

作者简介

张朝阳,1995年出生,男,山东聊城人,兰州交通大学硕士研究生,研究方向为交通运输规划与管理。

北京西地铁站客流应急疏散仿真研究

Simulation on Emergency Evacuation of Beijing West Railway Station

唐 莹 彭宏勤 刘海东

北京交通大学，北京 100044

摘 要 在兴建地铁，寻求提高地铁运营效率方法的同时，地铁的运营安全问题也应该得到重视。本文以北京西地铁站为研究对象，利用仿真软件 AnyLogic 对北京西地铁站西侧站台中部发生紧急情况需要进行应急疏散假设下的客流应急疏散进行了仿真研究。本文通过对仿真过程及结果的分析，找出客流应急疏散中的瓶颈因素并进行优化，以满足 6min 安全疏散原则。在对此次研究过程的分析的基础上，结合北京西地铁站的实际情况，本文总结出北京西地铁站客流应急疏散中的瓶颈因素主要为站台层与站厅层之间楼扶梯宽度不足及站厅南侧乘客走行距离过长，并据此对北京西地铁站客流应急疏散工作提出一些建议。

关键词 城市交通；客流应急疏散；AnyLogic 仿真；地铁站；瓶颈优化

1 引言

据统计，截至 2019 年 4 月，我国已有 38 个城市开通城市轨道交通。据城市轨道交通协会的数据快报显示，2018 年末，我国城市轨道交通投运线路长度达到了 5766.6km，其中地铁运营线路占比 78.23%。而地铁车站作为城市轨道交通与乘客联系的窗口，每日会有大量乘客聚集，一旦发生突发事件，无疑会对城市居民的生命财产安全造成重大伤害。因此，研究地铁车站紧急情况下的客流应急疏散具有很重要的实用价值。

关于这个问题，目前国内外有不少研究。W · H · Park[1] 等采用数值分析的方法分析评估了地铁站火灾爆发时烟气扩散、热量、能见度等因素对乘客疏散的影响。匈牙利交通专家 Helbing[2] 提出了一种模拟乘客疏散行为的社会力模型，并将有关理论以及研究现状人员作为社会力的行为反应量化为行人疏散方式。许慧等[3] 以重庆两路口轨道交通换乘站为例，构建多层次轨道交通换乘站仿真模型，针对火灾、爆炸等突发事件，使用 AnyLogic 软件对站内人员的疏散过程进行仿真研究，为该车站的应急疏散策略制定提供有效借鉴。钱振伟等[4] 利用 Anylogic 仿真软件对于地铁乘客应急疏散行为特征以及地车站的空间结构形式对疏散时间的影响进行了分析，总结了疏散时间的主要影响因素。周敏[5] 基于 ACP 方法、行人动力学领域相关建模和分析方法，重点围绕城轨车站乘客行为分析及应急疏散问题进行了研究。惠彬秦[6] 以地铁换乘站内行人为研究对象，选取典型的行人心理及行为特性作为影响因，进而建立相应的改进元胞自动机模型并通过软件仿真对地铁换乘站的安全性指标进行了探究。

2 问题描述及模型建立

2.1 研究内容及思路

本文以北京西地铁站为研究对象,通过实地调研获取该站的客流数据、车站结构及平面布局等基本信息,利用仿真软件建立疏散仿真模型,对北京西地铁站站台中部及某处楼扶梯处发生突发情况需要进行车站乘客应急疏散这两种情形进行仿真研究。针对仿真结果,分析该客流应急疏散方案中的瓶颈因素并对其进行优化,对优化方案再次进行仿真模拟以对其优化结果进行分析。

2.2 参数设置

(1)北京西地铁站客流调查

经过实地调查,北京西地铁站为四线双岛式车站,车站为南北走向。该车站分上、下两层:下层为站台层,上层为站厅层。西侧岛式站西侧停靠 9 号线列车,东侧停靠 7 号线列车。9 号线采用 B 型车 6 节编组,7 号线采用 B 型车 8 节编组。在调查期间,7 号线与 9 号线不存在同时到站的情况。站台长 154.15m,站厅付费区总长 130m。东、西侧岛式站台分别由 2 台楼梯和 6 台自动扶梯与站厅层连接。

本文于 2019 年清明假期,即 4 月 5 日—7 日期间晚高峰调查得北京西地铁站站内疏散人员数据如表 1 所示。

北京西地铁站疏散人员数据 表 1

项目	4 月 5 日	4 月 6 日	4 月 7 日	平均人数(人)
7 号线每节车厢载客数	220	223	226	223
西侧站台平均每个屏蔽门前候车人数	17	15	13	15
西侧站台工作人员人数	7	7	7	7
站厅层付费区乘客数	198	200	201	200

7 号线一列车进站乘客人数:$8\times223=1784$(人)。

站台层候车乘客人数:$15\times(4\times8+4\times6)=840$(人)。

(2)北京西地铁站相关设施疏散能力调查

通过实地调查北京西地铁站站内楼梯、自动扶梯及闸机的实际设置情况,查阅相关文献及规范得到北京西地铁站站内相关设施的疏散能力如表 2 所示。

北京西地铁站相关设施疏散能力 表 2

<table>
<tr><td>项目</td><td>宽度
(mm)</td><td>单位能力
(人/mm·min)</td><td>疏散能力
(人/min)</td></tr>
<tr><td>楼梯</td><td>2000</td><td>0.0555</td><td>111</td></tr>
<tr><td>自动扶梯</td><td>600</td><td>0.0555</td><td>333</td></tr>
<tr><td rowspan="3">闸机</td><td colspan="3">每台疏散能力(人/h)</td></tr>
<tr><td colspan="2">单股人流 2500</td><td>A 出口 1000</td></tr>
<tr><td colspan="2">双股人流 5000</td><td>B 出口 1083</td></tr>
</table>

经实地调查,北京西地铁站北端A出口共20组闸机,其中16组闸机的行人通过宽度约为0.55m,4组闸机的行人通过宽度约为1.1m;南端B出口共17组闸机,其中9组闸机的行人通过宽度约为0.55m,8组闸机的行人通过宽度约为1.1m。

本文研究中假设应急疏散时行人通过宽度为0.55m的闸机可通过单股人流,行人通过宽度为1.1m的闸机可通过双股人流。

(3)AnyLogic仿真模型参数设置

利用AnyLogic建立北京西地铁站应急疏散仿真模型,需要设置相关的行人特性等参数。本文模型的主要参数设置情况如表3所示。

模型参数设置 表3

参数	值	参数	值
Ped Source		Maximum Speed	0.2225m/s
Ped Source Outboard0	71人	Speed is multiplied by factor of	0.3541114584
Ped Source Waiting0	15人	Escalator Group	
Comfortable Speed	0.63m/s	Speed	0.2225m/s
Initial Speed	0.63m/s	Queue Choice Policy	Shortest queue
Diameter	0.45m	Delay Time	0.024min
Ped Area Descriptor Stair		Recovery Delay	0s

(4)其他

除以上参数设置外,本文仿真模型中还有以下假设:①应急疏散时,站厅层检票闸机全部开放,供疏散人员出站用;②自动扶梯停运,作普通楼梯用;③本文假设发生紧急情况进行应急疏散时西侧站台刚好有一列7号线列车到站;④本文仿真模拟疏散时间为《地铁设计规范》(GB 50157—2013)规定的安全疏散时间,即6min;⑤为方便表述,将该站各组楼梯和出口进行编号。编号顺序遵循自北至南,先东后西的规则。以楼扶梯为例,西侧自北向南依次为2号、4号、6号、8号楼扶梯组;⑥将站厅付费区自北向南分为三部分。

3 应急疏散仿真结果及分析

本文主要研究北京西地铁站西侧站台中部处发生紧急情况下的应急疏散问题。在研究中,假设车站内疏散人员应避开发生紧急情况的部位疏散到安全位置,本文设定该安全位置为北京西地铁站站厅层非付费区。

本文主要利用AnyLogic输出应急疏散仿真中北京西地铁站站台层、站厅层以及各楼扶梯口处的平均客流密度随时间的变化图来分析人员疏散情况。西侧站台中部发生紧急情况进行应急疏散时的输出结果见图1、图2及表4,图中纵轴为统计区域客流平均密度(人/m^2),横轴为时间(s)。

如图1所示,疏散仿真结束时,西侧站台仍有0.5人/m^2,不能在6min内完成人员的安全疏散。东侧站台客流平均密度约在第280s减至0人/m^2,疏散人员能够在6min内疏散至站厅层付费区。

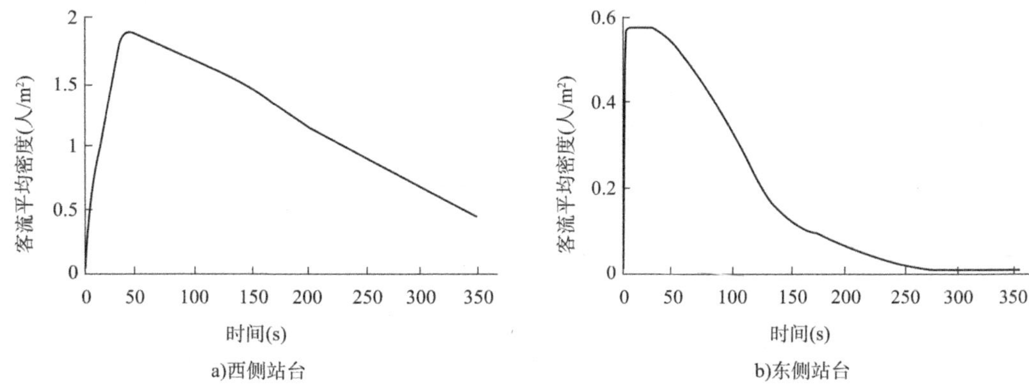

图1　平均客流密度随时间变化图

如图2所示,在6min应急疏散仿真结束时,人为划分的站厅层三个付费区的平均客流密度分别为0.15人/m²、0.42人/m²、0.25人/m²。以上数据说明此种情形下,北京西地铁站不能在6min安全疏散时间内完成应急疏散。

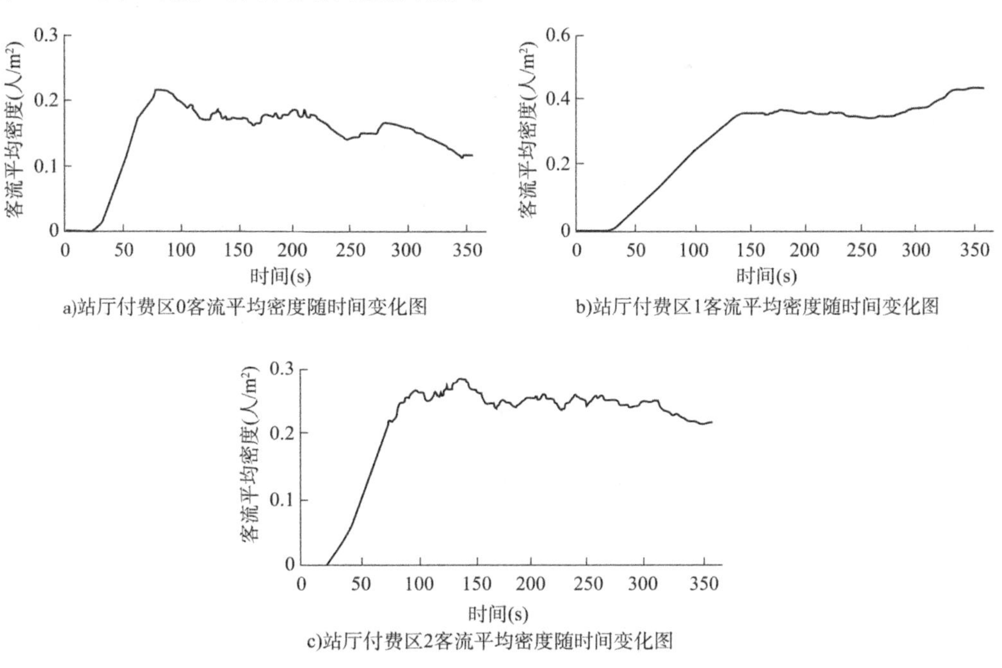

图2　站厅层付费区客流平均密度随时间变化示意图

此外,在6min应急疏散仿真结束时,各组楼扶梯口处统计区域内平均客流密度统计结果见表4。

仿真结束时各组楼扶梯口处平均客流密度统计结果(单位:人/m²)　　表4

楼扶梯编号	1	2	3	4	5	6	7	8
站台层入口处	0	0.7	0	0	0	1.25	0	1.5
站厅层出口处	0	0.6	0.5	8	0	5.2	0	0.5

仿真结束时,各组楼扶梯组处的平均客流密度如表4所示。由于模型及软件自身的原

因,存在极小部分人在楼扶梯出入口处徘徊不前。通过对仿真过程及仿真结果的分析,应急疏散中有大量乘客在站厅层出口4号及6号楼扶梯处拥堵,从而影响了车站应急疏散的及时完成。

结合前文分析可知,在本文研究的这种情形下,北京西地铁站不能在《地铁设计规范》(GB 50157—2013)规定的6min安全疏散时间完成应急疏散,其限制瓶颈主要为4号和6号即位于西侧站台中部的两组楼扶梯处。

经过对仿真过程的分析,本文认为造成4号、6号楼扶梯口处疏散人员拥堵的原因为:①北京西地铁站的楼扶梯对于本文研究中的客流量来说疏散能力不足,导致站台疏散人员在楼扶梯处形成拥堵;②疏散人员经4号、6号楼扶梯到达站厅层后分别通过3号、5号出口疏散出站在转弯时造成拥堵。

4 优化及仿真分析

4.1 优化方案

针对前文对疏散瓶颈的分析,本文采取“从下至上,逐步优化”的原则,即先优化站台层,再优化站厅层的方式,采取以下两点优化措施:①调整站台层疏散人员使用各组楼扶梯的比例,使部分原本使用4号、6号路扶梯组的疏散人员分别转为使用2号、8号楼扶梯组;②将模型中的4号、6号楼扶梯组中的楼梯均加宽至1.5m(原为1m);③在站厅层设置Pathway引导部分4号、6号楼扶梯出口处的疏散人员分别使用人员较少的2号、4号出口进行疏散。

4.2 优化方案仿真结果及分析

对优化后的客流应急疏散模型进行仿真模拟得到结果如图3、图4所示。

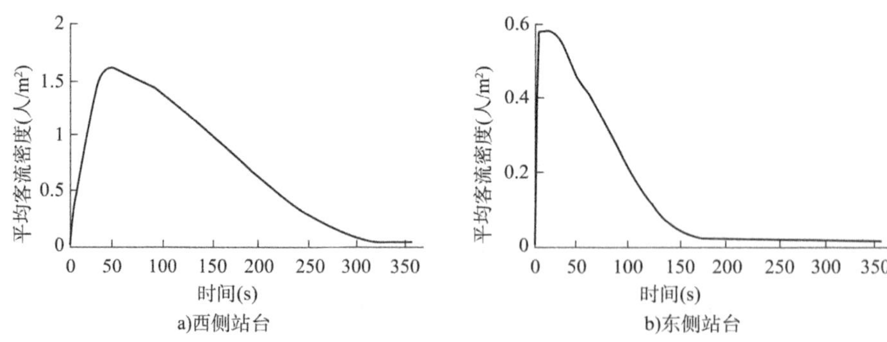

图3 优化后及平均客流密度随时间变化图

从图3可以看出:优化后,站台层的疏散人员均能够在360s以内安全疏散至站厅层。

从图4可以看出,优化后在360s客流应急疏散仿真结束时,站厅人为划分的3部分付费区的平均客流密度分别为0人/m^2、0人/m^{2}及0.1人/m^2。优化后,由于站厅南端疏散人员走行距离过长且该处设置的车站综控室导致疏散人员疏散路径狭窄使得仍有部分疏散人员不能在6min内完成安全疏散。

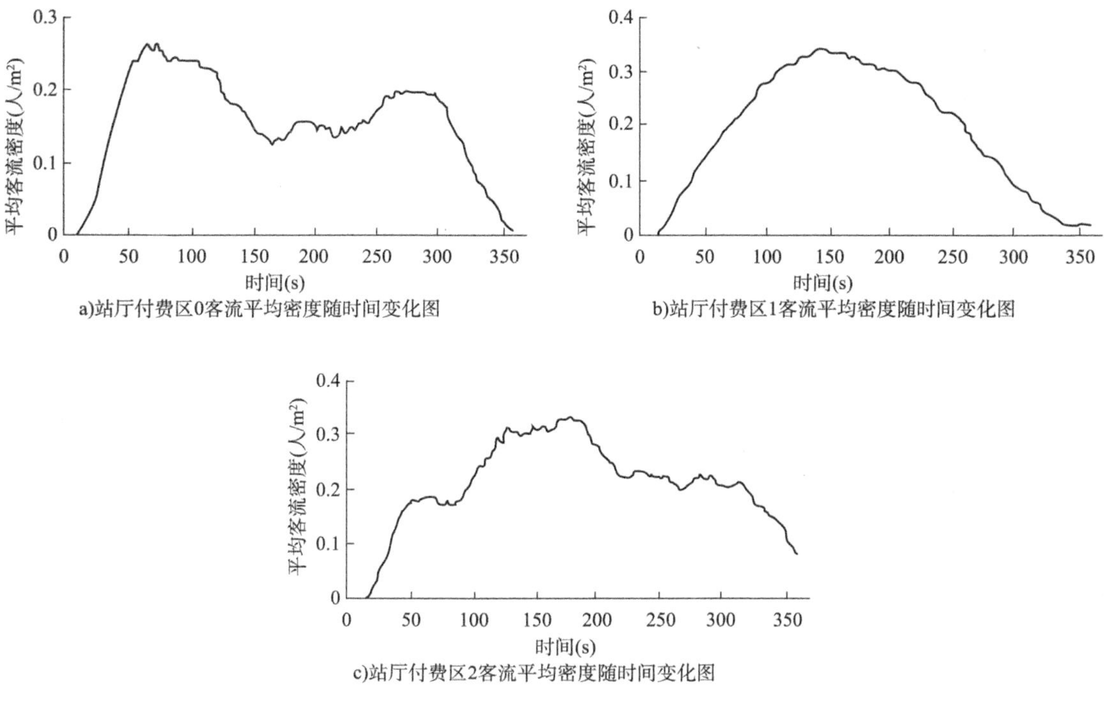

图4 优化后站厅层付费区客流平均密度随时间变化示意图

5 结语

地铁车站作为乘客乘降的主要场所,往往积聚大量客流,一旦发生紧急事件,极易造成群死群伤,做好车站的客流应急疏散工作成为避免伤害的重点。本文以北京西地铁站为研究对象,基于AnyLogic仿真,对其进行了客流应急疏散研究,找出其疏散瓶颈,并对其进行了优化。研究发现,北京西地铁站在进行客流应急疏散时重点应安排人员在各组楼扶梯处作好客流组织工作,同时,应在险情发生的第一时间撤走站厅南端的铁马护栏,尽量减少疏散人员的走行距离,以便在安全时间内完成应急疏散工作。

参考文献

[1] PARK W H,KIM D H,CHANG H C. Numerical predictions of smoke movement in a subway station under ventilation [J]. Tunneling and Underground Space Technology Incorporating Trenchless Technology Research,2005,21(3).

[2] HELBING D,MOLNAR P. Social force model for pedestrian dynamics[J]. Physical Review E,1995,51(4):4282-4286.

[3] 许慧,田铖,王永. 轨道交通换乘站密集客流应急疏散仿真研究[J/OL]. 系统仿真学报,2019.

[4] 钱振伟,钱大琳,张辉. 城市轨道交通车站客流应急疏散时间影响要素分析[J]. 大连交通大学学报,2017,38(02):6-10.

[5] 周敏. 基于 ACP 方法的城轨车站乘客行为分析及应急疏散研究[D]. 北京:北京交通大学,2019.
[6] 惠彬秦. 基于元胞自动机的地铁站应急疏散研究[D]. 西安:长安大学,2019.

作者简介

唐莹,1996 年出生,女,四川南充人,北京交通大学交通运输学院硕士研究生,主要研究方向为城市轨道交通车站客流组织理论与方法。

彭宏勤,1963 年出生,男,北京交通大学副教授。

刘海东,男,北京交通大学副教授。

基于开放数据的城市内部公共交通可达性研究

Measuring intra-urban public transport accessibility based on open data

钱星雨

北京交通大学 综合交通运输大数据应用技术交通运输行业重点实验室,北京 100044

摘　要　随着公交导向理念的兴起与城市资源环境的紧张,公共交通已逐渐成为大城市发展的热点。研究公共交通可达性将有助于合理分布交通基础设施与服务,调整城市结构使之与公共交通运力资源相匹配。本文提出了一种将基于互联网大数据的方法计算可达性,一方面避免了利用 GIS(Geographic Information System)构建交通网络的繁杂工作,另一方面也提高了可达性模型的精度,最终呈现了北京六环内公共交通可达性差异性分布。结果表明该方法能够更客观精确地反映公共交通可达性分布,对提高公交服务水平、改善城市布局有一定的借鉴意义。

关键词　城市交通;公共交通;可达性;出行链;开放数据

1　引言

当前,随着经济的发展,人口增长、交通拥堵和环境污染等城市问题也日益突出,以公共交通和慢行交通为代表的绿色交通成为世界大城市发展的主流。公共交通以其大运量、低费用、低能耗、速度快(相对于慢行交通)等特点,已逐渐成为人们日常出行首选的交通方式;在大城市,这一趋势尤为明显。2018 年,北京中心城公共交通出行比例为 32.3%,相较于 2017 年增加了 1.1%。北京、上海和广州等大城市已相继提出建立以公共交通引导城市发展的战略。为了公平、有效地向城市居民提供公共交通出行机会,分析并评价城市内部公共交通可达性是一种广泛采用的方法,该结果将有助于更加合理地进行公共交通设施分布。

Hansen[1] 于 1959 年首次提出可达性概念,并将其定义为“交通路网中不同节点之间相互作用的潜力”。此后国内外学者在交通、经济以及城市规划领域对可达性进行了深入研究,取得了较为丰富的成果。Geurs 等[2] 认为当前衡量可达性的方法可分为四类:基于交通设施、基于区位、基于出行者和基于效用的可达性度量方法,并认为交通可达性是衡量土地利用、交通发展和政策规划三者对社会综合作用影响的指标。对于国内,陆化普等[3] 介绍了 5 种传统的可达性模型,并比较了各自的优缺点与适用性。鉴于更大程度上接近现实与数据获取难度,学者们一般选择时间作为交通可达性的度量指标。本文选用时间指标分析北京市六环范围内公共交通可达性,量化不同区域的可达性,对交通与城市规划发展提供科学支撑。

2 研究方法

交通成本(OD之间的出行阻抗)是测量交通可达性的重要指标,主要从三方面体现:距离、时间和通常运输成本[4]。旅行时间是用来衡量出行阻抗最常用的变量[5-7]。在此基础上,一些研究[5,8-10]通过考虑出发点到公交站点或公交站点到目的地的步行时间、公交等待时间、换乘时间以及在车时间,更为精确地估算旅行时间。总体而言,当前研究仍基于静态的交通网络,对城市不同区域的公交运行速度、发车间隔采用相同的估算值,结果不够贴近实际。本文将充分利用当前“交通大数据”环境,通过电子地图开放数据,得到相对真实的、“门到门”的公共交通旅行时间作为出行阻抗,计算公共交通可达性。

$$A_i = \sum_{j \in J-i} \frac{1}{T_{ij}} \tag{1}$$

式中:A_i——小区 i 的可达性;

T_{ij}——从 i 小区到 j 小区的出行时间;

J——小区总数。

完整的公共交通出行链可根据有无换乘分为两种。图1有换乘情况下的出行链,包含:起点到公交站1/地铁站1的步行时间;在公交站1/地铁站1的候车时间;公交线路1上的在车时间;到达公交站2/地铁站2步行,至公交站3/地铁站3的换乘时间;在公交站3/地铁站3的候车时间;公交线路2上的在车时间;到达公交站4/地铁站4后,步行至目的地的时间。图2为无换乘情况下的出行链,其不包含换乘部分。一个OD对之间完整的旅行时间可表达为:

$$T_{ij} = T_{\text{walk}} + T_{\text{ride}} + T_{\text{wait}} \tag{2}$$

式中:T_{ij}——起点 i 到终点 j 的旅行时间;

T_{walk}——步行时间总和;

T_{ride}——在车时间总和;

T_{wait}——候车时间总和。

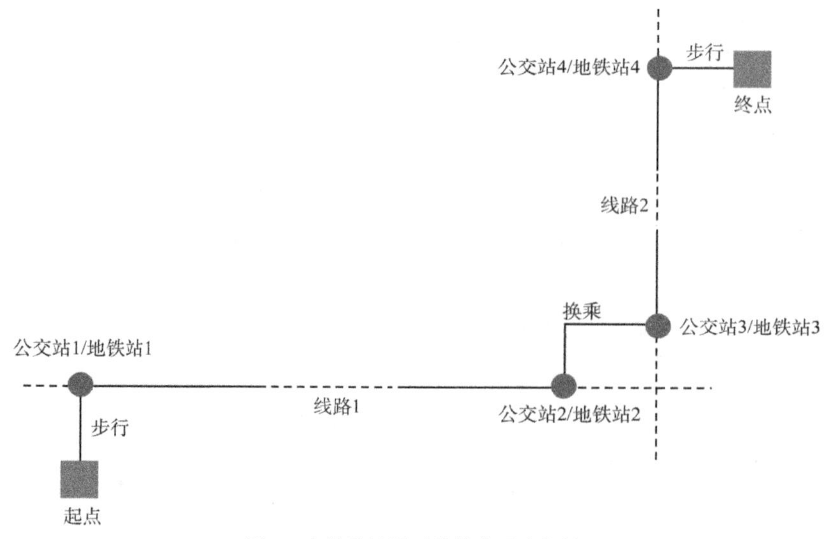

图1 有换乘情况下公共交通出行链

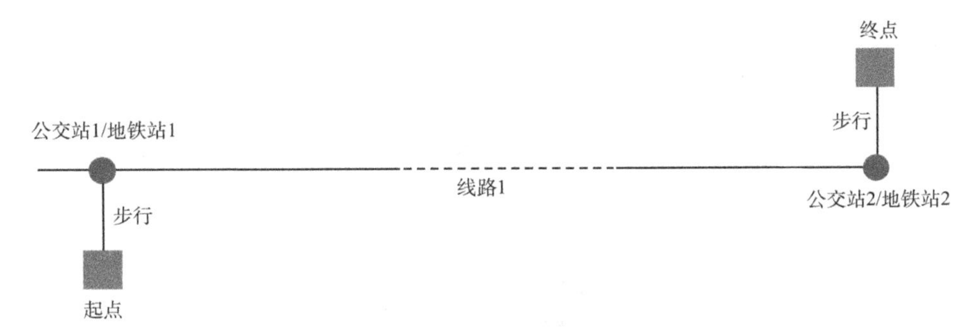

图2　无换乘情况下公共交通出行链

由于“互联网+大数据”的飞速发展，当前电子地图平台能够根据路网和用户数据，实时反映交通路况。相较于基于GIS的静态路网旅行时间估算，其对旅行时间的估算更贴合实际。由于每对OD之间的路径规划方案可能存在多个，本文选取时间费用最小的方案计算公共交通可达性。

3　研究范围和数据来源

截至2018年年底，北京市拥有在册运营公交车辆22989辆，常规运营线路856条。截至2019年底，北京在运营地铁车站336座，六环内306座。本文选取北京市六环快速路所涵盖范围作为研究区域，其完整或部分包含了东城区、西城区、朝阳区、海淀区和丰台区等行政区，面积约2267km^2。

对于同一地点，不同的出行时刻有着不同的可达性[11]。高峰时期由于地面拥堵，可能存在出行时间增加、可达性变差的情况；但高峰时期出行需求较大，公交运营方可能酌情提高运力，乘客等待时间减少，可达性增强。本文选取工作日(周三)早8:30作为研究时刻，检索时间范围为2019年11月。

为更加精确地计算北京六环内不同位置的可达性，本文将研究范围划分为1000m×1000m的栅格，共计2381个栅格对象。通过几何计算获取每个栅格点形心坐标，对所有形心进行路径规划，共计2381×2381=5669161条路径。路径规划方案来自高德开放平台，从中选取实际可靠的最短时间方案。

4　案例分析

本文旨在提出一种基于开放数据的方法，更精确地呈现城市内部公共交通可达性。根据式(1)，可得北京六环内2831个栅格的可达性。为有效地呈现可达性的空间分布，本文采用自然间断点分级法Jenks将可达性结果分为5类，分别为低、较低、一般、较高、高，结果如图3所示。

北京六环内的可达性呈现较强的从中心向外逐渐衰减的变化趋势，东城区和西城区为可达性最高的集中地，四环内的可达性均为一般及以上。其余可达性较高的区域与居住地、工作地组团有一定的匹配关系，如天通苑、回龙观、清河、通州等大型居住区以及上地、望京、五棵松、丰台科技园等大型就业区。

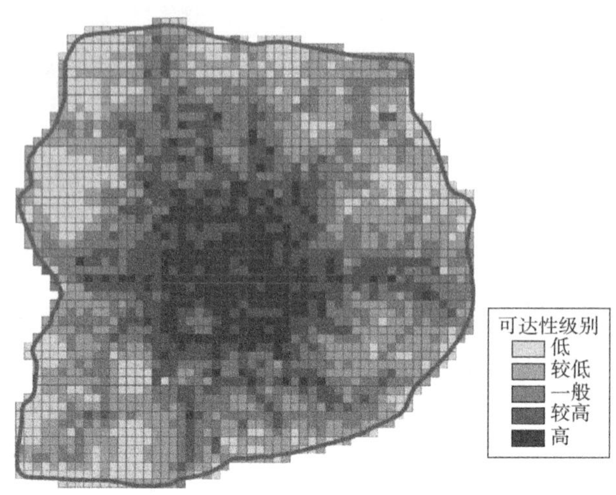

图3 可达性栅格数据

表1解释了可达性的种类和范围。总体而言,公共交通可达性级别一般及以上的栅格约占52.3%,级别较低及低的区域位于六环路外围。外围区域公共交通服务主要由地面公交提供,因此相对于地铁线网分布密集的中心地区公共交通可达性较弱。

可达性种类与范围 表1

种类	范围	级别	栅格个数(个)	占比
1	0~0.291835	低	414	0.174
2	0.291836~0.345344	较低	720	0.302
3	0.345345~0.402154	一般	601	0.252
4	0.402155~0.472276	较高	381	0.160
5	0.472277~0.618760	高	265	0.111

图4呈现了可达性与地铁线分布的情况,可达性最高的栅格点为北京南站所在栅格点。作为铁路枢纽,北京南站连接了地铁4号线、11号线和14号线,最大运力将铁路乘客疏散至目的地。其余前五地铁站依次为十里河站、太阳宫站、蒲黄榆站和双井站。除太阳宫站,其余均为换乘站见表2。

图4 可达性栅格数据与地铁线路

可达性前十栅格内的地铁站　　表2

车　站	地理位置	行政区
北京南站	三环路内	丰台区
十里河	三环路内	朝阳区
太阳宫	四环路内	朝阳区
蒲黄榆	三环路内	丰台区
双井	三环路内	朝阳区
潘家园	三环路内	朝阳区
莲花桥	三环路内	海淀区
崇文门	三环路内	东城区
长椿街	三环路内	西城区
桥湾	三环路内	东城区

5 结语

本文提出了一种利用大数据基于全出行链的公共交通可达性度量方法,结果对于城市范围不同区域可达性差异的呈现有助于改善城市公共交通,尤其是地铁等大运量快速公共交通系统。

本文提出的可达性度量方法具有以下优点:

(1)将研究范围栅格化,研究精度可随栅格的大小变化。

(2)利用互联网电子地图平台得出的基于大数据的旅行时间,相较于静态GIS数据更真实可靠。

(3)有助于更合理有效地分配公共交通服务设施资源,改善服务效率。

通过研究,本文得出以下结论:

(1)地铁沿线以及城市功能聚集区具有较高的可达性,城市外围边缘地区可达性较弱。

(2)地铁等大运量快速交通方式对可达性的改善作用强于地面公交。

(3)改善地铁站接驳区域内的其他交通方式换乘服务将有助于提高该区域的可达性。

随着北京市公共交通引导城市发展战略的不断完善与落实,改善公共交通可达性有助于完善城市主要功能区、大型居住组团间的公共交通服务水平,缩短通勤时间。

参考文献

[1] HANSEN W G. How Accessibility Shapes Land Use [J]. Journal of the American Institute of Planners,1959,25(2):73-76.

[2] GEURS K T, VAN W B. Accessibility evaluation of land-use and transport strategies: review and research directions [J]. Journal of Transport Geography, 2004, 12 (2): 127-140.

[3] 陆化普,王继峰,张永波. 城市交通规划中交通可达性模型及其应用[J]. 清华大学学报

(自然科学版),2009,49(06):781-785.
[4] 邓羽,蔡建明,杨振山,等.北京城区交通时间可达性测度及其空间特征分析[J].地理学报,2012,67(02):169-178.
[5] TAHMASBI B,HAGHSHENAS H. Public transport accessibility measure based on weighted door to door travel time[J]. Computers,Environment and Urban Systems,2019,76:163-177.
[6] 李志,周生路,吴邵华,等.南京地铁对城市公共交通网络通达性的影响及地价增值响应[J].地理学报,2014,69(02):255-267.
[7] CHEN J,NI J,XI C B,et al. Determining intra-urban spatial accessibility disparities in multi-modal public transport networks[J]. Journal of Transport Geography,2017,65:123-133.
[8] KAPLAN S,POPOKS,D,PRATO,C G,et al. Using connectivity for measuring equity in transit provision[J]. Journal of Transport Geography,2014,37:82-92.
[9] SALONEN M,TOIVONEN T. Modelling travel time in urban networks:Comparable measures for private car and public transport[J]. Journal of Transport Geography,2013,31:143-153.
[10] LEI T L,CHURCH R L. Mapping transit-based access:integrating GIS,routes and schedules [J]. International Journal of Geographical Information Science,2010,24 (2):283-304.
[11] 韩光胤.城市公共交通可达性研究[D].北京:北京交通大学,2017.

作者简介

钱星雨,1996 年出生,女,江苏泰兴人,北京交通大学交通运输学院硕士研究生。